일잘러로 살기 위한
직장생활 꿀팁!

한 권으로 끝내는
한국의
Soft skill

직업기초능력

저자 김진실

Future KR
한국스킬문화연구원

21c 역량과 능력

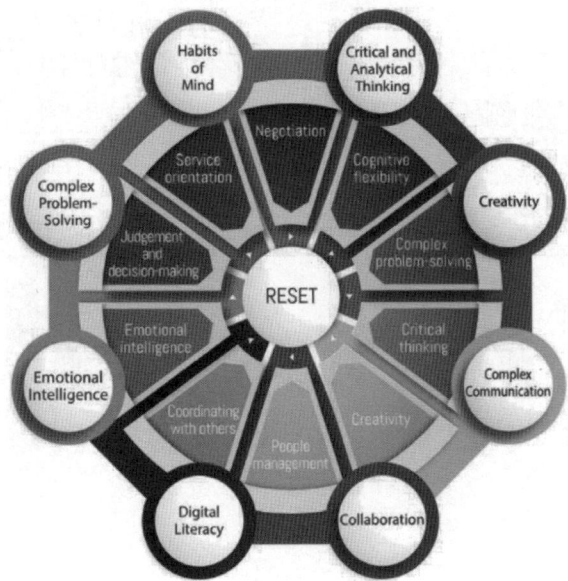

〈출처 : DAVOS, World Exonomic Forum〉

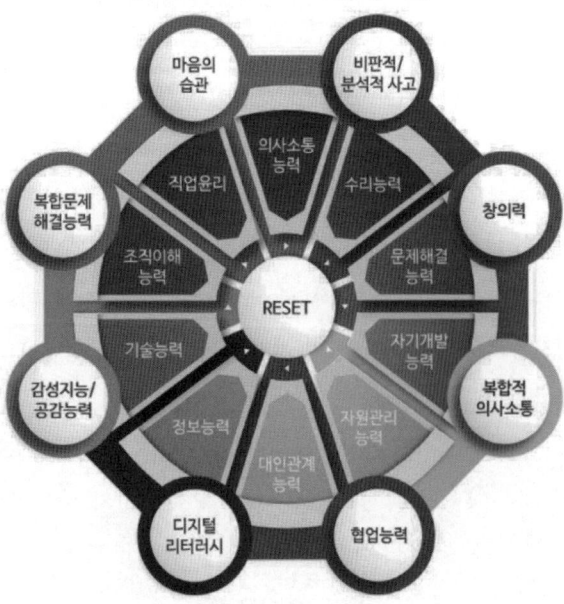

발 간 사

　Davos 포럼에서 4차 산업혁명 시대에 필요한 핵심역량으로 ① Complex Problem Solving Skill(복합적 문제해결능력), ② Emotional Intelligence(감성지능), ③ Digital Literacy(디지털 리터러시), ④ Collaboration(협업능력), ⑤ Complex Communication(복합적 의사소통능력), ⑥ Creativity(창의성), ⑦ Critical and Analytical thinking(비판적, 분석적 사고력), ⑧ Habit of Mind(마음의 습관)를 제시하였다. HRD 분야 최고의 컨퍼런스인 ATD가 지난 5월 미국 뉴올리언즈에서 개최되었는데, 여기서도 강조된 것이 AI리터러시였다. AI 리터러시란 AI를 이해하고 실생활이나 조직생활에서 성과를 낼 수 있도록 활용할 수 있는 능력을 의미한다. 능력, 즉 역량은 지식과 기술과 태도로 구성될 수 있는데, "프롬프트 엔지니어링"과 같은 지식과 기술적인 면도 중요하지만, 태도적인 측면에서의 역량을 더욱 강조하였다. AI와 같은 변화를 수용하려는 ① 열린 사고 ② 혁신 ③ 변화수용 마인드 ④ 자기동기화 ⑤ 배우려는 자세 ⑥ 민첩성 ⑦ 포용성 ⑧ 창의성 ⑨ 셀프리더십 등을 강조하였다. Davos포럼와 ATD 컨퍼런스에서 강조한 역량은 특정분야의 직무능력(Hard skill)보다는 미래 변화에 대처할 수 있는 소프트스킬(Soft skill)인 것이다.

　또한, 기업의 인사 및 채용 담당자들에게 어떤 인재를 원하냐고 물으면 그동안 한결같이 일도 잘 하면서 인성이 좋은 인재를 원한다고 대답한다. 화려한 스펙을 가졌더라도 인성이 좋지 않다면 채용하지 않겠다고 한다. 그런데 인성이 좋다는 것은 구체적으로 무엇을 의미할까? 실제로 기업체 인사담

당자들에게 설문조사를 한 결과, 신입사원 채용 시 중요하게 고려하는 사항 중 가장 큰 것은 직장적응능력이었다. 직장적응능력의 세부적인 요소는 성실성, 적극적 태도, 긍정적 마인드, 열정, 조직순응 등이었다. 고용유지율이 높은 사원들의 특성에 대해서는 조직몰입도, 애사심, 커뮤니케이션능력, 셀프리더십 등으로 응답했다. 이런 요소들을 한 마디로 말하면 소프트스킬(Soft skill)이라고 할 수 있는데, 문제는 소프트스킬(Soft skill은 짧은 시간에 겉으로 잘 드러나지 않으며, 평가하기도 어렵다는 점이다. 그렇다면 이러한 소프트스킬(Soft skill을 어떻게 행동지표화하고, 평가할 수 있을까? 답은 '직업기초능력'이다. 고용부와 한국산업인력공단이 국가직무능력표준(NCS)을 개발하면서 직업기초능력을 개발하였다. 직업기초능력은 직종이나 직위에 상관없이 대부분의 직종에서 직무를 수행하는 데 공통적이고 기본적으로 필요한 능력으로 보았다. 여기서 소프트스킬(Soft skill)은 직업기초능력으로 대체할 수 있는 것이다.

먼저, 능력 있는 일잘러로 성장하기 위해 "의사소통능력"이 있는지 점검해야 한다. 직업인이 직장 생활에서 우리말로 된 문서를 제대로 읽고 작성할 수 있는 문서이해능력과 문서작성능력, 상대방의 말을 듣고 의미를 파악하는 경청능력, 자신의 의사를 정확하게 표현하는 의사표현능력, 최근 국제화에 따라 이제는 간단한 외국어 자료를 읽거나 외국인의 간단한 의사표시를 하는 기초외국어능력이 있는지도 점검해야 한다.

둘째, 디지털시대에 필요한 "수리능력"이 있는지 점검해야 한다. 직장 생활에서 요구되는 사칙연산과 기초적인 통계를 이해하는 기초통계능력, 도표의 의미를 파악하거나 도표를 이용해서 결과를 효과적으로 제시하는 도표분석 및 도표작성능력이 있는지 점검해야 한다.

셋째, 다변화시대, 문제에 도전하며 해결하는 "문제해결능력"이 있는지 점검해야 한다. 업무를 수행함에 있어 문제 상황이 발생하였을 경우 창조적이고 논리적인 사고를 통하여 이를 올바르게 인식하고 적절히 해결하는 사고력과 직장 생활에서 발생한 문제의 특성을 파악하고 대안을 제시하며 적절한 대안을 선택, 적용하고, 그 결과를 평가하여 피드백하는 문제처리능력이 있는지 점검해야 한다.

넷째, 성과와 경력관리의 필수요소인 "자기개발능력"이 있는지 점검해야 한다. 직업인으로서 자신의 흥미, 적성, 특성 등을 이해하고 자기 정체감을 확고히 하는 능력인 자아인식능력, 자신의 행동 및 업무 수행을 통제하고 관리하며 합리적이고 균형적으로 조정하는 자기관리능력, 자신의 진로에 대한 단계적 목표를 설정하고 목표성취에 필요한 역량을 개발해 나가는 경력개발능력이 있는지 점검해야 한다.

다섯째, 효율적 자원관리로 업무성과을 높일 수 있도록 "자원관리능력"이 있는지 점검해야 한다. 직장 생활에서 시간, 예산, 물적자원, 인적자원 등의 자원 가운데 무엇이 얼마나 필요한지를 확인하고, 이용 가능한 자원을 최대한 수집하여 실제 업무에 어떻게 활용할 것인지를 계획하고, 계획대로 업무 수행에 이를 할당하는 능력으로 시간관리능력, 예산관리능력, 물적자원관리능력, 인적자원관리능력이 있는지 확인해야 한다.

여섯째, 조직 갈등 해결하고 고객 요구 충족시키는 "대인관계능력"을 갖추어야 한다. 직장 생활에서 협조적인 관계를 유지하고 조직구성원들에게 도움을 줄 수 있으며 조직내부 및 외부의 갈등을 원만히 해결하고 고객의 요구를 충족시켜줄 수 있는 능력인 팀워크, 리더십, 갈등관리능력, 협상능력, 고객서비스능력이 있는지 점검해야 한다.

일곱째, 스마트 시대, 디지털 문해력 갖춘 인재로 성장할 수 있도록 "정보능력"을 갖추어야 한다. 업무를 수행함에 있어 기본적인 컴퓨터를 활용하여 필요한 정보를 수집, 분석, 활용하는 컴퓨터활용능력과 정보처리능력이 있는지 점검해야 한다.

여덟째, 조직경쟁력을 강화시킬 수 있는 "기술능력"을 갖추어야 한다. 직업인으로서 일상적인 직장 생활에 요구되는 수단, 도구, 조작 등에 관한 기술적인 요소들을 이해하고, 적절한 기술을 선택하며, 적용하는 능력인 기술이해능력, 기술선택능력, 기술적용능력이 있는지 점검해야 한다.

아홉째, 업무성과와 경영효과를 높이는 "조직이해능력"을 갖추어야 한다. 즉, 직업인으로서 직장 생활에 필요한 조직의 경영목표와 경영방법을 이해하는 경영이해능력, 조직의 구조와 목적, 규칙, 규정 등을 이해하는 체제이해능력, 업무의 성격과 내용을 알고 필요한 지식, 기술, 행동을 확인하는 업무이해능력, 다른 나라의 문화를 이해하고 국제적인 동향을 이해하는 국제 감각이 있는지 점검해야 한다.

열 번째, 공동체 일원 자격 갖출 수 있는 "직업윤리"를 갖추어야 한다. 일에 대한 존중을 바탕으로 근면하고 성실하고 정직하게 업무에 임하는 자세인 근로윤리, 인간 존중을 바탕으로 봉사하며, 책임 있고, 규칙을 준수하고, 예의 바른 태도로 업무에 임하는 자세인 공동체윤리가 있는지 점검해야 한다.

소프트스킬(Soft skill)인 직업기초능력은 하루아침에 키울 수 있는 것은 아니다. 또한 우리가 초중고등 교육을 배웠다면 어느 정도의 직업기초능력은 누구나 갖추고 있을 수 있다. 하지만 직장 생활을 하는 상황에서 어떻게 행동해야 할지에 대한 구체적인 행동지표로 인지하고 일상생활 속에서 습관화된다면, 이는 곧 자신의 역량으로 내재화되리라 생각된다.

이 책에서는 각 영역별로 개념적 이해(동영상 소개 포함) 및 필기 문제 및 면접 질문에 대한 예시를 제시한다.

저자는 김진실 원장(현 한국스킬문화연구원, Concordia University 겸

임교수)/전 한국산업인력공단 국가직무능력표준원)은 「한국의 스킬즈퓨처(SkillsFuture)」, 「김진실의 NCS 취업(채용) 코칭 솔루션」에 이어, 「한국의 소프트스킬(Soft skill)」을 발간한다.

2008년 한국산업인력공단에 입사하여 16년 (2008~2024) 근무하면서, 국가직무능력표준(NCS)과 직업기초능력 개발 및 확산, 우리나라 직업교육훈련 및 자격제도 혁신, 공공기관 직무능력채용확산, 기업의 직무중심 HR문화를 확산하는데 기여하였다. 특히 2015년 공공기관 NCS능력중심채용 정책에 따라, 직무능력중심 채용의 중심에서 공공기관 NCS채용지원부단장, NCS기획운영단장, 블라인드채용지원단장, 능력중심채용팀장, 공정채용팀장 등 우리나라 취업과 채용의 중심에 있었다.

이 책은 NCS 홈페이지에 있는 방대한 양의 직업기초능력 교수자용 가이드북과 학습자용 가이드북 내용과 채용직군별로 개발된 능력중심채용모델의 내용을 독자들이 이해하기 쉽게 핵심적인 내용으로 재구성했다. 즉, 한국의 소프트스킬(Soft skill)인 직업기초능력을 한 권으로 이해할 수 있도록 구성하였다.

2024. 6. 10.

김 진 실 원장

한국스킬문화연구원(SkillsFuture Korea)
전 한국산업인력공단 국가직무능력표준원

목 차

발 간 사 5

I. 능력 있는 일잘러의 첫 걸음, 의사소통능력 17
1. 의사소통능력의 개념과 종류 18
2. 문서에 의한 의사소통능력: 문서이해능력과 문서작성능력 22
3. 언어에 의한 의사소통능력: 경청능력과 의사표현력 27
4. 기초외국어능력의 개념과 중요성 38
5. 의사소통능력의 필기평가 예시 40
6. 의사소통능력의 면접평가 질문 41
7. 의사소통능력의 개념 이해 동영상 강의 46

II. 디지털시대, 수리능력을 키워라 47
1. 수리능력의 개념과 중요성 48
2. 기초연산능력의 개념과 적용 50
3. 기초통계능력의 개념과 적용 51
4. 도표분석능력의 개념과 적용 53
5. 수리능력의 필기평가 예시 54
6. 수리능력의 면접평가 질문 55
7. 수리능력의 개념 이해 동영상 강의 58

Ⅲ. 다변화시대, 문제에 도전하며 업무능력 키워야 59
  1. 문제해결능력의 개념 및 중요성 60
  2. 사고력의 개념과 적용 63
  3. 문제처리능력의 개념과 적용 67
  4. 문제해결능력의 필기평가 예시 69
  5. 문제해결능력의 면접평가 질문 69
  6. 문제해결능력의 개념 이해 동영상 강의 73

Ⅳ. 성과와 경력관리의 필수요소, 자기개발능력 75
  1. 자기개발능력의 개념 및 중요성 76
  2. 자아인식능력의 개념 및 적용 81
  3. 자기관리능력의 개념과 적용 85
  4. 경력개발능력의 개념과 적용 92
  5. 자기개발능력의 필기평가 예시 95
  6. 자기개발능력의 면접평가 질문 96
  7. 자기개발능력의 개념 이해 동영상 강의 101

Ⅴ. 효율적 자원관리로 업무성과 높인다 103
  1. 자원관리능력의 개념 및 중요성 104
  2. 시간관리능력의 개념과 적용 109
  3. 예산관리능력의 개념과 적용 115
  4. 물적자원관리능력의 개념과 적용 119
  5. 인적자원관리능력의 개념과 적용 123

6. 자원관리능력의 필기평가 예시 128

7. 자원관리능력의 면접평가 질문 129

8. 자원관리능력의 개념 이해 동영상 강의 133

Ⅵ. 조직 갈등 해결하고 고객 요구 충족시키는 대인관계능력 .. 135

1. 대인관계능력의 개념 및 중요성 136

2. 팀워크의 개념의 개념과 적용 143

3. 리더십 개념의 개념과 적용 148

4. 갈등관리능력의 개념과 적용 163

5. 협상능력의 개념과 적용 167

6. 고객서비스능력의 개념과 적용 170

7. 대인관계능력의 필기평가 예시 171

8. 대인관계능력의 면접질문 예시 172

9. 대인관계능력의 개념 이해 동영상 강의 178

Ⅶ. 스마트 시대, 디지털 문해력 갖춘 인재로 성장해야 179

1. 디지털문해력(정보능력)의 개념 및 중요성 180

2. 컴퓨터활용능력의 개념 및 적용 182

3. 정보처리능력의 개념 및 적용 184

4. 디지털문해력(정보능력)의 필기평가 예시 186

5. 디지털문해력(정보능력)의 면접평가 질문 187

6. 디지털문해력(정보능력)의 개념 이해 동영상 강의 189

Ⅷ. 기술능력 습득으로 조직경쟁력 강화시킨다 191

1. 기술능력의 개념 및 중요성 192

2. 기술이해능력의 개념 및 적용 194

3. 기술선택능력의 개념 및 적용 195

4. 기술적용능력의 개념 및 적용 197

5. 기술능력의 필기평가 예시 198

6. 기술능력의 면접평가 질문 199

7. 기술능력의 개념 이해 동영상 강의 201

Ⅸ. 업무성과 · 경영효과 높이는 조직이해능력 203

1. 조직이해능력의 개념 및 중요성 204

2. 경영이해능력의 개념 및 적용 206

3. 체제이해능력의 개념 및 적용 209

4. 업무이해능력의 개념 및 적용 211

5. 국제감각의 개념 및 적용 212

6. 조직이해능력의 필기평가 예시 214

7. 조직이해능력의 면접평가 질문 214

8. 조직이해능력의 개념 이해 동영상 강의 220

Ⅹ. 직업윤리로 공동체 일원 자격 갖춰야 221

1. 직업윤리의 개념 및 중요성 222

2. 근로윤리 226

3. 공동체윤리 229

4. 직업윤리의 필기평가 예시 232

5. 직업윤리의 면접평가 질문 233

6. 조직이해능력의 개념 이해 동영상 강의 237

〈 표차례 〉

〈표 1〉 경청 스타일 확인하는 활동 29
〈표 2〉 사고력 개발 방법 63
〈표 3〉 갈등의 두 가지 쟁점 165

〈 그림 차례 〉

[그림 1] 의사소통의 의미 19
[그림 2] 문제이해 구체적인 절차 24
[그림 3] 2023년 능력중심채용모델-NCS직업기초능력 필기문항-의사소통능력 41
[그림 4] 의사소통능력 개념 이해 동영상 강의 홈페이지 46
[그림 5] 2023년 능력중심채용모델-NCS직업기초능력 필기문항-수리능력 54
[그림 6] 수리능력 개념 이해 동영상 강의 홈페이지 58

〔그림 7〕 문제해결을 위한 문제처리의 5개 단계 67
〔그림 8〕 2023년 능력중심채용모델-NCS직업기초능력 필기문항-문제해결능력 69
〔그림 9〕 문제해결능력 개념 이해 동영상 강의 홈페이지 73
〔그림 10〕 경력개발의 필요성 94
〔그림 11〕 경력개발단계 95
〔그림 12〕 2023년 능력중심채용모델-NCS직업기초능력 필기문항-자기개발능력 ... 96
〔그림 13〕 자기개발능력 개념 이해 동영상 강의 홈페이지 101
〔그림 14〕 자원의 유형 105
〔그림 15〕 2023년 능력중심채용모델-NCS직업기초능력 필기문항-자원관리능력 .. 128
〔그림 16〕 자원관리능력 개념 이해 동영상 강의 홈페이지 133
〔그림 17〕 협상과정 169
〔그림 18〕 고객 불만 처리 프로세스 171
〔그림 19〕 2023년 능력중심채용모델-NCS직업기초능력 필기문항-대인관계능력 .. 172
〔그림 20〕 대인관계능력 개념 이해 동영상 강의 홈페이지 178
〔그림 21〕 2023년 능력중심채용모델-NCS직업기초능력 필기문항-정보능력 187
〔그림 22〕 정보능력 개념 이해 동영상 강의 홈페이지 189
〔그림 23〕 2023년 능력중심채용모델-NCS직업기초능력 필기문항-기술능력 198
〔그림 24〕 기술능력 개념 이해 동영상 강의 홈페이지 201
〔그림 25〕 조직의 유형 205
〔그림 26〕 조직의 의사결정 단계 208
〔그림 27〕 2023년 능력중심채용모델-NCS직업기초능력 필기문항-조직이해능력 .. 214
〔그림 28〕 조직이해능력 개념 이해 동영상 강의 홈페이지 220
〔그림 29〕 2023년 능력중심채용모델-NCS직업기초능력 필기문항-직업윤리 232
〔그림 30〕 직업윤리 개념 이해 동영상 강의 홈페이지 237

I

능력 있는
일잘러의 첫 걸음,
의사소통능력

1. 의사소통능력의 개념과 종류
2. 문서에 의한 의사소통능력: 문서이해능력과 문서작성능력
3. 언어에 의한 의사소통능력: 경청능력과 의사표현력
4. 기초외국어능력의 개념과 중요성
5. 의사소통능력의 필기평가 예시
6. 의사소통능력의 면접평가 질문
7. 의사소통능력의 개념 이해 동영상 강의

I. 능력 있는 일잘러의 첫 걸음, 의사소통능력

학습개요

이 장에서는 의사소통능력의 개념과 종류에 대해서 알아보고, 문서에 의한 의사소통능력인 문서작성능력과 문서이해능력을 제시한다. 이 밖에 언어에 의한 의사소통능력인 의사표현능력과 경청능력을 제시하고, 글로벌 시대에 필요한 기초적인 외국어능력을 제시한다. 또한 의사소통능력의 필기평가 예시, 면접평가 질문과 동영상 강의를 제시한다.

학습목표

1. 의사소통능력의 개념과 종류에 대해서 설명할 수 있다.
2. 문서에 의한 의사소통능력인 문서이해능력과 문서작성능력을 설명할 수 있다.
3. 언어에 의한 의사소통능력인 경청능력과 의사표현력을 설명할 수 있다.
4. 글로벌 시대에 필요한 기초외국어능력을 설명할 수 있다.
5. 의사소통능력의 필기평가 예시를 제시할 수 있다.
6. 의사소통능력의 면접평가 질문을 제시할 수 있다.
7. 의사소통능력의 개념 이해 동영상 강의를 제시할 수 있다.

1. 의사소통능력의 개념과 종류

《《의사소통능력 체크리스트》》

1. 의사소통능력에는 어떠한 것들이 있는지 설명할 수 있는가?
2. 의사소통이 왜 중요한지 설명할 수 있는가?
3. 의사소통을 저해하는 요인이 무엇인지 설명할 수 있는가?
4. 효과적으로 의사소통능력을 개발하는 방법을 설명할 수 있는가?

일을 하는 생활에서 의사소통이란 무엇일까? 의사소통(communication)의 원래 뜻은 '상호 공통점을 나누어 갖는다.'로 라틴어'communis(공통, 공유)'에서 나온 말이다. 의사소통이란 두 사람 또는 그 이상의 사람들 사이에서 일어나는 의사의 전달과 상호교류가 이루어진다는 뜻이며, 어떤 개인 또는 집단이 개인 또는 집단에 대해서 정보, 감정, 사상, 의견 등을 전달하고 그것들을 받아들이는 과정이라고 할 수 있다.

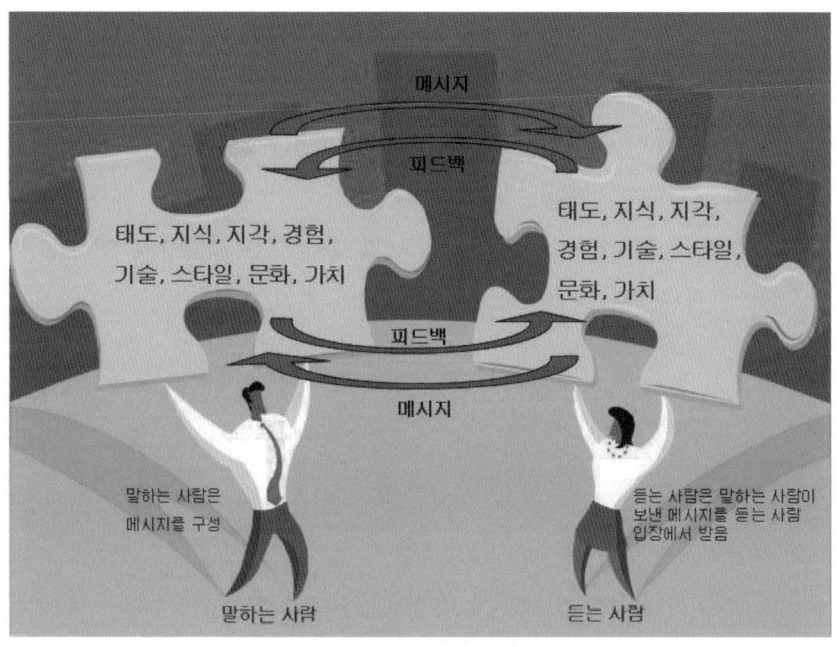

[그림 1] 의사소통의 의미

출처 : 한국산업인력공단(2024). 의사소통능력 교수자용 가이드북. https://www.ncs.go.kr.

사람들은 여러 가지 이유 때문에 의사소통을 한다. 일을 하는데 의사소통이란 공식적인 조직 안에서의 의사소통을 의미한다. 즉, 의사소통은 조직의 생산성을 높이고, 사기를 진작시키고 정보를 전달하고, 설득하려는 목적을 가지고 있다.

그렇다면 일하는 환경에서의 의사소통의 목적과 기능은 첫째, 원활한 의사소통을 통해 조직의 생산성을 높인다. 둘째, 조직 내 구성원들의 사기를 진작시킨다. 셋째, 조직 생활을 위해 필요한 정보를 전달한다. 넷째, 구성원 간의 의견이 다를 경우 설득한다. 이와 같은 의사소통은 구성원들 사이에서 서로에 대한 지각의 차이를 좁혀 주며, 선입견을 줄이거나 제거해 주는 수단으로 "의사소통 원활 → 구성원 간 공감 증가 → 조직 내 팀워크 향상 → 직원들의 사기 진작과 능률 향상"된다.

일하는 생활 중에서는 많은 사람들과 다양한 의사소통방법을 통해 업무가 이루어진다. 기획서나 보고서, 공문서 등을 작성하는 능력이 필요하고 이미 작성된 문서를 이해할 수 있어야 한다. 또한 일을 하면서 만나게 되는 다양한 관계의 사람들과 원활한 소통을 하기 위해 적절하게 본인의 의사를 표현하고 경청하는 태도를 가져야 한다. 이처럼 일 경험을 하는 동안 다양한 의사소통능력이 요구되는데, 이러한 의사소통능력은 문서적 의사소통능력과 언어적 의사소통능력으로 구분할 수 있다. 또한 글로벌 시대에 맞춰 외국인 회사와 업무 협력을 하기 위한 기초외국어능력 역시 필수적인 의사소통능력이다. 그렇다면 의사소통을 저해하는 요인은 무엇이 있을까? 첫째, '일방적으로 말하고', '일방적으로 듣는' 무책임한 마음이다. 내 메시지가 '정확히 전달되었는지', '상대방이 정확히 이해 했는지'를 확인하지 않고, 그 순간을 넘겨 버린다면 서로 '엇갈린 정보'를 가지게 된다. 이런 '엇갈린 정보'에 대한 책임은 듣는 사람에게도 있으며, 듣는 사람은 자신이 들은 정보에 대해 확인하는 책임을 가진다. 즉, 의사소통 과정에서의 상호작용이 부족한 것이다. 둘째, '그래서 하고 싶은 말이 정확히 뭐야?' 분명하지 않은 메시지다. 듣는 사람이 이해하기에 너무 복잡한 메시지와 서로 모순되는 내용을 가진 경쟁적인 메시지를 전달하는 것은 '잘못된' 의사소통으로 가는 지름길이다. 즉, 복잡한 메시지와 경쟁적인 메시지다. 셋째, '말하지 않아도 아는 문화'에 안주하는 마음이다. 마음으로 아는 눈치의 미덕보다는 정확한 업무처리임을 명심해야 한다. 즉, 의사소통에 대한 잘못된 선입견이다. 의사소통능력을 개발하기 위해서는, 원활한 의사소통을 하지 못하게 하는 저해요인을 분명히 알고 이를 제거하기 위한 훈련을 해야 한다. 그러기 위해서는 무엇보다도 스스로가 의사소통의 중요한 주체임을 인지하고, 자신의 문제점을 객관적으로 분석할 수 있어야 한다. 또한 타인을 이해하려는 노력과 조직의 구성원으로서 조직 분위기를 개선하도록 노력하는 것도 필요하다.

의사소통능력을 개발하는 방법을 알아보자.

첫째, 사후 검토와 피드백(feedback) 주고 받는다.

| 피드백(feedback)이란?
- 상대방에게 그의 행동 결과에 대한 정보를 제공해 주는 것을 말한다. 즉, 그의 행동이 나의 행동에 어떤 영향을 미치고 있는가에 대하여 상대방에게 솔직하게 알려주는 것이다.

| 사후검토와 피드백 활용
- 의사소통의 왜곡에서 오는 오해와 부정확성을 줄이기 위하여 말하는 사람은 사후검토와 피드백을 이용하여 메시지의 내용이 실제로 어떻게 해석되고 있는가를 조사할 수 있다.

| 사후검토와 피드백 시 유의점
- 피드백은 상대방에게 행동을 개선할 기회를 제공해 줄 수 있다. 하지만 부정적인 피드백만을 계속해서 주면 오히려 역효과가 나타날 수 있으므로 피드백을 줄 때 상대방의 긍정적인 면과 부정적인 면을 균형 있게 전달하도록 주의하여야 한다.

둘째, 언어의 단순화다. 의사소통에서는 듣는 사람을 고려하여 명확하고 이해 가능한 어휘를 주의 깊게 선택해 사용하여야 한다. 또한 상황에 따라 용어의 선택이 달라질 수 있다.

셋째, 적극적인 경청이다. 듣는 것은 수동적인 데 반해 경청은 능동적인 의미의 탐색이다. 적극적 경청은 상대방의 입장에서 자신의 감정에 지나치게 몰입하게 되면, 의사소통 과정에서 상대방의 메시지를 오해하기 쉽고, 생각하려고 노력하면서 감정이 이입될 때 더욱 용이해진다.

넷째, 감정의 억제다. 반대로 자신이 전달하고자 하는 의사를 명확하게 표현하지 못할 경우가 많다. 이러한 상황에 있을 때 가장 좋은 방법은 침착하게 마음을 비우고, 평정을 어느 정도 찾을 때까지 의사소통을 연기하는 것이다. 하지만 조직 내에서 의사소통을 무한정 연기할 수는 없기 때문에 먼저 자신의 분위기와 조직의 분위기를 개선하도록 노력하는 등 적극적인 자세가 필요하다.

2. 문서에 의한 의사소통능력: 문서이해능력과 문서작성능력

《《문서이해/문서작성능력 체크리스트》》

5. 문서를 이해하는 것이 무엇이고, 어떠한 특징이 있는지 설명할 수 있는가?
6. 문서를 이해하는 것이 왜 중요한지 설명할 수 있는가?
7. 문서를 이해하는 구체적인 절차와 원리를 설명할 수 있는가?
8. 문서를 통한 정보 획득 및 종합 방법을 설명할 수 있는가?
9. 체계적인 문서작성이 무엇이고 왜 중요한지 설명할 수 있는가?
10. 목적과 상황에 맞는 문서의 종류와 유형을 설명할 수 있는가?
11. 문서작성의 구체적인 절차와 원리를 설명할 수 있는가?

문서를 통한 의사소통이란 문서를 보고 그 내용을 이해하고 요점을 판단하며, 이를 바탕으로 목적과 상황에 적합한 정보를 효과적으로 전달하기 위해 문서를 작성하는 능력을 말한다. 일하는 상황에서 갖추어야 할 문서적인 의사소통능력은 결국 일하는 데 꼭 필요한 능력이며, 전화메모부터 고객을 위한 예산서나 주문서, 직장 내에 의견전달을 위한 기획서나 다른 회사와의 협력을 위한 공문에 이르기까지 다양한 상황에서 요구된다.

문서이해능력은 업무와 관련된 다양한 문서를 읽고, 문서의 핵심을 이해하며, 구체적인 정보를 획득하고, 수집·종합하는 능력을 말하고, 문서작성능력은 업무 관련 상황과 목적에 적합한 문서를 시각적이고 효과적으로 작성하는 능력을 말한다.

문서적인 의사소통은 언어적인 의사소통에 비해 권위감이 있고 정확성을 기하기 쉬우며 전달성이 높고 보존성도 크다. 문서적 의사소통은 언어적인 의사소통의 한계를 극복하기 위해 문자를 수단으로 하는 방법이지만 이 또한 그리 쉬운 것은 아니다. 문서적인 방법은 때로는 필수불가결한 것이기는 하지만 때로는 혼란과 곡해를 일으키는 경우도 얼마든지 있기 때문이다.

문서의 사전적 정의는 글이나 기호 등으로 일정한 의사나 관념 또는 사상을 나타낸 것이다. 우리는 일을 하면서 공문서, 보고서, 설명서, 기획서, 이메일, 팩스, 메모까지 다양한 종류의 문서를 다룬다. 문서를 통해 우리는 상대방에게 자신의 의사를 정확하게 전달하고, 상대방이 전하는 의견의 핵심을 이해해야 효율적인 의사소통이 가능해진다. 따라서 우리는 일을 하는 동안 주어지는 문서들을 보다 정확하게 읽고, 이해하여 전달하고자 하는 내용을 명확하게 인식하여야 한다.

문서의 종류는 첫째, 공문서가 있다. 공문서는 정부 행정기관에서 대내적, 혹은 대외적 공무를 집행하기 위해 작성하는 문서다. 둘째, 기획서가 있다. 하나의 프로젝트를 문서형태로 만들어 그 내용을 전달, 기획을 시행하도록 설득하는 문서다. 셋째, 기안서가 있다. 회사의 업무에 대한 협조를 구하거나 의견을 전달할 때 작성하는 문서다. 넷째, 보고서가 있다. 특정한 일에 관한 현황이나 그 진행 상황, 검토 결과 등을 보고할 때 작성하는 문서다.

다섯째, 설명서가 있다. 대개 상품의 특성이나 사물의 성질과 가치등을 소비자에게 설명하기 위해 작성한 문서다. 여섯째, 보도자료가 있다. 언론을 상대로 자신들의 정보가 기사로 보도되도록 하기 위해 보내는 자료다. 일곱째, 자기소개서다. 개인의 가정환경, 성장과정, 입사 동기 등을 구체적으로 기술하여 자신을 소개하는 문서다. 여덟째, 비즈니스 레터(E-mail)가 있다. 사업상의 이유로 고객이나 단체에 편지를 쓰는 것이다. 아홉째, 비즈니스 메모가 있다. 업무상 필요한 중요한 일이나 체크리스트를 메모형식으로 작성하여 전달하는 글이다.

문서를 이해하는 건 왜 중요할까? 우리는 일상생활과 일 경험 등 다양한 활동을 하면서 수없이 많은 문서를 읽어야 한다. 하지만 모든 문서의 내용을 다 이해하고, 머릿속에 기억하기는 어려운 일이다. 따라서 각각의 문서에서 중요한 내용만을 파악하여 필요한 정보를 획득하고, 다양한 정보를 수집하여 종합하는 능력이 절실하다. 이러한 문서이해능력과 종합능력은 쉽게 얻어지지 않기에 다양한 문서를 읽고 정리하는 연습을 통해서 키워나가야 한다.

우리가 다루는 문서의 종류와 양은 다양하다. 설사 주어진 문서를 모두 이해했다 하더라도 그 내용을 전부 기억하기란 불가능하다. 따라서 문서이해를 위해선 꼭 알아야하는 중요한 내용만을 파악하여 필요한 정보를 획득하고, 종합하는 능력이 필요하다. 또한, 문서이해능력은 하루아침에 길러지는 능력이 아니다. 건강을 위해 꾸준한 운동이 필요하듯 다독과 다작을 통해 문서이해능력과 내용종합능력을 키워나가는 노력이 필요하다.

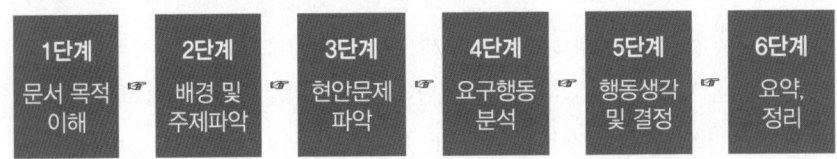

〔그림 2〕 문제이해 구체적인 절차

출처 : 한국산업인력공단(2024). 의사소통능력 교수자용 가이드북. https://www.ncs.go.kr.

일을 하면서 글을 쓰는 행위는 의사소통의 또 다른 방법이다. 이때 주로 작성하는 문서는 일과 관련된 것이 대부분이다. 공문서, 기획서, 보고서는 기본이며, 이메일을 통한 업무보고가 당연한 시대가 되면서 원활한 업무 수행을 위해 자신의 생각을 구체적이고 논리정연하게 표현해야 하는 문서작성이 더욱 절실하게 되었다.

문서는 문서를 작성하는 목표, 즉 문서를 작성하는 이유와 문서를 통해 전달하려는 것을 명확히 한 후에 작성해야 한다. 문서작성은 개인의 사고력과 표현력을 총동원해야 하는 능력의 결정체이다. 그러므로 문서를 작성할 때는 문서의 대상, 목적, 시기가 포함되어야 하며, 기획서나 제안서 등 경우에 따라 기대효과 등이 포함되어야 한다.

상황에 따른 문서작성법을 알아보자. 일에서 요구되는 문서는 상황에 따라 그 내용이 결정된다. 문서작성 상황은 요청이나 확인을 부탁하는 경우, 정보제공을 위한 경우, 명령이나 지시가 필요한 경우, 제안이나 기획을 하는 경우, 약속이나 추천을 하는 경우 등으로 구분할 수 있다.

먼저, 요청이나 확인을 부탁하는 경우다. 업무 내용과 관련된 요청사항이나 확인절차를 요구해야 할 때가 있다. 이러한 경우, 일반적으로 공문서를 활용한다.

둘째, 정보제공을 위한 경우다. 일하는 도중 성과를 높이기 위해서 적시에 유용한 정보를 제공하는 것이 필요하다. 정보제공과 관련된 문서는 기업 정보를 제공하는 홍보물이나 보도 자료 등의 문서, 제품 관련 정보를 제공하는 설명서나 안내서 등이 있다. 정보제공을 위한 문서를 작성할 때는 시각적인 자료를 활용하는 것이 효과적이다. 또한 모든 상황에서 문서를 통한 정보제공은 무엇보다 신속하고 정확하게 이루어져야 한다.

셋째, 명령이나 지시가 필요한 경우다. 업무를 추진하다보면 관련 부서나 외부기관, 단체 등에 명령이나 지시를 내려야 하는 일이 많다. 이런 경우, 일반적으로 업무 지시서를 작성한다. 업무 지시서를 작성할 때는 상황에 적합하고 명확한 내용을 작성할 수 있어야 한다. 또한, 단순한 요청이나 자발적인 협조를 구하는 차원의 사안이 아니므로, 즉각적인 업무 추진이 실행될 수 있도록 해야 한다.

넷째, 제안이나 기획을 할 경우다. 제안서나 기획서의 목적은 업무를 어떻게 혁신적으로 개선할지, 어떤 방향으로 추진할지에 대한 의견을 제시하는 것이다. 그러므로 회사의 중요한 행사나 업무를 추진할 때 제안서나 기획서를 효과적으로 작성하는 것은 매우 중요하다. 제안이나 기획의 목적을 달성하기 위해서는 관련된 내용을 깊이 있게 담을 수 있는 작성자의 종합적인 판단과 예견적인 지식이 요구된다.

다섯째, 약속이나 추천을 위한 경우다. 약속을 위한 문서는 고객이나 소비자에게 제품의 이용에 관한 정보를 제공하고자 할 때, 추천서는 개인이 다른 회사에 지원하거나 이직을 하고자 할 때 일반적으로 상사가 작성해 주는 문서이다.

문서작성을 하기 위해서는 먼저 작성해야 할 문서를 구성하고, 그 이후에 실제 작성한다. 문장 구성 시 주의 사항으로 첫째, 간단한 표제를 붙인다. 문서의 내용을 바로 파악할 수 있도록 간단한 표제를 붙이면 문서 내용을 이해하는 데 도움이 된다. 둘째, 문서의 주요 내용을 먼저 쓴다. 업무와 관련된 문서 작성의 핵심은 결론을 먼저 제시하는 것이다. 셋째, 문장을 짧고, 간결하게 작성하며 불필요한 한자 사용은 배제한다. 문서 내용의 이해를 돕기 위해 문장은 육하원칙에 맞추어 짧고 간결하게 작성하고 행과 단락을 적절하게 배분하여 문서가 체계적으로 되도록 한다. 중요하지 않은 경우 한자 사용 등은 자제한다. 넷째, 긍정문으로 작성한다. 특히, 공문서에서 부정문이나 의

문문의 형식은 피한다.

 이와 같이 구성된 문서를 작성하는데 주의해야 할 사항으로는 첫째, 문서는 작성 시기를 정확하게 기입한다. 둘째, 문서작성 후 반드시 다시 한 번 내용을 검토해야 한다. 셋째, 문서의 첨부자료는 반드시 필요한 자료 외에는 첨부하지 않는다. 넷째, 문서내용 중 금액, 수량, 일자 등은 정확하게 기재하여야 한다.

3. 언어에 의한 의사소통능력: 경청능력과 의사표현력

《《경청능력/의사표현력 체크리스트》》
12. 경청이 무엇이고 왜 중요한지 설명할 수 있는가?
13. 경청을 통해 상대방 의견의 핵심내용을 파악할 수 있는가?
14. 올바른 경청을 방해하는 요인들과 고쳐야 할 습관을 말할 수 있는가?
15. 정확한 의사표현이 왜 중요한지 설명할 수 있는가?
16. 원활한 의사표현의 방해요인을 파악하고, 관리할 수 있는가?
17. 논리적이고 설득력 있는 의사표현의 기본요소 및 특성을 말할 수 있는가?

 언어를 통해서 의사소통을 하는 방법은 가장 오래된 것으로 사람은 언어를 수단으로 하는 의사소통에 공식적이든 비공식적이든 간에 자신의 일생에서 75%의 시간을 사용한다. 언어적인 의사소통능력에는 경청능력과 의사표현력이 있다. 경청능력은 원활한 의사소통을 위해 상대방의 이야기를 주의를 기울여 집중하고 몰입하여듣는 능력이고, 의사표현력은 자신의 의사를 목적과 상황에 맞게 설득력을 가지고 표현하는 능력을 말한다.

 언어적인 측면으로서 의사소통의 특징을 살펴보면, 언어적인 의사소통은 여타의 의사소통보다는 정확성을 기하기 힘든 경우가 있다는 결점이 있다. 그러나 대화를 통해 상대방의 반응이나 감정을 살필 수 있고, 그때그때 상대방을 설득시킬 수 있으므로 유동성이 있다. 또한 모든 계층에서 관리자들이 많은 시간을 바치는 의사소통 중에서도 듣고 말하는 시간이 상대적으로 비교할 수 없을 만큼 많다는 점에서 경청능력과 의사표현력은 매우 중요하다.

먼저, 경청을 살펴보자.

다른 사람과의 의사소통에서 듣기는 우리가 생각하는 것보다 더 많은 뜻이 있다. 듣기는 다른 사람이 전달하는 메시지를 이해하는 과정으로, 좋은 청자는 다른 사람의 음성만 듣는 게 아니라 목소리 톤, 강조, 빠르기, 얼굴 표정, 자세 등 비언어적 단서에까지 주의를 기울인다. 이와 같이 경청은 상대방이 보내는 메시지 내용에 주의를 기울이고 이해를 위해 노력하는 행동을 의미한다. 경청을 통해 상대방은 우리가 그들에게 얼마나 집중하고 있는지 알 수 있다. 따라서 경청은 대화의 과정에서 신뢰를 쌓을 수 있는 최고의 방법 중 하나이다. 우리가 먼저 경청하면 상대는 자신도 모르게 더 집중하게 된다. 따라서 우리의 말과 메시지, 감정은 더욱 효과적으로 상대에게 전달된다. 즉, 경청은 우리가 상대의 말에만 귀를 기울이는 것이 아니다. 우리가 경청함으로써 상대방 역시 우리의 말에 귀를 기울이게 된다.

언어적 의사소통 과정에서 경청은 우리가 상대방의 소통 내용에 관심과 흥미를 가지고 있음을 전달하며, 상대방으로 하여금 개방적이고 솔직한 의사소통을 하도록 촉진하는 기능을 가진다. 의사소통은 내가 상대방에게 메시지를 전달하는 과정이 아니라 상대방과의 상호작용을 통해 메시지를 다루는 과정이다. 따라서 성공적인 의사소통을 위해서는 내가 가진 정보를 상대방이 이해하기 쉽게 표현하는 것도 중요하지만, 상대방이 어떻게 받아들일 것인가에 대한 고려가 바탕이 되어야 한다. 즉, 의사소통을 하기 위한 기본적인 자세는 경청이다.

경청을 함으로써, 상대방을 한 개인으로 존중하게 된다. 이는 상대방을 인간적으로 존중함은 물론 그의 감정, 사고, 행동을 평가하거나 비판 또는 판단하지 않고 있는 그대로 받아들이는 태도이다.

경청을 함으로써, 상대방을 성실한 마음으로 대하게 된다. 이는 상대방과의 관계에서 느낀 감정과 생각 등을 긍정적이든 부정적이든 솔직하고 성실하게 표현하는 태도를 말한다. 이러한 감정의 표현은 상대방과의 솔직한 의사 및 감정의 교류를 가능하도록 도와주기 때문이다.

경청을 함으로써, 상대방의 입장에 공감하며 이해하게 된다. 이는 자신의 생각이나 느낌, 가치, 도덕관 등의 선입견이나 편견을 가지고 상대방을 이해하려 하지 않고, 상대방으로 하여금 자신이 이해받고 있다는 느낌을 갖도록 하는 것이다.

〈표 1〉 경청 스타일 확인하는 활동

상황	예시	느낌
상대방의 흠을 잡는 단어를 쓴다.	전혀 노력 부족이야. 어린애 같은 유치한 행동이야. 전혀 도움이 되지 않아. 도대체가 생각이 없어, 머리를 써라, 도대체 제대로 하는 게 없어." 등	
상대방의 행동 자체가 아니라 인간성에 초점을 맞춘다.	"어리석다, 미쳤다. 이기적이다. 게으르다. 쓸모없다. 너는 구제불능이야, 돌대가리, 병신, 바보, 멍청이." 등	
비난하고 판단하는 식으로 말한다	당신은 꼭 늦게 들어와 저녁 시간을 망치는군요."	
과거의 일을 들춘다.	"예전에 그 때도 지금처럼 너 혼자만을 생각했잖아. 항상 그래.	
부정적인 비교를 한다.	"너는 누구를 닮았니? 피는 못 속여." 등	

상황	예시	느낌
위협을 한다.	"당신이 잘못했으니까 내가 당신을 처벌할 거야."	
감정으로 공격한다	목소리가 커지고 비꼬기도 하고 차갑게 적대적인 억양으로 "그럼 그렇지."	
폐쇄적이고 배타적인 신체 언어를 사용한다	눈도 쳐다보지 않고, 듣는 동안 한눈팔며, 팔짱을 끼고 있고, 뒤에 물러서 있다	
의사를 표현할 때, 전체를 전달하지 않고, 일부만 이야기한다.	"당신은 일하는 데 너무 많은 시간을 보내는 것 같아요."라고 말할 때 아내는 남편의 건강을 염려하는 것인데, 남편은 아내가 함께 있어주지 않는 것에 대한 불만을 표시하는 것이라 오해하여 아내가 자신의 입장을 이해 못한다고 짜증을 부리게 된다.	
분명하게 말하지 않는다.	"당신은 언제나 그렇듯이 말이 없군요." 하는 대신 "당신 오늘도 말이 별로 없군요. 나한테 관심이 없나보다 생각이 돼서 속상해요. 당신이 무슨 생각을 하고 있는지 말을 해주었으면 좋겠어요."라고 말해야 한다. "왜 나를 그런 식으로 쳐다봐?" 이것은 실제로 그 이유가 궁금하다는 것이 아니라 그런 식으로 쳐다보는 게 기분 나쁘다는 뜻이다. 그러므로 "당신이 나를 그렇게 쳐다보니까 내가 무엇을 잘못하지는 않았나 하는 불안한 느낌이 들어요."라고 해야 한다	

출처 : 한국산업인력공단(2024). 의사소통능력 교수자용 가이드북. https://www.ncs.go.kr.

경청은 의사소통의 기본 과정으로, 대화를 나누는 상대방의 메시지에 주의를 기울이고 이해하기 위해 노력하는 행동을 의미한다. 의사소통 기술에서 경청의 중요성은 점점 더 강조되고 있다. 그렇다면 경청은 어떻게 하면 될까? 경청은 다른 사람의 이야기에 주의를 기울이겠다는 마음가짐으로만 볼 수는 없다. 오히려 경청은 구체적인 실천이 필요한 태도와 행동으로 볼 수 있다.

경청은 적극적 경청과 소극적 경청으로 나눌 수 있다.

먼저, 적극적 경청이다. 적극적 경청은 자신이 상대방의 이야기에 주의를 집중하고 있음을 행동을 통해 외적으로 표현하며 듣는 것을 의미한다. 상대방의 말 중 이해가 안 되는 부분을 질문하거나, 자신이 이해한 내용을 확인하기도 하고, 때로는 상대의 발언 내용과 감정에 대해 공감할 수도 있다.

둘째, 소극적 경청이다. 소극적 경청은 상대방의 이야기에 특별한 반응을 표현하지 않고 수동적으로 듣는 것을 의미한다. 즉, 상대방이 하는 말을 중간에 자르거나 다른 화제로 돌리지 않고 상대의 이야기를 수동적으로 따라가는 것을 의미한다.

대다수의 사람은 의사소통 과정에서 말하기보다 듣는 것에 더 많은 시간을 보낸다. 하루 24시간 가운데 우리는 듣기에 45%의 시간을 사용한다. 또한 대다수의 사람은 들은 내용의 50% 정도를 듣는 즉시 잊어버린다

적극적 경청은 상대가 무엇을 느끼고 있는가를 상대의 입장에서 받아들이는 공감적 이해, 자신이 가지고 있는 고정관념을 버리고 상대의 태도를 받아들이는 수용의 정신, 자신의 감정을 솔직하게 전하고 상대를 속이지 않는 성실한 태도가 필수적이다. 즉 적극적 경청을 위해서는 ① 비판적·충고적인 태도를 버리고, ② 상대방이 말하는 의미를 이해하고, ③ 단어 이외의 보여지는 표현에도 신경을 쓰며, ④ 상대방이 말하는 동안 경청하고 있다는 것을 표현하며, ⑤ 대화 시 흥분하지 않는다. 적극적 경청은 의사소통에 있어 기본이 되는 태도이므로 관리·감독자를 대상으로 하는 대인 능력 향상 프로그램으로 채택되는 일이 많다

적극적 경청을 위하여 우리가 갖추어야 할 태도가 있듯이 어떤 태도는 우리의 경청을 방해하기도 한다. 경청을 위해 우리가 지양해야 할 태도들에 대

해 살펴보면 다음과 같다.

첫째, 짐작하는 것이다. 상대방의 말을 듣고 받아들이기보다 자신의 생각에 들어맞는 단서들을 찾아 자신의 생각을 확인하는 것을 말한다. 이들은 상대방이 하는 말의 내용은 무시하고 자신의 생각이 옳다는 것만 확인하려 한다. 하나의 예시로 남편이 생일을 기억해 주지 않았기 때문에 말을 걸어도 표정이 안 좋고 시큰둥하게 대답한 것인데, 그걸 보고 남편은 부인이 시집 문제로 화가 난 것이라 지레 짐작한 다면 대화는 처음부터 어려워질 것이다.

둘째, 대답할 말을 준비하는 것이다. 상대방의 말을 듣고 곧 자신이 다음에 할 말을 생각하는데 집중해 상대방이 말하는 것을 잘 듣지 않는 것을 말한다. 결국 자기 생각에 빠져서 상대방의 말에 제대로 반응할 수가 없게 된다.

셋째, 걸러듣는 것이다. 상대의 말을 듣기는 하지만 상대방의 메시지를 온전하게 받아들이는 것이 아니라 듣고 싶지 않은 상대방의 메시지는 회피하는 것이다. 상대방이 분노나 슬픔, 불안을 토로해도 그러한 감정을 받아들이고 싶지 않을 때 자기도 모르는 사이에 상대방이 아무 문제도 없다고 생각해 버린다.

넷째, 판단하는 것이다. 상대방에 대한 부정적인 선입견 때문에, 또는 상대방을 비판하기 위해 상대방의 말을 듣지 않는 것을 말한다. 당신이 상대방을 어리석다거나 고집이 세다거나 이기적이라고 생각한다면, 당신은 경청하기를 그만두거나 듣는다고 해도 상대방이 이렇다는 증거를 찾기 위해서만 귀를 기울일 것이다.

다섯째, 다른 생각하는 것이다. 대화 도중에 상대방에게 관심을 기울이는 것이 어려워지고 상대방이 말하는 동안에 자꾸 다른 생각을 하게 된다면, 이는 지금의 대화나 상황을 회피하고 있다는 위험한 신호이다. 예를 들어 남편은 최근 아내가 수강하는 취미클럽 활동에 대해 말할 때마다 다른 생각을 하였다. 사실 그는 아내가 취미 활동을 하는 것에 대해 못마땅하게 생각하고 있었기 때문에 부인이 이야기할 때마다 다른 생각을 하고 있었다. 그러나 이런 회피는 부정적 감정이 내면화되어 있기 때문에 상대방은 오해받고 공격받는다는 느낌을 갖게 된다.

여섯째, 조언하는 것이다. 어떤 사람들은 지나치게 다른 사람의 문제를 본인이 해결해 주고자 한다. 그러나 상대방은 당신이 이야기를 들어주기만 해도 스스로 자기의 생각을 명료화할 수 있고, 해결책을 스스로 찾을 수 있다. 상대가 원하는 것이 조언일 때도 물론 있다. 그러나 상대가 원하는 것이 공감과 위로였을 경우에 당신의 조언은 오히려 독이 될 수 있다. 이러한 대화가 매번 반복된다면 상대방은 무시당하고 이해받지 못한다고 느끼게 되어 당신에게 마음의 문을 닫아버리게 된다.

일곱째, 언쟁하는 것이다. 언쟁은 단지 논쟁을 위해서 상대방의 말에 귀를 기울이는 것이다. 언쟁은 상호 문제가 있는 관계에서 드러나는 전형적인 의사소통 패턴이다. 상대방이 무슨 주제를 꺼내든지 설명하는 것을 무시하고 자신의 생각만을 늘어놓거나 지나치게 논쟁적인 사람은 상대방의 말을 경청할 수 없다.

여덟째, 자존심을 세우는 것이다. 자존심이 강한 사람은 자신의 자존심에 상처를 입힐 수 있는 내용에 대해서 거부감이 강하기 때문에 자신의 부족한 점과 관련된 상대방의 이야기를 듣지 않는다. 당신은 자신이 잘못했다는 말을 받아들이지 않기 위해 거짓말을 하고, 고함을 지르고, 주제를 바꾸고, 변명을 하게 된다.

아홉째, 슬쩍 넘어가는 것이다. 대화가 너무 사적이거나 위협적이면 주제를 바꾸거나 농담으로 넘기려 한다. 문제를 회피하려 하거나 상대방의 부정적 감정을 회피하기 위해서 유머를 사용하거나 핀트를 잘못 맞추게 되면 상대방의 진정한 고민을 놓치게 된다.

열 번째, 비위를 맞추는 것이다. 상대방을 위로하기 위해서 혹은 비위를 맞추기 위해서 너무 빨리 동의하는 것을 말한다. 그 의도는 좋지만 상대방이 걱정이나 불안을 말하자마자 "그래요, 당신 말이 맞아", "미안해, 앞으로는 안 할 거야."라고 말하면 지지하고 동의하는 데 너무 치중함으로써 상대방에게 자신의 생각이나 감정을 충분히 표현할 시간을 주지 못하게 된다.

다음으로, 의사표현력을 알아보자.

의사표현이란 말하는 이가 자신의 감정, 사고, 욕구, 바람 등을 상대방에게 효과적으로 전달하는 중요한 기술이며 음성언어와 신체언어로 구분할 수 있다. 의사표현은 의사소통의 중요한 수단으로 특히, 말하는 이의 의도 또는 목적을 가지고 그 목적을 달성하는 데 효과가 있다고 생각하는 말하기를 의미한다. 의사소통의 중요 수단인 말하기는 다음과 같은 경우에 주로 사용된다. 첫 번째는 말하는 이가 듣는 이의 생각이나 태도를 변화시키려는 의도로 주장하는 것이다. 즉, 설득을 주목적으로 한다. 두 번째는 말하는 이가 자신에게 필요한 정보를 제공받기 위하여 청자에게 질문하는 것이다. 세 번째는 말하는 이가 청자에게 자신에게 필요한 일을 하도록 요청하는 것이다.

의사표현의 종류는 상황에 따라 공식적 말하기, 의례적 말하기, 친교적 말하기로 구분하며 구체적으로 대화, 토론, 보고, 연설, 인터뷰, 낭독, 구연, 소개하기, 전화로 말하기, 안내하는 말하기 등이 있다.

첫째, 공식적 말하기는 사전에 준비된 내용을 대중을 상대로 말하는 것으로 연설, 토의, 토론 등이 있다. 연설은 말하는 이 혼자 여러 사람을 대상으로 자기의 사상이나 감정에 관하여 일방적으로 말하는 방식이고, 토의는 여러 사람이 모여서 공통의 문제에 대하여 가장 좋은 해답을 얻기 위해 협의하는 말하기이다. 토론은 어떤 논제에 관하여 찬성자와 반대자가 각기 논리적인 근거를 발표하고, 상대방의 논거가 부당하다는 것을 명백하게 하는 말하기이다.

둘째, 의례적 말하기는 정치적·문화적 행사에서와 같이 의례 절차에 따라 하는 말하기이다. 예를 들어 식사, 주례, 회의 등이 있다. 셋째, 친교적 말하기는 매우 친근한 사람들 사이에 가장 자연스런 상태에 떠오르는 대로 주고받는 말하기이다.

일을 할 때 상대방의 생각과 감정, 의견을 이해하는 것도 중요하지만, 자신의 의견과 감정을 상대방에게 잘 표현하는 것 역시 중요하다. 성공적인 일 경험을 위해서는 반드시 자신의 의사표현을 상대에게 정확히 전달해야만 하며, 이는 일을 넘어 전반적인 인간관계에서 필수적인 요소라고 할 수 있다.

의사표현 즉 그 사람이 하는 말은 그 사람의 이미지를 결정한다. 우리는 메시지를 통해 상대방에게 자신이 보여주고 싶은 모습을 전달할 수 있다. 즉, 의사표현을 통해 우리를 바라보는 다른 사람들의 방식에 영향을 미칠 수 있다. 우리는 적절한 의사표현을 통해 자신이 보이고 싶은 성격, 능력, 매력 등을 타인에게 보여줄 수 있다. 이를 통해 새로운 사람과의 관계를 시작하거나, 이미 맺은 관계를 관리할 수 있다. 또한 우리가 의사표현을 통해 전달하는 이미지들은 우리에 대한 다른 사람들의 순응을 얻는 데 도움이 될 수 있다. 예를 들어 일 경험에서 다른 사람들과 나누는 사교적인 대화는 그 사람에게 호의를 얻음으로써 나중에 어떤 문제나 협업이 필요한 상황이 발생했을 때 도움이 될 수 있다.

의사표현을 하는데 있어서 방해하는 요소가 무엇인지 다음 체크리스트를 통해 자신의 의사표현 습관을 점검할 필요가 있다.

- 나는 분명하고 정확하게 발음하고, 알맞은 속도로 말하는가?
- 나는 자연스럽고 듣기 좋은 목소리로 말하는가?
- 나는 표준말을 상대나 상황에 맞는 어휘를 골라 품위 있게 쓰는가?
- 나는 어법에 맞고 상대에 알맞게 예사말과 높임말을 가려 쓰는가?
- 나는 말하는 상황에서 필요한 만큼의 정보를 제공하는가?
- 나는 말할 내용을 차례로 순서 있고 조리 있게 말하는가?
- 나는 내용의 요점을 빠뜨리지 않고 말하는가?
- 나는 상대나 상황에 맞는 화제를 골라 말하는가?
- 나는 상대를 존중하면서 상대편의 입장과 처지를 생각하면서 말하는가?
- 나는 알기 쉽게 말하는가?
- 나는 미리 계획하지 않고 순발력 있게 즉흥적으로 대응하는가?
- 나는 활발하고 침착하고 협조적으로 말하는가?
- 나는 상황에 어울리는 효과적인 동작과 표정으로 말하는가?
- 나는 예의를 지키며 부드럽고 상냥하게 말하는가?

올바른 의사소통을 위해서는 자신의 의도, 생각, 감정을 효과적으로 상대방에게 전달하는 동시에 상대방의 메시지를 정확하게 전달받는 것이 중요하다. 이 중에서 의사표현은 자신의 메시지를 상대방에게 전달하는 중요한 능력이다. 그럼 메시지를 효과적으로 전달하는 방법은 무엇일까?

첫째, 말하는 이는 자신이 전달하고 싶은 의도, 생각, 감정이 무엇인지 분명하게 인식해야 한다. 둘째, 전달하고자 하는 내용을 적절한 메시지로 바꾸어야 한다. 메시지에 전달하려는 내용이 충분히 그리고 명료하게 담겨야 듣는 이가 이해하기 쉽다. 셋째, 메시지를 전달하는 매체와 경로를 신중하게 선택해야 한다. 같은 내용의 메시지라도 직접 얼굴을 보고 이야기하는 것과 전화나 이메일로 간접 표현하는 경우 듣는 이에게 다른 의미로 전달될 수 있다. 넷째, 듣는 이가 자신의 메시지를 어떻게 받아들였는지 피드백을 받는 것이 중요하다. 즉, 전달한 내용이 듣는 이에게 어떻게 해석되었는가 확인해야 한다. 다섯째, 효과적인 의사표현을 위해서는 비언어적 방식을 활용하는 것이 좋다. 말하는 이의 표정, 음성적 특성, 몸짓 등을 통해 메시지의 내용을 더욱 강력하게 전달할 수 있다. 마지막으로, 확실한 의사 표현을 위해서는 반복적 전달이 필요하다. 한 번의 의사표현으로 자신의 의도가 충분히 듣는 이에게 전달되는 경우는 드물다.

효과적으로 의사표현을 하기 위한 일반적인 지침들을 위에서 살펴보았다. 하지만 의사표현을 하다 보면 상대방에게 하기 어려운 곤란한 말을 해야 할 때도 있고, 불쾌한 감정을 타인에게 전해야 할 때도 있다. 여러 상황과 대상에 따른 의사표현법을 알아보자.

먼저, 상대방의 잘못을 지적할 때다. 우리는 보통 상대방의 잘못을 지적해야 할 때 충고나 질책을 통해 의사표현을 한다. 질책은 샌드위치 화법을 사용하면 듣는 사람이 반발하지 않고 부드럽게 받아들일 수 있다. 샌드위치 화법이란 '칭찬의 말', '질책의 말', '격려의 말' 순서대로 질책을 가운데 두고 칭찬을 먼저 한 다음 끝에 격려의 말을 하는 것이다. 충고는 주로 예를 들거나 비유법을 사용하는 것이 효과적일 수 있다. 사람들은 자신을 인정해 주고 칭찬해 주는 사람에게 더욱 우호적이지 자신에게 부정적인 반응을 보이는 사람에 게 결코 타협적이거나 우호적일 수 없다. 따라서 충고는 가급적 최후의 수단으로 은유적으로 접근하는 것이 더 나을 수 있다.

둘째, 상대방을 칭찬할 때다. 칭찬은 상대방을 기분 좋게 만드는 의사표현 전략이다. 그러나 상황과 상관없이 별 의미 없는 내용을 칭찬하면 빈말이나 아부로 여겨질 수 있다. 따라서 상대에게 정말 칭찬해 주고 싶은 중요한 내용을 칭찬하거나, 대화 서두에 분위기 전환 용도로 간단한 칭찬을 사용하는 것이 좋다.

셋째, 상대방에게 요구해야 할 때다. 여러 상황에서 상대방에게 우리가 원하는 무언가를 하도록 요구해야 하는 경우가 발생한다. 이런 경우 우리는 그 일이 사적인가, 공적인가, 업무상 반드시 필요한 일인가 등 여러 상황을 고려해서 상대방에게 부탁을 할 수도 있고 명령을 할 수도 있다. 먼저 부탁해야 하는 경우는 상대방의 사정을 듣고, 상대가 들어줄 수 있는 상황인지 확인하는 태도를 보여준 후, 응하기 쉽게 구체적으로 부탁한다. 물론 이때 거절을 당해도 싫은 내색을 해서는 안 된다. 업무상 지시와 같은 명령을 해야 할 때는 'ㅇㅇ을 이렇게 해라!' 식의 강압적 표현보다는 'ㅇㅇ을 이렇게 해주는 것이 어떻겠습니까?'와 같은 청유식 표현이 훨씬 효과적이다.

넷째, 상대방의 요구를 거절해야 할 때다. 먼저 요구를 거절하는 것에 대한 사과를 한 다음, 응해줄 수 없는 이유를 설명한다. 요구를 들어주는 것이 불가능하다고 여겨질 때는 모호한 태도를 보이는 것보다 단호하게 거절하는 것이 좋다. 그러나 정색하는 태도는 자칫하면 인간관계까지 나빠질 수 있으므로 주의해야 한다.

다섯째, 설득해야 할 때다. 설득은 상대방에게 나의 태도와 의견을 받아들이고 그의 태도와 의견을 바꾸도록 하는 과정이다. 일방적인 강요는 금물이다.

4. 기초외국어능력의 개념과 중요성

《《기초외국어능력 체크리스트》》

18. 기초외국어능력이 무엇이고 왜 중요한지 설명할 수 있는가?
19. 지금 나에게 필요한 기초외국어능력을 설명할 수 있는가?
20. 비언어적 기초외국어 의사표현에 대해 설명할 수 있는가?

기초외국어능력은 외국어로 된 간단한 자료를 이해하거나, 외국인의 간단한 의사표현을 이해하고, 자신의 의사를 기초외국어로 표현할 수 있는 능력이다. 국제화, 글로벌화 시대를 살아가는 직업인에게 요구되는 의사소통능력으로서의 기초외국어능력은 일하는 중에 필요한 문서이해나 문서작성, 의사표현, 경청 등 기초적인 의사소통을 기초적인 외국어로서 가능하게 하는 능력을 말한다.

기초외국어능력은 크게 ① 외국어로 된 간단한 자료 이해, ② 외국인과의 전화응대와 간단한 대화 - 외국인의 의사표현을 이해하고, 자신의 의사를 외국어로 표현할 수 있는 능력, ③ 외국인과 간단하게 이메일이나 팩스로 업무 내용에 대해 상호 소통할 수 있는 정도를 말한다.

기초외국어능력은 직업생활에 따라 다양한 상황에서 필요하며, 외국어라고 해서 꼭 영어만 중요하거나 필요한 것은 아니고, 자신의 분야에서 주로 상대해야 하는 외국인 고객이나 외국회사에 따라 요구되는 언어는 다양하다. 무엇보다 중요한 것은 자신에게 기초외국어능력이 언제 필요한지 잘 숙지하고, 그에 대비하여 자신의 업무에서 필요한 기초외국어를 적절하게 구사하는 것이다. 지금 나에게 어떤 외국어가 필요한지, 주로 어떤 내용의 대화나 문서가 오고 가는지, 그러한 내용에 적절하게 응답하기 위해서는 외국어에서 어떤 표현이 필요한지 알 수 있을 것이다.

무엇보다 중요한 것은 자신이 왜 의사소통을 하려고 하는지 상대방과 목적을 공유하는 것이다. 그러기 위해서는 자신이 전달하고 싶은 것을 먼저 생각하는 사고력이 필요하고, 생각한 내용을 어떤 형태로 표현할 것인가를 결정하는 표현력이 중요하다. 외국인과의 언어적 의사소통은 외국어 사용능력에 따라 의사소통의 편의성이 크게 좌우된다. 그러나 반드시 상급의 외국어능력을 갖춰야만 의사소통이 가능한 것은 아니다. 비록 기초외국어능력이 부족하다 하더라도 비언어적 의사소통의 특징을 충분히 알고 있다면 원활한 일 경험에 도움이 된다. 아무리 외국어를 유창하게 하더라도 외국인이 몸짓과 표정 무의식적으로 기분과 느낌을 표현하는 것을 알아채지 못한다면 의사소통이 원만히 이뤄지지 않을 수도 있다. 따라서 일 경험 중 외국인과 협력이 필요한 상황이 발생할 경우에 성공적인 협력을 위해서는 기초외국어능력을 키우는 것뿐만 아니라 보디랭귀지를 포함한 그들만의 표현방식을 이해하는 능력을 키우는 것도 중요하다.

외국인과의 의사소통에서 피해야 할 행동으로는 ① 상대를 볼 때 흘겨보거나, 아예 보지 않는 행동, ② 팔이나 다리를 꼬는 행동, ③ 표정 없이 말하는 것, ④ 대화에 집중하지 않고 다리를 흔들거나 펜을 돌리는 행동, ⑤ 맞장구를 치지 않거나, 고개를 끄덕이지 않는 것, ⑥ 자료만 보는 행동, ⑦ 바르지 못한 자세로 앉는 행동, ⑧ 한숨, 하품을 하는 것, ⑨ 다른 일을 하면서 듣는 것, ⑩ 상대방에게 이름이나 호칭을 어떻게 할지 먼저 묻지 않고 마음대로 부르는 것 등이다.

5. 의사소통능력의 필기평가 예시

의사소통능력의 필기평가 예시는 능력중심채용모델에서 찾아볼 수 있다. NCS 홈페이지-공정채용-채용모델 필기문항에서 검색할 수 있다.

문제 정보	대영역	의사소통능력	하위영역	문서이해능력	난이도	중	평가시간	1.5분

1. 다음 글 A와 B 사이에 들어갈 (가)-(라)의 내용을 문맥의 흐름에 맞게 순서대로 나열한 것은?

A

췌장은 위 아래쪽에 붙어 있는 가늘고 긴 삼각주 모양의 소화기관이다. 우리 몸의 에너지 대사 조절에 중요한 역할을 하는 인슐린을 생산한다. 이 췌장에 생긴 암이 바로 췌장암이다. 초기에는 증상이 없어 조기 발견이 매우 어렵다. 황달이나 복부 통증, 체중 감소 등의 증상이 나타나면 상당히 진행된 경우가 많다.
췌장암은 조기 진단, 치료가 어렵기 때문에 무엇보다 예방이 중요하다. 그렇다면 가장 큰 위험인자는 무엇일까? 바로 담배다. 췌장암의 3분의 1가량이 흡연으로 인해 발생한다. 담배를 피울 경우 췌장암의 상대 위험도가 최대 5배 증가한다. 흡연과 관련된 암인 두경부암, 폐암, 방광암 등이 생겼을 경우에도 췌장암 발생이 증가한다.

> (가) 당뇨병은 우리나라에서 급증하는 질환 중의 하나다. 2018년 대한당뇨병학회 자료에 따르면 502만 명이 당뇨병 환자로 나타났다. 30세 이상 성인 7명 중 1명(14.4%)이 당뇨병을 갖고 있으며, 4명 중 1명(25.3%)은 공복혈당장애에 해당했다. 870만 명이 당뇨병 고위험상태에 노출되어 있는 '당뇨 대란' 시대인 것이다.
> (나) 하지만 자신이 당뇨를 앓고 있다는 사실을 모르고 있는 환자들이 너무 많다. 국내 당뇨병 인지율은 70% 수준에 그치고 있다. 흡연, 고열량 음식 섭취, 운동부족, 음주 등 잘못된 생활습관을 반복하면서 췌장암 위험도 키우고 있는 것이다.
> (다) 췌장은 위에 붙어 있는 소화기관인데 왜 흡연에 취약할까? 담배를 피우면 수많은 발암성분이 목을 타고 폐, 위 등 다른 장기로 흩어진다. 일부 발암성분은 혈액 속에 스며들어 온 몸에 악영향을 미친다. 위암의 위험요인이 짠 음식, 탄 음식 뿐 아니라 흡연인 이유다.
> (라) 당뇨병도 췌장암의 위험인 중 하나다. 당뇨병은 췌장암의 원인이 될 수 있고, 반대로 췌장암과 연관된 2차적인 내분비기능 장애가 당뇨를 일으킬 수도 있다. 당뇨병과 췌장암의 연관성은 세계 각국 전문가들이 가장 주목하는 연구분야로 많은 논문들이 쏟아지고 있다.

B
췌장암은 유전성도 잘 살펴야 한다. 부모, 형제 등 직계 가족 가운데 50세 이전에 췌장암에 걸린 사람이 한 명 이상 있거나, 발병 연령과 상관없이 두 명 이상의 췌장암 환자가 있다면 유전성 췌장암도 조심해야 한다. 췌장암은 생존율이 낮은 대표적인 암이다. 늦게 발견해 다른 장기로 전이된 상태로 진단받는 경우가 많기 때문이다. 우리나라 전체 암 생존율은 70.6%로, 3명 중 2명 이상은 5년 이상 생존하지만 췌장암은 11.4%에 불과하다. 결국 췌장암은 예방이 가장 중요하다. 금연을 실천하고 간접흡연도 피해야 한다. 필터를 거치지 않고 담배 끝에서 바로 나오는 연기에 발암물질이 더 많다. 췌장암은 통증도 극심하다. 가족들도 고통 받을 수 있다. 본인 뿐 아니라 사랑하는 부모, 배우자, 자녀를 걱정한다면 지금 당장 담배부터 끊어야 한다.

① (가)→(나)→(라)→(다)
② (가)→(라)→(다)→(나)
③ (다)→(가)→(라)→(나)
④ (다)→(라)→(가)→(나)

〔그림 3〕 2023년 능력중심채용모델-NCS직업기초능력 필기문항-의사소통능력

출처 : 한국산업인력공단(2024). 능력중심채용모델. https://www.ncs.go.kr.

6. 의사소통능력의 면접평가 질문

의사소통능력이란 일을 하는데 우리말로 된 문서를 제대로 읽거나 상대방의 말을 듣고 의미를 파악하며, 자신의 의사를 정확하게 표현하는 능력을 의미하는데, 최근 국제화에 따라 이제는 간단한 외국어 자료를 읽거나 외국인의 간단한 의사표시를 이해하는 능력을 의미한다. 의사소통능력에 대한 면접평가 질문은 다음과 같다.

《의사소통능력 면접평가 질문》

◆ 다른 사람과 의사소통할 때 가장 중요한 것은 무엇이라고 생각하시나요?
  ☞ 상대방 의견을 적극적이고 공감적으로 경청하여 논점과 요지를 정확히 이해하는가?
  ☞ 자신의 의사를 명확히 전달하여 상대방을 이해시키는가?
  ☞ 적절한 사례로 핵심(강점)을 뒷받침하는가?
  ☞ 조직의 의사소통 역량과 부합하는가?

◆ 어떤 사람 대상으로 자신으 의견을 말하고, 공감을 이끌어냈던 경험을 말해 주세요
  ☞ 자신과 견해가 다른 상대방의 의견을 공감하고 존중하는가?
  ☞ 상대방의 의도를 정확히 파악하고 이해하기 쉽게 의사를 표현하는 능력이 있는가?
  ☞ 공감을 이끌어내는 과정과 근거가 명확한가?
  ☞ 타인의 공감을 얻을 수 있는 참신한 방법을 제시하였는가?

◆ 단체생활에서 의사소통이 어려웠던 경험을 말해보세요. 어떻게 극복하였나요?
  ☞ 문제의 원인이 무엇인지 명확하게 파악하고 있는가?
  ☞ 문제해결을 위해 논리적으로 사고하고 판단하는가?
  ☞ 자신과 견해가 다른 상대방의 의견을 수용하고 존중하는가?
  ☞ 잘못된 점을 인지하고, 극복하기 위한 노력을 하였는가?
  ☞ 조직의 의사소통역량과 부합하는가?

◆ 상사와 의견이 다를 때 어떻게 하겠습니까?
  ☞ 견해가 다른 상대방의 의견을 공감하고 존중하는가?
  ☞ 상대방의 의도를 정확히 파악하고 논리적으로 표현하는 능력이 있는가?
  ☞ 직장생활에 필요한 비즈니스 예절을 갖추고 있는가?
  ☞ 조직의 절차와 체계에 순응하는 성향을 지녔는가?

우리는 일을 하며 자신의 업무와 관련된 수많은 문서를 접하게 되며, 이를 적절하게 처리해야 한다. 하지만 이때 문서를 제대로 이해하지 못한다면 자신에게 주어진 업무가 무엇인지, 자신에게 요구된 행동이 무엇인지 파악하지 못해 원활한 직업생활을 영위할 수 없다.

그러므로 자신에게 주어진 각종 문서를 읽고 적절히 이해하여야 하며, 각종 문서나 자료에 수록된 정보를 확인하여, 알맞은 정보를 구별하고 비교하여 통합할 수 있어야 한다. 문서이해능력에 대한 면접평가 질문은 다음과 같다.

《《문서이해능력 면접평가 질문》》

◆ 최근에 읽은 책은 무엇입니까? 내용을 간략하고 요약하고 얘기하세요
 ☞ 읽은 내용을 이해하기 쉽도록 종합, 요약하였는가?
 ☞ 자신의 관심분야와 가치관이 잘 드러나는 책인가?
 ☞ 책을 선택한 목적과 느낀 점, 배운 점 등이 조직이 추구하는 인재상과 부합하는가?

문서란 제안서·보고서·기획서·편지·메모·공지사항 등 문자로 구성된 것을 말한다. 사람들은 일상생활에서는 물론 일하는 데에서도 다양한 문서를 자주 사용한다. 하지만 직장에서의 문서작성은 업무와 관련된 일로 조직의 비전을 실현시키는 생존을 위한 것이라 할 수 있다. 그렇기 때문에 직업인으로서 문서작성은 개인의 의사표현이나 의사소통을 위한 과정으로서의 업무일 수도 있지만 이를 넘어 조직의 사활이 걸린 중요한 업무이기도 하다.

문서는 왜 작성하여야 하며, 문서를 통해 무엇을 전달하려 하는지 명확히 한 후에 작성해야 한다. 문서를 작성할 때에는 작성하는 개인의 사고력과 표현력이 총동원된 결정체이며, 문서에는 대상과 목적, 시기가 포함되어야 하며, 기획서나 제안서 등 경우에 따라 기대효과 등이 포함되어야 한다. 문서작성능력에 대한 면접평가 질문은 다음과 같다.

《《문서작성능력 면접평가 질문》》

◆ 글 또는 문서로 다른 사람을 설득시킨 경험이 있나요? 어떤 점이 가장 힘들었나요?
 ☞ 글과 문서를 이해하고 요약하는 능력이 있는가?
 ☞ 상대방의 관점에서 효과적인 글이나 문서였는가?
 ☞ 자신의 의견을 명확하고 설득력 있게 표현, 전달하는가?
 ☞ 글과 문서를 논리적으로 작성하는 능력이 있는가?

경청이란 다른 사람의 말을 주의 깊게 들으며, 공감하는 능력이다. 경청은 대화의 과정에서 당신에 대한 신뢰를 쌓을 수 있는 최고의 방법이다.

우리가 경청하면 상대는 본능적으로 안도감을 느끼고, 경청하는 우리에게 무의식적인 믿음을 갖게 된다. 그리고 우리가 말을 할 경우, 자신도 모르게 더 집중하게 된다. 이런 심리적 효과로 인해 우리의 말과 메시지, 감정은 아주 효과적으로 상대에게 전달된다.

우리가 경청하는 만큼, 상대방은 우리의 말을 경청할 수밖에 없는 것이다. 자기 말을 경청해주는 사람을 싫어하는 사람은 세상에 존재하지 않는다. 경청능력에 대한 면접평가 질문은 다음과 같다.

《경청능력 면접평가 질문》
◆ 다른 사람의 말을 끝까지 경청하여 좋은 결과를 얻었던 경험을 말해 보세요
 ☞ 경청의 자세, 올바른 언어의 사용, 공감을 형성하는 태도를 가지고 있는가?
 ☞ 상대방의 이야기를 듣고 종합·요약하는 능력이 있는가?
 ☞ 상대방의 의도를 정확히 파악하여 이해하고 행동하는가?
 ☞ 직무역량과 관련된 의사소통능력이 있는가?

◆ 평소 상대의 이야기를 들을 때 어떤 것을 가장 중요하게 생각하는가요?
 ☞ 경청의 자세, 올바른 언어의 사용, 공감을 형성하는 태도를 가지고 있는가?
 ☞ 상대방의 의도를 정확히 파악하고 이해하는 능력이 있는가?
 ☞ 자신의 중요가치가 조직의 인재상과 부합하는가?

의사표현은 의사소통의 중요한 수단으로 특히, 말하는 이의 의도 또는 목적을 가지고 그 목적을 달성하는데 효과가 있다고 생각하는 말하기를 의미한다.

의사소통의 중요한 수단인 말하기가 사용되는 예를 들면, 첫째, 말하는 이가 듣는 이에게 어떤 영향을 미치기 위하여 주장하는 것이다. 즉 말하는 이는 듣는 이의 생각을 변화시키려는 의도로 주장하는 것이다.

둘째, 필요한 정보를 제공받기 위하여 질문하는 것이다. 셋째, 어떤 일을 해주도록 요청할 때 하는 것이다. 의사표현력에 대한 면접평가 질문은 다음과 같다.

《《의사표현력 면접평가 질문》》

◈ 불만을 이야기한 고객에게 본인이 직접 소통하여 해결한 경험을 말해주세요
  ☞ 문제의 원인이 무엇인지 명확하게 파악하고 있는가?
  ☞ 자신과 견해가 다른 상대방의 의견을 수용하고 존중하는가?
  ☞ 상대방의 이야기를 듣고 종합·요약하는 능력이 있는가?
  ☞ 상대방이 이해하기 쉽게 의사를 표현하는 능력이 있는가
  ☞ 문제해결을 위해 논리적으로 사고하고 판단하는가?

◈ 자신의 생각을 다른 사람에게 효과적으로 설득시킨 경험을 말해 보세요
  ☞ 자신과 견해가 다른 상대방의의견을 수용하고 존중하는가?
  ☞ 자신의 의견을 명확하고 설득력 있게 표현, 전달하는가?
  ☞ 감정이 아닌 이성적 주장을 논리적으로 제시하는가?
  ☞ 조직의 의사소통 역량과 부합하는가?

우리의 무대가 세계로 넓어지면서 우리만의 언어가 아닌 세계의 언어로 의사소통을 가능하게 하는 능력이 필요하다.

기초외국어능력은 외국인들과의 유창한 의사소통을 뜻하는 것은 아니다. 일하는 데 필요한 문서이해나 문서작성, 의사표현, 경청 등 기초적인 의사소통을 기초적인 외국어로서 가능하게 하는 능력을 말한다.

기초외국어능력은 외국어로 된 간단한 자료를 이해하거나, 외국인과의 전화응대와 간단한 대화 등 외국인의 의사표현을 이해하고, 자신의 의사를 기초외국어로서 표현할 수 있는 능력이다. 기초외국어능력에 대한 면접평가 질문은 다음과 같다.

《기초외국어능력 면접평가 질문》

◆ 자신의 영어실력(어학실력)은 어느 정도입니까?
☞ 자신감 있게 외국어로 자신의 의사를 표현하고 있는가?
☞ 외국어로 자기가 뜻한 바를 말과 문서로 전달할 수 있는가?
☞ 국제화, 글로벌화 경영환경에 적응할 수 있는 국제적 감각과 국제무대에서 의사소통이 가능한 능력인가?
☞ 조직에 적합한 어학능력 수준인가?

7. 의사소통능력의 개념 이해 동영상 강의

의사소통능력의 개념 이해 동영상 강의는 NCS 홈페이지-NCS통합-직업기초능력-의사소통능력에서 검색할 수 있다.

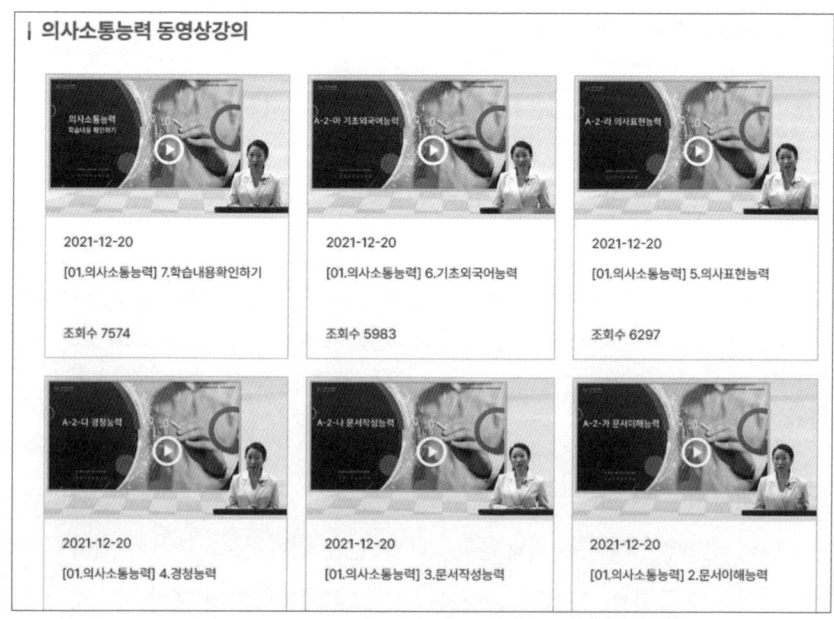

〔그림 4〕 의사소통능력 개념 이해 동영상 강의 홈페이지

출처 : 한국산업인력공단(2024). NCS 홈페이지. https://www.ncs.go.kr.

II

디지털시대,
수리능력을 키워라

1. 수리능력의 개념과 중요성

2. 기초연산능력의 개념과 적용

3. 기초통계능력의 개념과 적용

4. 도표분석능력의 개념과 적용

5. 수리능력의 필기평가 예시

6. 수리능력의 면접평가 질문

7. 수리능력의 개념 이해 동영상 강의

II. 디지털시대, 수리능력을 키워라

학습개요

이 장에서는 수리능력의 중요성에 대해서 알아보고, 기초연산능력과 기초통계능력 및 도표분석능력과 도표작성능력을 제시한다. 또한 수리능력의 필기평가 예시, 면접평가 질문 및 동영상 강의를 제시한다.

학습목표

1. 수리능력의 개념과 중요성을 설명할 수 있다.
2. 기초연산능력의 개념을 설명하고, 실제 적용할 수 있다.
3. 기초통계능력의 개념을 설명하고, 실제 적용할 수 있다.
4. 도표분석능력의 개념을 설명하고, 실제 적용할 수 있다.
5. 도표작성능력의 개념을 설명하고, 실제 적용할 수 있다.
6. 수리능력의 필기평가 예시를 제시할 수 있다.
7. 수리능력의 면접평가 질문을 제시할 수 있다.
8. 수리능력의 개념 이해 동영상 강의를 제시할 수 있다.

1. 수리능력의 개념과 중요성

《《수리능력 체크리스트》》

1. 수리능력의 중요성을 설명할 수 있는가?
2. 업무 수행 시 수리능력이 활용되는 경우를 설명할 수 있는가?
3. 업무수행 과정에서 기본적인 통계를 활용할 수 있는가?
4. 업무수행 과정에서 도표를 읽고 해석할 수 있는가?

세계 최대 부호인 마이크로소프트(MS)의 빌 게이츠 회장이 하버드대 법대로 입학하였지만 수리능력의 중요성을 깨닫고 수학과로 전과한 것을 아는 사람들은 많지 않다. 그가 집필한 저서 '미래로 가는 길', '생각의 속도' 등에선 수학적 사고력의 중요성이 잘 드러나고 있다.

수리능력이란 직장생활에서 요구되는 사칙연산과 기초적인 통계를 이해하고, 도표의 의미를 파악하거나 도표를 이용해서 결과를 효과적으로 제시하는 능력을 의미하며 기초연산능력, 기초통계능력, 도표작성능력의 하위능력으로 구성되어 있다. 이러한 수리능력을 통해 우리는 수학적 사고를 통한 문제해결, 직업세계의 변화에 대한 빠른 적응, 실용적 가치 구현이 가능해진다.

수리능력이 업무수행 중에 언제 필요할까? ① 업무상 계산을 수행하고 결과를 정리하는 경우, ② 업무비용을 측정하는 경우, ③ 고객과 소비자의 정보를 조사하고 결과를 종합하는 경우, ④ 조직의 예산안을 작성하는 경우, ⑤ 업무수행 경비를 제시해야 하는 경우, ⑥ 다른 상품과 가격비교를 하는 경우, ⑦ 연간 상품 판매실적을 제시하는 경우, ⑧ 업무비용을 다른 조직과 비교해야 하는 경우, ⑨ 상품판매를 위한 지역조사를 실시하는 경우, ⑩ 업무수행과정에서 도표로 주어진 자료를 해석하는 경우, ⑪ 도표로 제시된 업무비용을 측정하는 경우 등이 있다.

수리능력이 매우 중요시 되는 직업으로는 금융보험, 자산관리사, 수학 및 통계 연구원, 수학 교사, 자연계열 교수 등이 있다. 또 이들이 진출하는 분야도 중앙정부 및 지방자치단체의 공무원, 중·고등학교 교원, 은행·보험·증권회사, 정보통신기술업체, 소프트웨어 개발업체, 정보처리업체, 정보보안 관련 업체, 통계조사기관, 일반 기업체의 관련분야(전산실, 통계실, 자료처리실 등)와 여론조사연구소, 국방과학연구소, 기초과학지원연구소 등에 이르기까지 다양하다. 그러나 수리능력은 위와 같은 특정 직업에 종사하는 자에게만 필요한 것이 아니며, 모든 직업인에게 공통으로 필요한 능력이라고 할 수 있다.

수리능력이 일상생활 혹은 업무수행과정에서 중요한 이유는 첫째, 수학적 사고를 통한 문제해결을 할 수 있다. 업무 중에 일어나는 다양한 문제를 해결할 때 수학적 사고를 적용하면 문제를 분류하고 해법을 찾는 일이 쉬워진다. 즉 수학 원리를 활용하면 어려운 문제들에 대한 지구력과 내성이 생겨 업무의 문제 해결이 더욱 쉽고 편해질 수 있다.

둘째, 직업세계 변화에 적응할 수 있다. 수리능력은 논리적이고 단계적인 학습을 통해 향상되기 때문에 어느 과정의 앞 단계에서 제대로 학습을 하지 못했다면 다음 단계를 학습하는 것이 매우 어렵다. 앞으로 수십 년에 걸친 직업세계의 변화에 적응하기 위해서는 지금부터 수리능력을 가져야 한다.

셋째, 실용적 가치를 구현할 수 있다. 수리능력의 향상을 통해 일상생활 혹은 업무수행에 필요한 수학적 지식이나 기능을 습득할 수 있다. 물론, 실용성은 생활수준의 발전에 따라 다양한 성격을 지니게 되며 내용도 복잡하게 된다. 실용성은 개인이나 직업에 따라 다를지라도 수리능력의 향상을 통해서 일상적으로 필요한 지식, 기능이라도 단순히 형식적인 테두리에서 머무는 것이 아니라 수량적인 사고를 할 수 있는 아이디어나 개념을 도출해낼 수 있다.

2. 기초연산능력의 개념과 적용

《《기초연산능력 체크리스트》》
5. 업무수행에 필요한 수의 개념, 단위 및 체제 등을 설명할 수 있는가?
6. 사칙연산을 활용하여 업무수행에 필요한 계산을 수행할 수 있는가?
7. 검산방법을 활용하여 연산결과의 오류를 확인할 수 있는가?

우리는 업무수행에 필요한 기초적인 사칙연산과 계산방법을 이해하고 있어야 한다. 즉 덧셈, 뺄셈, 곱셈, 나눗셈 등과 같은 간단한 사칙연산에서부터 다단계의 복잡한 사칙연산까지 수행할 수 있어야 하며, 연산결과의 오류까지도 수정할 수 있는 능력이 필요하다. 업무수행 과정에서 연산능력이 요구되는 대표적인 상황으로는 ① 업무상 계산을 수행하고 결과를 정리하는 경우, ② 조직의 예산안을 작성하는 경우, ③ 업무비용을 측정하는 경우, ④ 업무수행 경비를 제시해야 하는 경우, ⑤ 고객과 소비자의 정보를 조사하고 결과를 종합하는 경우, ⑥ 다른 상품과 가격 비교를 하는 경우 등을 들 수 있다.

3. 기초통계능력의 개념과 적용

《《기초통계능력 체크리스트》》
8. 업무수행에 활용되는 기초적인 통계방법을 설명할 수 있는가?
9. 업무수행과정에서 기본적인 통계자료를 읽고 해석할 수 있는가?
10. 통계방법을 활용하여 업무수행에 필요한 자료를 제시할 수 있는가?

우리는 주변에서 통계를 많이 볼 수 있다. 가장 흔하게 TV 시청률에서부터 선거 지지도, 경제 전망 등 여러 가지 통계를 접하고 있다. 이 중 업무를 수행할 때는 어떠한 기준에 맞추어 통계방법을 활용할 것인지 심도 있게 고민해 보아야 한다. 다음의 사례는 통계가 설득을 위한 가장 강력한 수단이 될 수 있음을 보여준다.

통계란 어떤 현상의 상태를 양으로 반영하는 숫자이며, 특히 사회집단의 상황을 숫자로 표현한 것이다. 근래에는 통계적 방법의 급속한 진보와 보급에 따라 자연적인 현상이나 추상적인 수치의 집단도 포함해서 일체의 집단적 현상을 숫자로 나타낸 것을 통계라고 한다. 따라서 통계학이란 불확실한 상황에서 현명한 의사결정을 하기 위한 이론과 방법을 다루는 분야이며 주로 자료의 수집, 분류, 분석, 그리고 해석의 체계를 갖는다. 통계분석은 '모르는 값'을 '아는 값(의미가 있는 값)'으로 바꾸어 가는 과정이라 할 수 있다.

통계의 기능은 다음과 같이 크게 4가지로 생각해 볼 수 있다. 첫째, 많은 수량적 자료를 처리 가능하고 쉽게 이해할 수 있는 형태로 축소시킨다. 둘째, 표본을 통해 연구대상 집단의 특성을 유추한다. 셋째, 의사결정의 보조수단이 된다. 넷째, 관찰 가능한 자료를 통해 논리적으로 어떠한 결론을 추출·검증 한다. 즉, 일을 하는데 통계를 활용함으로써 얻을 수 있는 이점으로는 ① 많은 수량적 자료를 처리 가능하고 쉽게 이해할 수 있는 형태로 축소, ② 표본을 통해 연구대상 집단의 특성을 유추, ③ 의사결정의 보조수단, ④ 관찰 가능한 자료를 통해 논리적으로 어떠한 결론을 추출·검증 등이 있다.

일을 효과적으로 수행하기 위해서는 빈도, 백분율, 범위, 평균, 분산, 표준편차 등과 같은 기본적인 통계치의 개념을 파악하고 있어야 한다. 빈도란 어떤 사건이 일어나거나 증상이 나타나는 정도를 의미하며, 빈도분포란 그러한 빈도를 표나 그래프로 종합적이면서도 일목요연하게 표시하는 것이다. 백분율은 전체의 수량을 100으로 하여, 나타내려는 수량이 그 중 몇이 되는가를 가리키는 수(퍼센트)로 나타낸다. 기호는 %(퍼센트)이며, 100분의 1이 1%에 해당된다. 백분율은 오래 전부터 실용계산의 기준으로 널리 사용되고 있으며, 원형 그래프 등을 이용하면 이해하기 쉽다. 범위란 분포의 흩어진 정도를 가장 간단히 알아보는 방법으로서 최고값과 최저값을 가지고 파악하며, 최고값에서 최저값을 뺀 값을 의미하며, 평균이란 집단의 특성을 요약하기 위해서 가장 빈번하게 활용하는 값으로 전체 사례수의 값을 모두 더한 후, 총 사례수로 나눈 값을 의미한다. 분산이란 각 관찰값과 평균값의 차이인 편차를 제곱하여 얻은 평균을 의미하며, 표준편차란 분산값의 제곱근 값을 의미한다.

4. 도표분석능력의 개념과 적용

《《도표분석능력 체크리스트》》
11. 도표의 종류별 장단점을 설명할 수 있는가?
12. 제시된 도표로부터 필요한 정보를 획득할 수 있는가?
13. 제시된 도표를 비교 분석하여 업무에 적용할 수 있는가?

도표는 크게 목적별 · 용도별 · 형상별로 구분할 수 있는데, 실제로는 목적과 용도와 형상을 여러 가지로 조합하여 하나의 도표를 작성하게 된다. 특히 도표는 관리나 문제해결의 과정에서 다양하게 활용되며, 활용되는 국면에 따라 도표의 종류를 달리할 필요가 있다. 도표에는 선(절선)그래프, 막대그래프, 원그래프, 점그래프, 방사형그래프 등이 있다.

도표를 해석할 때는 첫째, 요구되는 지식의 수준을 고려할 필요가 있다. 도표의 해석은 특별한 지식을 요구하지 않는 경우가 대부분이다. 그러나 지식의 수준에는 차이가 있어 어떤 사람에게는 상식이 어떤 사람에게는 지식일 수 있다. 따라서 직업인으로서 자신의 업무와 관련된 기본적인 지식의 습득을 통하여 특별한 지식을 일반지식 즉, 상식화할 필요가 있다. 둘째, 도표에 제시된 자료의 의미에 대해 정확하게 숙지해야 한다. 주어진 도표를 무심코 해석하다 보면 자료가 지니고 있는 진정한 의미를 확대하여 해석할 수도 있다. 예컨대 K사의 지원자 수가 많았다는 것이 반드시 K사의 근로자 수가 많다는 것을 의미하지 않는데 양자를 같은 것으로 오인할 수 있다. 셋째, 도표로부터 알 수 있는 것과 없는 것을 구별해야 한다. 주어진 도표로부터 알 수 있는 것과 알 수 없는 것을 완벽하게 구별할 필요가 있다. 즉 주어진 도표로부터 의미를 확대하여 해석하여서는 곤란하며, 주어진 도표를 토대로 자신의 주장을 충분히 추론할 수 있는 보편타당한 근거를 제시해야 한다. 넷째, 총량의 증가와 비율증가를 구분해야 한다. 비율이 같다고 하더라도 총량에 있어서는 많은 차이가 있을 수 있다. 또한 비율에 차이가 있다고 하더라도 총량이 표시되어 있지 않은 경우 비율차이를 근거로 절대적 양의 크기를 평가할 수 없기 때문에 이에 대한 세심한 검토가 요구된다. 다섯째, 백분위수와 사분위수를 이해해야 한다. 백분위수는 크기순으로 배열한 자료를 100등분 하는 수의 값을 의미한다. 예컨대 제 p백분위수란 자료를 크기순으로 배열하였을 때 p%의 관찰값이 그 값보다 작거나 같고, (100-p)%의 관찰값이 그 값보다 크거나 같게 되는 값을 말한다. 한편, 사분위수란 자료를 4등분한 것으로 제1사분위수는 제25백분위수, 제2사분위수는 제50백분위수(중앙치), 제3사분위수는 제75백분위수에 해당한다.

5. 수리능력의 필기평가 예시

수리능력의 필기평가 예시는 능력중심채용모델에서 찾아볼 수 있다. NCS 홈페이지-공정채용-채용모델 필기문항에서 검색할 수 있다.

문제 정보	대영역	수리능력	하위영역	기초연산능력	난이도	하	평가시간	0.5분

1. ○○공사의 마케팅팀 사원들은 1년간의 프로젝트를 나누어 진행하고자 한다. 프로젝트를 한사람 당 5개씩 나눌 경우 2개의 프로젝트가 남고, 6개씩 나눌 경우 6명의 사원이 나머지 사원들보다 1개 부족하게 진행하게 된다. 마케팅팀 사원수는 모두 몇 명인가?

① 7명
② 8명
③ 9명
④ 10명

〔그림 5〕 2023년 능력중심채용모델-NCS직업기초능력 필기문항-수리능력

출처 : 한국산업인력공단(2024). 능력중심채용모델. https://www.ncs.go.kr.

6. 수리능력의 면접평가 질문

수리능력이란 직장생활에서 요구되는 사칙연산과 기초적인 통계를 이해하고, 도표의 의미를 파악하거나 도표를 이용해서 결과를 효과적으로 제시하는 능력을 의미하며 기초연산능력, 기초통계능력, 도표작성능력의 하위능력으로 구성되어 있다. 수리능력에 대한 면접평가 질문은 다음과 같다.

《《수리능력 면접평가 질문》》

◆ 문제해결과정에서 수학적 사고와 기법을 선택하여 결과물을 창출한 경험에 대해 말해주세요
   ☞ 업무수행에 필요한 연산, 통계 기본지식이 있는가?
   ☞ 업무수행에 필요한 기술(통계툴)을 활용할 수 있는가?
   ☞ 통계기법을 활용하여 결과를 검토하는 능력이 있는가?
   ☞ 문제해결을 위해 수리적 분석력을 발휘했던 경험인가?
   ☞ (직무적합성) 직무에 적용할 수 있는 능력인가?

기초연산능력은 직장생활에서 필요한 기초적인 사칙연산과 계산방법을 이해하고 활용하는 능력이다. 여기서 사칙연산은 수에 관한 덧셈, 뺄셈, 곱셈, 나눗셈을 의미한다. 또한 직업인들에게 있어서 연산 수행 후 연산결과를 확인하는 검산과정을 거치는 것도 필수적이다. 대표적인 검산 방법으로는 '연역산 방법'과 '구거법'이 있다. 연역산 방법은 본래의 풀이와 반대로 연산을 해가면서 본래의 답이 맞는지를 확인하는 방법이고, 구거법은 원래의 수와 각 자리 수의 합이 9로 나눈 나머지와 같다는 원리를 이용하는 방법이다

《《기초연산능력 면접평가 질문》》

◆ 정확한 분석력을 바탕으로 문제상황을 효과적으로 해결했던 경험을 말해 주세요
- ☞ 업무수행에 필요한 연산, 통계 기본지식이 있는가?
- ☞ 업무수행에 필요한 기술(통계툴)을 활용할 수 있는가?
- ☞ 문제해결을 위해 수리적 분석력을 발휘했던 경험인가?
- ☞ 통계기법을 활용하여 결과를 검토하는 능력이 있는가?
- ☞ (직무적합성)직무에 적용할 수 있는 능력인가?

기초통계능력은 직장생활에서 평균, 합계, 빈도와 같은 기초적인 통계기법을 활용하여 자료의 특성과 경향성을 파악하는 능력이다. 업무를 수행 시 통계를 활용하게 되면 많은 수량적 자료의 처리, 표본을 통한 연구대상 집단의 특성 유추, 의사결정의 보조수단으로 활용, 논리적인 결론의 추출 및 검증 등이 가능해진다. 효과적인 업무수행을 위해 사용하는 통계기법에는 범위, 평균, 분산, 표준편차가 있으며, 원 자료의 전체적 형태의 파악을 위해 최소값, 최대값, 중앙값, 하위 25%값, 상위 25%값이라는 다섯숫자요약도 잘 활용해야 한다.

《《기초통계능력 면접평가 질문》》

◆ 통계적 개념을 활용하여 자료를 발표하거나 분석한 경험을 말해 주세요
- ☞ 업무수행에 필요한 연산, 통계 기본지식이 있는가?
- ☞ 업무수행에 필요한 기술(통계툴)을 활용할 수 있는가?
- ☞ 통계기법을 활용하여 결과를 검토하는 능력이 있는가?
- ☞ (직무적합성) 직무에 적용할 수 있는 능력인가?

도표분석능력은 직장생활에서 도표(그림, 표, 그래프 등)의 의미를 파악하고, 필요한 정보를 해석하는 능력으로 직업인들에게 표와 그래프를 정확하게 읽고 의미를 찾아내며, 향후 추이를 분석해내는 능력은 필수적이다.

이에 효과적으로 도표를 분석하기 위해서는 첫째, 요구되는 지식의 수준을 넓히고 둘째, 도표에 제시된 자료의 의미를 정확히 숙지하며 셋째, 도표로부터 알 수 있는 것과 없는 것을 구별하고 넷째, 총량의 증가와 비율의 증가를 구분하며 다섯째, 백분위수와 사분위수를 정확히 이해하고 있어야 한다.

도표작성능력은 직장생활에서 도표(그림, 표, 그래프 등)를 이용하여 결과를 효과적으로 제시하는 능력으로 도표를 작성할 때는 도표의 종류별로 여러 사항에 주의하여야 한다.

《〈도표이해/작성능력 면접평가 질문〉》
◈ 효과적인 전달이나 이해를 향상시키기 위해서 도표나 그래프를 활용한 경험을 말해 보세요
　☞ 업무수행에 필요한 다양한 도표를 이해하고 의미를 해석하는 능력이 있는가?
　☞ 업무수행에 필요한 기술(통계툴)을 활용할 수 있는가?
　☞ 다양한 도표를 사용하여 설득한 구체적 경험이 있는가?
　☞ (직무적합성) 직무에 적용할 수 있는 능력인가?

7. 수리능력의 개념 이해 동영상 강의

수리능력의 개념 이해 동영상 강의는 NCS 홈페이지-NCS통합-직업기초능력-수리능력에서 검색할 수 있다.

〔그림 6〕 수리능력 개념 이해 동영상 강의 홈페이지

출처 : 한국산업인력공단(2024). NCS 홈페이지. https://www.ncs.go.kr.

III

다변화시대, 문제에 도전하며 업무능력 키워야

1. 문제해결능력의 개념 및 중요성
2. 사고력의 개념과 적용
3. 문제처리능력의 개념과 적용
4. 문제해결능력의 필기평가 예시
5. 문제해결능력의 면접평가 질문
6. 문제해결능력의 개념 이해 동영상 강의

다변화시대, 문제에 도전하며 업무능력 키워야

학습개요

이 장에서는 문제해결능력의 중요성에 대해서 알아보고, 사고력과 문제처리능력에 대해서 알아보고, 문제해결능력 필기평가 예시, 면접평가 질문과 동영상 강의를 제시한다.

학습목표

1. 문제해결능력의 개념과 중요성을 설명할 수 있다.
2. 사고력의 개념을 설명하고 실제 적용할 수 있다.
3. 문제처리능력의 개념을 설명하고, 실제 적용할 수 있다.
4. 문제해결능력의 필기평가 예시를 제시할 수 있다.
5. 문제해결능력의 면접평가 질문을 제시할 수 있다.
6. 문제해결능력 개념 이해 동영상 강의를 제시할 수 있다.

1. 문제해결능력의 개념 및 중요성

《《문제해결능력 체크리스트》》

1. 업무를 수행하는 동안 발생한 문제의 핵심을 파악하는가?
2. 업무를 수행하는 동안 발생한 문제의 해결방법을 알고 있는가?
3. 향후에 발생할지도 모르는 문제를 미리 예견하여 대비책을 세우는가?
4. 현재 당면한 문제를 세부적으로 분석하여 해결방법을 찾는가?
5. 문제가 발생했을 때, 새로운 관점에서 해결책을 찾는가?
6. 문제를 해결하는데 장애가 되는 요소들을 사전에 제거하는가?

문제란 원활한 업무수행을 위해 해결해야 하는 질문이나 의논 대상을 의미한다. 즉 해결하기를 원하지만 실제로 해결해야 하는 방법을 모르고 있는 상태나 얻고자 하는 해답이 있지만 그 해답을 얻는 데 필요한 일련의 행동을 알지 못한 상태이다. 이러한 문제는 흔히 문제점과 구분하지 않고 사용하는데, 문제점이란 문제의 근본원인이 되는 사항으로 문제해결에 필요한 열쇠인 핵심 사항을 말한다. 예컨대 난폭 운전으로 전복사고가 일어났을 때, 사고의 발생을 문제라 하고, 난폭운전은 문제점이다. 이렇게 문제점은 개선해야 할 사항이나 손을 써야 할 사항, 그에 의해서 문제가 해결될 수 있고 문제의 발생을 미리 방지할 수 있는 사항을 말한다.

문제를 효과적으로 해결하기 위해 문제의 유형을 파악하는 것이 우선시 되어야 한다. 문제의 유형은 그 기준에 따라 첫째, 기능에 따른 문제 유형은 제조 문제, 판매 문제, 자금 문제, 인사 문제, 경리 문제, 기술상 문제로 구분할 수 있다. 둘째, 해결방법에 따른 문제 유형은 논리적 문제와 창의적 문제가 있다. 셋째, 시간에 따른 문제 유형은 과거 문제, 현재 문제, 미래 문제로 구분된다. 넷째, 업무수행 과정 중 발생한 문제 유형은 발생형 문제(보이는 문제), 탐색형 문제(찾는 문제), 설정형 문제(미래 문제)로 구분할 수 있다.

문제해결이란 목표와 현상을 분석하고 분석 결과를 토대로 주요과제를 도출한 뒤, 바람직한 상태나 기대되는 결과가 나타나도록 최적의 해결안을 찾아 실행, 평가해 가는 활동을 의미한다.

문제해결은 조직, 고객, 자신의 세 가지 측면에서 도움을 줄 수 있다.

첫째, 조직측면에서는 자신의 속한 조직의 관련 분야에서 세계 일류수준을 지향하며, 경쟁사와 대비하여 탁월하게 우위를 확보하기 위해서 끊임없는 문제해결이 요구된다.

둘째, 고객측면에서는 고객이 불편하게 느끼는 부분을 찾아 개선과 고객감동을 통한 고객 만족을 높이는 측면에서 문제해결이 요구된다.

셋째, 자기 자신 측면에서는 불필요한 업무를 제거하거나 단순화하여 업무를 효율적으로 처리하게 됨으로써 자신을 경쟁력 있는 사람으로 만들어 나가는 데 문제해결이 요구된다.

문제해결을 위해서는 체계적인 교육훈련을 통해 일정수준 이상의 문제해결능력을 발휘할 수 있도록 조직과 각 실무자가 노력해야 한다. 또한 고정관념과 편견 등 심리적 타성 및 기존의 패러다임을 극복하고 새로운 아이디어를 효과적으로 낼 수 있는 창조적 스킬 등을 습득하는 것이 필요하다. 이는 창조적 문제해결능력을 향상시켜야 함을 의미하며, 문제해결 방법에 대한 체계적인 교육훈련을 통해서 얻을 수 있다. 따라서 문제해결을 위해서 개인은 사내외의 체계적인 교육훈련을 통해 문제해결을 위한 기본 지식뿐 아니라 본인이 담당하는 전문영역에 대한 지식도 습득해야 한다. 이를 바탕으로 문제를 조직 전체의 관점과 각 기능단위별 관점으로 구분하고, 스스로 해결할 수 있는 부분과 조직 전체의 노력을 통해서 해결할 수 있는 부분으로 나누어 체계적으로 접근해야 한다.

문제해결을 잘 하기 위해서는 전략적 사고, 분석적 사고, 발상의 전환, 내외부자원의 활용 등 4가지 기본적 사고가 필요하다. 먼저, 전략적 사고를 해야 한다. 현재 당면하고 있는 문제와 그 해결방법에만 집착하지 말고, 그 문제와 해결방안이 상위 시스템 또는 다른 문제와 어떻게 연결되어 있는지를 생각하는 것이 필요하다. 둘째, 분석적 사고를 해야 한다. 전체를 각각의 요소로 나누어 그 요소의 의미를 도출한 다음 우선순위를 부여하고 구체적인 문제해결 방법을 실행하는 것이 요구된다. 셋째, 발상의 전환을 해야 한다. 사물과 세상을 바라보는 인식의 틀을 전환하여 새로운 관점에서 바라보는 사고를 지향해야 한다. 넷째, 내·외부자원을 효과적으로 활용해야 한다. 문제해결시 기술, 재료, 방법, 사람 등 필요한 자원 확보 계획을 수립하고 내·외부자원을 효과적으로 활용해야 한다.

2. 사고력의 개념과 적용

《《사고력 체크리스트》》
7. 문제를 해결하기 위한 다양한 아이디어를 많이 생각해 내는가?
8. 문제를 해결하기 위한 독창적인 아이디어를 많이 제시하는가?
9. 문제를 해결하기 위해 다듬어지지 않은 아이디어를 분석 종합하는가?
10. 상대의 논리를 구조화하여 개선점을 찾는가?
11. 상사의 지시를 무조건으로 수용하지 않고 비판적으로 생각하는가?
12. 제시된 아이디어를 평가할 때 의견을 적극적으로 표현하는가?

사고력은 일상생활뿐 아니라 공동체 생활의 문제를 해결하기 위하여 요구되는 기본요소로서 창의적, 논리적, 비판적으로 생각하는 능력이다. 우리에게 주어진 무수한 정보 중에서 이를 알맞게 선택하고 나른 사람과 의견을 공유하기 위해서는 창의적, 논리적, 비판적 사고가 필수적이며 이러한 사고력은 다양한 형태의 문제에 대처하고 자신들의 의견 및 행동을 피력하는 데 중요한 역할을 한다

〈표 2〉 사고력 개발 방법

사고력	개발 방법
창의적 사고력	• 자유연상법: 생각나는 대로 자유롭게 발상 ex) 브레인스토밍 • 강제연상법: 각 종 힌트에 강제적으로 연결 지어서 발상 ex) 체크리스트 • 비교발상법: 주제의 본질과 닮은 것을 힌트로 발상 ex) NM법, Synectics

논리적 사고력	• 피라미드 구조를 이용하는 방법: 하위의 사실이나 현상부터 사고함으로써 상위의 주장을 만들어가는 방법 • so what 기법: "그래서 무엇이지?"하고 자문자답하는 의미로, 눈앞에 있는 정보로부터 의미를 찾아내어, 가치 있는 정보를 이끌어내는 사고
비판적 사고력	• 문제의식을 지님 • 고정관념을 타파함

출처 : 한국산업인력공단(2024). 문제해결능력 교수자용 가이드북. https://www.ncs.go.kr.

창의적인 사고는 사회나 개인에게 새로운 가치를 창출하는 능력으로 공동체 생활을 하는 사람은 기본으로 갖추어야 할 덕목이다. 조직에서도 창의적인 사고를 하는 사람들을 찾고 선호하는 경향을 보인다. 문제를 빠르게 해결했다고 해서 그 사람을 창의적이라고 할 수는 없다. 안 풀리는 문제, 해답이 많은 문제, 때로는 정답이 없는 문제를 해결하는 사람이야말로 창의적인 사람이라고 할 수 있다. 이렇듯 창의적인 사고란 당면한 문제를 해결하기 위해 이미 알고 있는 경험과 지식을 해체하여 다시 새로운 정보로 결합함으로써 가치 있고 참신한 아이디어를 산출하는 사고로서, 첫째, 창의적인 사고는 발산적(확산적) 사고로서, 아이디어가 많고 다양하고 독특한 것을 의미한다. 둘째, 창의적인 사고는 새롭고 유용한 아이디어를 생산해 내는 정신적인 과정이다. 셋째, 창의적인 사고는 통상적인 것이 아니라 기발하거나 신기하며 독창적인 것이다. 넷째, 창의적인 사고는 유용하고 적절하며 가치가 있어야 한다. 다섯째, 창의적인 사고는 기존의 정보(지식, 상상, 개념 등)들을 특정한 요구조건에 맞거나 유용하도록 새롭게 조합시킨 것이다. 창의적 사고에는 "문제를 사전에 찾아내는 힘", "문제해결에 있어서 다각도로 힌트를 찾아내는 힘" 그리고 "문제해결을 위해 끈기 있게 도전하는 태도" 뿐만 아니라 사고력을 비롯해서 성격, 태도에 걸친 전인격적인 가능성까지도 포함된다.

논리적 사고는 공동체 생활에서 지속적으로 요구되는 능력이다. 논리적인 사고력이 없다면 아무리 많이 알고 있더라도 자신이 만든 계획이나 주장을 주위 사람에게 이해시키고 실현시키기 어려울 것이다. 논리적 사고는 공동체 생활에서 지속적으로 요구되는 능력이다. 논리적 사고력이 없다면, 자신이 만든 계획이나 주장을 주위 사람에게 이해시키거나 실현시키기 어려울 것이다.

논리적 사고는 사고의 전개에서 전후 관계가 일치하고 있는가를 살피고, 아이디어를 평가하는 능력을 의미한다. 이러한 논리적 사고는 다른 사람을 공감시켜 움직일 수 있게 하며, 짧은 시간에 헤매지 않고 사고할 수 있게 하고, 행동하기 전 생각을 하게 함으로써, 설득을 쉽게 할 수 있게 한다.

먼저, 생각하는 습관이다. 논리적 사고의 가장 기본은 항상 생각하는 습관을 갖는 것이다. 일상적인 대화, 회사의 문서, 신문의 사설 등 접하는 모든 것들에 대해서 늘 생각하는 자세가 필요하다. 만약 "이것은 재미있지만, 왜 재미있는지 알 수 없다"라는 의문이 들었다면, 계속해서 왜 그런지에 대해서 생각해야 한다. 특히 이런 생각은 출퇴근길, 화장실, 잠자리에 들기 전 등 언제 어디에서나 해야 한다.

둘째, 상대 논리의 구조화다. 다른 사람을 설득하는 과정에서 거부당할 수 있다. 그 경우 상대의 논리를 구조화하는 것이 필요하다. 자신의 주장이 받아들여지지 않는 원인 중에 상대 주장에 대한 이해가 부족하다고 하는 것이 있을 수 있다. 상대의 논리에서 약점을 찾고, 자신의 생각을 재구축한다면 상대를 설득할 수 있다.

셋째, 구체적인 생각이다. 상대가 말하는 것을 잘 알 수 없을 경우에는 구체적인 이미지를 떠올리거나, 숫자를 활용하여 표현하는 등 다양한 방법을 활용하여 생각해야 한다.

넷째, 타인에 대한 이해다. 상대의 주장에 반론할 경우에는 상대 주장 전부를 부정하지 않고, 동시에 상대의 인격을 존중해야 한다. 예를 들어 "당신이 말하는 이것은 이유가 되지 못한다."고 하는 것은 주장의 부정이지만, "이런 이유를 설정한다면 공동체 생활을 하기에는 부적합하다"라고 말하는 것은 바람직하지 못하다.

다섯째, 설득이다. 논리적인 사고는 고정된 견해나 자신의 사상을 강요하는 것이 아니다. 설득은 논쟁을 통하여 이루어지는 것이 아니라 논증을 통해 이뤄진다. 이러한 설득의 과정은 나의 주장을 다른 사람에게 이해시켜 공감시키고 그 사람이 내가 원하는 행동을 하게 만드는 것이다.

비판적 사고는 어떤 주제나 주장 등에 대해서 적극적으로 분석하고 종합하며 평가하는 능동적인 사고이다. 이러한 비판적 사고는 어떤 논증, 추론, 증거, 가치를 표현한 사례를 타당한 것으로 수용할 것인가 아니면 불합리한 것으로 거절할 것인가에 대한 결정에 필요한 사고이다.

비판적 사고는 시시콜콜한 문제가 아닌 문제의 핵심을 중요한 대상으로 한다. 비판적 사고는 지식, 정보를 바탕으로 객관적 근거에 기초를 두고 현상을 분석하고 평가하는 사고이다. 비판적 사고를 개발하기 위해서는 지적 호기심, 객관성, 개방성, 융통성, 지적 회의성, 지적 정직성, 체계성, 지속성, 결단성, 다른 관점에 대한 존중과 같은 합리적인 태도가 요구된다.

비판적인 사고를 하기 위해서는 어떤 현상에 대해서 문제의식을 바탕으로, 고정관념을 버려야 한다. 비판적인 사고를 하기 위한 문제의식을 가지고 있다면 다음으로 필요한 것이 지각의 폭을 넓히는 일이다. 지각의 폭을 넓히는 일은 정보에 대한 개방성은 가지고 편견을 갖지 않는 것으로, 고정관념을 타파하는 일이 중요하다.

3. 문제처리능력의 개념과 적용

《《문제처리능력 체크리스트》》
13. 문제가 발생하였을 때 문제의 결과를 미리 예측하는가?
14. 문제가 발생하였을 때 주변 환경을 잘 분석하는가?
15. 발생한 문제 중 먼저 해결해야 하는 문제를 잘 찾아내는가?
16. 문제 해결을 위해 제시된 대안을 논리적으로 검토하는가?
17. 문제를 해결하기 위한 대안이 실제로 실현가능한지를 고려하는가?
18. 문제해결을 위한 방법을 실천하고, 그 결과를 평가하는가?

문제처리능력은 문제점의 근본 원인을 제거하기 위해 해결방안을 모색하는 능력으로, 문제해결 절차를 의미한다. 즉, 다양한 상황에서 발생한 문제의 원인 및 특성을 파악한 뒤 적절한 해결안을 선택, 적용하고 그 결과를 평가하여 피드백 하는 능력을 말한다. 문제처리 절차는 일반적으로 문제인식, 문제도출, 원인분석, 해결안 개발, 실행 및 평가의 5단계를 거친다.

〔그림 7〕 문제해결을 위한 문제처리의 5개 단계

출처 : 한국산업인력공단(2024). 문제해결능력 교수자용 가이드북. https://www.ncs.go.kr.

먼저 문제를 인식해야 한다. 문제 인식은 해결해야 할 전체 문제를 파악하여 우선순위를 정하고, 선정문제에 대한 목표를 명확히 하는 절차를 거친다. 이를 위해 환경 분석, 주요 과제 도출, 과제 선정의 절차를 수행하는 과정이 필요하다. 문제가 발생하였을 때, 가장 먼저 고려해야 하는 점은 환경을 분석하는 일이다. 환경 분석을 위해서 주요 사용되는 기법으로는 3C 분석,

SWOT 분석 방법이 있다.

둘째, 문제도출단계이다. 즉 해결해야 하는 문제가 무엇인지 구조를 파악해야 하는데, 문제 구조 파악에서 중요한 것은 본래 문제가 발생한 배경이나 문제를 일으키는 원인을 분명히 하는 것이다. 또한 문제 구조 파악을 위해서는 현상에 얽매이지 말고 문제의 본질과 실제를 봐야 하며, 다양하고 넓은 시야에서 문제를 바라봐야 한다.

셋째, 문제가 발생된 원인을 분석한다. 원인 분석은 파악된 핵심문제에 대한 분석을 통해 근본 원인을 도출해 내는 단계이다. 원인 분석은 쟁점 분석, 데이터 분석, 원인 파악의 절차로 진행되며 핵심 이슈에 대한 가설을 설정한 후 가설 검증을 위해 필요한 데이터를 수집, 분석하여 문제의 근본원인을 도출해 나가는 것이다.

넷째, 해결안을 개발한다. 해결안 개발은 해결안 도출, 해결안 평가 및 최적안 선정의 절차로 진행되며, 문제로부터 도출된 근본원인을 효과적으로 해결할 수 있는 최적의 해결방안을 수립하는 단계이다.

마지막으로, 실행 및 평가다. 해결안 개발을 통해 만들어진 실행계획을 실제 상황에 적용하는 활동으로 당초 장애가 되는 문제의 원인들을 해결안을 사용하여 제거해 나가는 단계이다. 실행은 실행계획 수립, 실행, 사후관리(follow-up)의 절차로 진행된다.

4. 문제해결능력의 필기평가 예시

문제해결능력의 필기평가 예시는 능력중심채용모델에서 찾아볼 수 있다. NCS 홈페이지-공정채용-채용모델 필기문항에서 검색할 수 있다.

문제 정보	대영역	문제해결능력	하위영역	사고력	난이도	상	평가시간	1분

1. 다음 글을 근거로 판단할 때, (ⓐ)에 들어갈 값으로 옳은 것은?

S사는 진공청소기를 제조하는 업체인데 진공청소기를 구매한 고객이 환불을 요청했다. 그 고객은 구매한 진공청소기가 불량품이라고 주장했다. 그러나 과거 고객들의 환불요청이나 불만사항들을 종합해 봤을 때, 고객들이 불량품을 정확하게 인식한 비율은 80% 정도였다. 그 고객이 구매한 물품이 정말로 불량품일 확률은 얼마일까?
많은 사람들은 그 확률이 80%라고 말할 것이다. 하지만 실제 확률은 이보다 더 낮을 수도 있다. S사가 총 10,000대의 진공청소기를 제조해서 팔았다고 가정해보자. 이들 중 90%는 정상제품이고 10%가 불량품이다. 또한 환불요청이 들어올 가능성은 정상제품과 불량품 모두 10%로 동일하며, 고객이 정상제품을 불량품으로 잘못 판단하거나 불량품을 정상제품으로 잘못 판단할 가능성은 20%로 같다고 가정한다. 이 같은 전제가 주어졌을 때, 실제 불량품 1,000대 중 (   )대만 정확히 불량품으로 인식되며, 실제 정상제품 9,000대 중 (   )대는 불량품으로 잘못 인식된다. 따라서 불량품으로 인식된 (   )대 중 (   )대만이 불량품이므로, 고객이 불량품이라고 환불요청을 했을 때 실제로 불량품일 확률은 (   )분의 (   ), 즉 약 (ⓐ)%에 불과하다.

① 25
② 28
③ 31
④ 34

〔그림 8〕 2023년 능력중심채용모델-NCS직업기초능력 필기문항-문제해결능력

출처 : 한국산업인력공단(2024). 능력중심채용모델. https://www.ncs.go.kr.

5. 문제해결능력의 면접평가 질문

즉, 문제해결능력이란 업무를 수행함에 있어 문제 상황이 발생하였을 경우 창조적이고 논리적인 사고를 통해 이를 올바르게 인식하고 적절히 해결하는 능력으로, '사고력'과 '문제처리능력'으로 구성되어 있다.

최근 복잡화되어 나타나는 문제들은 다양한 형태의 문제로 나타나기 때문에, 직업인에게 있어서 문제해결능력 함양은 필수이다. 이런 문제들을 해결할 수 있는 문제해결능력을 함양하기 위해서는 체계적인 교육훈련, 문제해결 방법에 대한 지식, 문제관련 지식에 대한 가용성, 문제해결자의 도전의식과 끈기, 문제에 대한 체계적인 접근이 필요하다.

《〈문제해결능력 면접평가 질문〉》

◈ 자신이 속한 조직에서 발생한 문제를 주도적으로 해결한 경험이 있다면 말해주세요
 ☞ 문제해결을 위해 창의적, 논리적, 비판적으로 생각하는가?
 ☞ 조직의 내·외부적인 환경 요인을 객관적으로 분석하는가?
 ☞ 문제의 원인을 정확하게 파악하고 대안을 탐색하는가?
 ☞ 공동의 이익을 위해 참신하고 효율적인 해결책을 제시하는가?
 ☞ 어려운 상황에 직면했을 때, 끈기, 근성으로 문제를 해결할 수 있는 능력을 가지고 있는가?

◈ 프로젝트나 팀 과제 등 다양한 사람들이 관여된 상황에서 발생한 문제를 중재한 경험이 있다면 말해주세요
 ☞ 문제의 원인을 정확하게 파악하고 합리적인 대안을 제시하는가?
 ☞ 문제를 해결하기 위한 다수의 대안을 탐색하는가?
 ☞ 다양한 상황에 유연하고, 탄력적으로 대응하는가?
 ☞ 조직 내 발생할 다양한 상황에 대한 대처능력이 있는가?

◈ 문제를 해결하는 과정에서 가장 중요하게 생각하는 점은 무엇입니까?
 ☞ 발생(가능)한 문제의 유형을 구분하는 능력이 있는가?
 ☞ 문제해결에 필요한 기본적 사고능력이 있는가?
 ☞ 문제해결의 의미에 대해 명확한 설명을 할 수 있는가?
 ☞ 환경에 따른 탄력적이고 유연한 사고를 하는가?
 ☞ 어려운 상황에 직면했을 때, 끈기·근성으로 문제를 해결할 수 있는 역량을 가지고 있는가?

사고력은 직장생활에서 발생하는 문제를 해결하기 위한 일차적인 기본요소이다. 오늘날 우리는 정보의 홍수 속에서 다양한 가치관과 입장을 대변하는 사람들과 살고 있다. 이런 상황에서 정보를 적절하게 선택하고 다른 사람과의 의견을 공유하기 위해서는 창의적, 논리적, 비판적 사고가 필수적이다.

여기서 '창의적 사고'란 당면한 문제를 해결하기 위해 이미 알고 있는 경험 지식을 해체하여 새로운 아이디어를 다시 도출하는 것으로, 개인이 가지고 있는 경험과 지식을 통해 새로운 가치 있는 아이디어로 다시 결합함으로써 참신한 아이디어를 산출하는 사고능력을 의미한다. '논리적 사고'는 사고의 전개에 있어서 전후의 관계가 일치하고 있는 가를 살피고, 아이디어를 평가하는 사고능력을 의미한다. 마지막으로 '비판적 사고'는 어떤 논증, 추론, 증거, 가치를 표현한 사례를 타당한 것으로 수용할 것인가 아니면 불합리한 것으로 거절할 것인가에 대한 결정을 내릴 때 요구되는 사고능력을 의미한다.

《《사고력 면접평가 질문》》
◆ 남들과 다른 생각(아이디어)으로 문제를 개선했거나 해결한 경험을 말해보세요
  ☞ 문제를 해결하기 위해 창의적, 논리적, 비판적으로 생각하였는가?
  ☞ 다양한 아이디어를 제안하고 새로운 방법을 적용을 시도하는가?
  ☞ 타인의 공감을 얻을 수 있는 참신한 방법인가?
  ☞ 문제해결을 위해 책임감을 가지고 솔선수범하는가?

문제처리능력이란 문제를 해결해 나가는 실제적인 실천과정에서 요구되는 능력으로 직장생활에서 발생한 문제의 특성을 파악하고, 적절한 대안을 선택, 적용하여 그 결과를 평가하여 피드백하는 능력을 의미한다. 문제를 어떻게 하면 합리적으로 또는 효율적으로 해결할 것인가 하는 것은 기업의 성패를 결정하는 중요한 요소로, 문제처리능력의 함양을 통해 가능해진다.

《《문제처리능력 면접평가 질문》》

◆ 나의 능력으로 해결할 수 없는 범주나 성격의 문제를 해결한 경험이 있나요?
  ☞ 예상치 못한 문제에 대해서 침착하고 담대하게 대응했는가?
  ☞ 문제의 원인을 정확하게 파악하고 합리적인 대안을 제시하는가?
  ☞ 업무시 발생할 다양한 상황에 대한 대처능력이 있는가?
  ☞ 어려운 상황에 직면했을 때, 끈기와 근성으로 문제를 해결할 수 있는 역량을 가지고 있는가?

◆ 학업과제나 업무 진행 중에 가장 어렵거나 힘들었던 문제가 무엇이었습니까?
  ☞ 문제해결에 필요한 기본적 사고능력이 있는가?
  ☞ 문제의 원인을 파악하고 적절한 해결책을 제시, 적용하는가?
  ☞ 업무시 발생할 다양한 상황에 대한 대처능력이 있는가?
  ☞ 어려운 상황에 직면했을 때, 끈기와 근성으로 문제를 해결할 수 있는 역량을 가지고 있는가?

◆ 일을 하다가 실수한 경험이 있나요? 그 원인은 무엇이라고 생각하나요?
  ☞ 문제 원인을 객관적으로 분석하고 원인을 규명하는가?
  ☞ 실수를 인정하고 개선하려고 노력하는가?
  ☞ 잘못이나 부정을 감추지 않고 개선/발전의 기회로 삼았는가?
  ☞ 지속적으로 반복되는 실수는 아닌가?

◆ 예상치 못한 문제나 어려움을 극복하고 성취한 경험을 말해보세요
  ☞ 예상치 못한 문제에 대해서 침착하고 담대하게 대응했는가?
  ☞ 문제의 원인을 정확하게 파악하고 합리적인 대안을 제시하는가?
  ☞ 업무시 발생할 다양한 상황에 대한 대처능력이 있는가?
  ☞ 어려운 상황에 직면했을 때, 끈기와 근성으로 문제를 해결할 수 있는 역량을 가지고 있는가?

◆ 지금까지 살아오면서 도전해 본 가장 어려운 일은 무엇입니까? 구체적으로 말해주세요
  ☞ 목표를 세우고 도전하는 사람인가?
  ☞ 문제해결의 과정이 논리적이고 창의적이었는가?
  ☞ 다양한 문제상황에 대한 대처능력이 있는가?
  ☞ 어려운 상황에 직면했을 때, 끈기, 근성으로 문제를 해결할 수 있는 역량을 가지고 있는가?

6. 문제해결능력의 개념 이해 동영상 강의

문제해결능력의 개념 이해 동영상 강의는 NCS 홈페이지-NCS통합-직업기초능력-문제해결능력에서 검색할 수 있다.

〔그림 9〕 문제해결능력 개념 이해 동영상 강의 홈페이지

출처 : 한국산업인력공단(2024). NCS 홈페이지, https://www.ncs.go.kr.

IV

성과와 경력관리의 필수요소, 자기개발능력

1. 자기개발능력의 개념 및 중요성
2. 자아인식능력의 개념 및 적용
3. 자기관리능력의 개념과 적용
4. 경력개발능력의 개념과 적용
5. 자기개발능력의 필기평가 예시
6. 자기개발능력의 면접평가 질문
7. 자기개발능력의 개념 이해 동영상 강의

IV. 성과와 경력관리의 필수요소, 자기개발능력

학습개요

이 장에서는 자기개발능력의 중요성에 대해서 알아보고, 자아인식능력과 자기관리능력, 경력개발능력에 대해 알아본다. 또한 자기개발능력의 필기평가 예시, 면접평가 질문 및 동영상 강의를 제시한다.

학습목표

1. 자기개발능력의 개념과 중요성을 설명할 수 있다.
2. 자아인식능력의 개념을 설명하고 실제 적용할 수 있다.
3. 자기관리능력의 개념을 설명하고 실제 적용할 수 있다.
4. 경력개발능력의 개념을 설명하고 실제 적용할 수 있다.
5. 자기개발능력의 필기평가 예시를 제시할 수 있다.
6. 자기개발능력의 면접평가 질문을 제시할 수 있다.
7. 자기개발능력의 개념 이해 동영상 강의를 제시할 수 있다.

1. 자기개발능력의 개념 및 중요성

《《자기개발능력 체크리스트》》

1. 자기개발이 무엇인지 설명할 수 있는가?
2. 직업인의 자기개발이 왜 필요한지를 설명할 수 있는가?
3. 자기개발이 어떻게 이루어지는가를 이해하고, 자신을 관리하며, 경력을 개발하는 과정을 설명할 수 있는가?
4. 자기개발을 방해하는 요인에 대하여 설명할 수 있는가?
5. 나에게 적합한 자기개발 계획을 수립할 수 있는가?
6. 나를 브랜드화하기 위한 전략을 수립할 수 있는가?

지식의 생성, 소멸 주기가 짧아지고 있으며 평생직장이라는 말이 사라져 가는 오늘날 우리는 자신을 꾸준히 계발하여 가치를 높여야 하는 압력을 받고 있다. 또한 AI, IoT, 로보틱스. VR 등의 첨단기술로 대표되는 4차 산업혁명 시대에는 전통적인 일자리가 사라지거나, 새로운 방식으로 업무를 처리해야 하는 일자리로 바뀌고 있다. 수많은 서적들이 자기개발, 처세술, 자기경영, 4차 산업혁명 대비 일자리 지키기 등에 대한 내용을 담고 있으며, 많은 자기개발 성공사례들이 각종 매체를 통해 쏟아지고 있다. 그만큼 요즈음에는 자기개발, 자기개발능력의 중요성이 강조되고 있으며 변화하는 시대에 적응하기 위한 자기개발을 하지 않는 직업인은 대체되기 쉽다.

자기개발은 왜 하는 것일까? 자기개발의 필요성을 이해하기 전에 먼저 변화의 필요성을 인식할 필요가 있다. 사람들은 관성의 법칙에 따라 현재 하고 있는 일을 지속적으로 하길 원하며, 새로운 변화에 의해 자신이 안주하고 있는 환경이나 상태가 불안정해지는 것을 원치 않는 경우가 많다. 그러나 변화는 낡은 습관을 버리고 끊임없이 새롭고 좋은 습관으로 바꾸는 것으로, 삶의 과정이다. 상황에 맞게 성장, 변화할 때 우리는 성공하는 삶을 살 수 있다. 첫째, 자기개발은 변화하는 환경에 적응하기 위해서 이루어진다. 우리를 둘러싸고 있는 환경은 끊임없이 변화하고 있으며, 그 변화의 속도는 점점 빨라지고 있다. 우리가 가지고 있는 지식이나 기술이 과거의 것이 되지 않도록 환경 변화에 따라 지속적인 자기개발 노력이 요구된다. 둘째, 직업생활에서의 자기개발은 효과적으로 업무를 처리하기 위하여, 즉 업무의 성과를 향상시키기 위하여 이루어진다. 셋째, 자기개발은 주변 사람들과 긍정적인 인간관계를 형성하기 위해서도 필요하다. 자기개발에 있어서 자기관리는 매우 중요한 요소이다. 자신의 내면과 시간, 생산성을 관리하는 등의 자기관리는 좋은 인간관계의 형성과 유지의 기반이 되기도 한다. 넷째, 자기개발은 자신이 달성하고자 하는 목표를 성취하기 위해서 해야 한다. 자기개발을 하기 위해서는 자신의 비전을 발견하고 장단기 목표를 설정해야 한다. 이와 같이 자기개발은 자신의 목표를 발견하고 성취하도록 도와준다. 다섯째, 개인적으로 보람된 삶을 살기 위해서 자기개발을 한다. 자기개발을 하게 되면 자신감을 얻게 되고, 삶의 질이 향상되어 보다 보람된 삶을 살 수 있다

 자기개발 및 자기개발능력을 이해하기 위하여 이와 관련한 몇 가지 특징을 정리하면 다음과 같다.

 첫째, 자기개발에서 개발의 주체는 타인이 아니라 자기 자신이다. 자기를 개발한다고 하는 것은 스스로 계획하고 실행한다는 의미이다. 이와 더불어 자기개발의 객체도 자기 자신이므로 자신의 능력, 적성, 특성 등을 이해하고, 목표성취를 위해 스스로를 관리하며 개발하는 것으로 이해될 수 있다. 따라서 자기개발에서는 자신을 이해하는 것이 첫 걸음이라고 할 수 있다.

 둘째, 자기개발은 개별적인 과정으로서 사람마다 자기개발을 통해 지향하는 바와 선호하는 방법 등이 다르다. 따라서 개인은 자신의 이해를 바탕으로, 자신에게 앞으로 닥칠 환경 변화를 예측하고 자신에게 적합한 목표를 설정하며 자신에게 알맞은 자기개발 전략이나 방법을 선정하여야 한다.

 셋째, 자기개발은 평생에 걸쳐서 이루어지는 과정이다. 사람들은 흔히 자기개발을 학교단계에서 이루어지는 교육이라고 생각하거나 어떤 특정한 사건이나 요구가 있을 때 일시적으로 이루어지는 과정이라고 생각하기도 한다. 그러나 우리의 직업생활을 둘러싸고 있는 환경은 끊임없이 변화하고 있으며 우리에게 지속적으로 학습할 것을 요구한다. 우리는 날마다 조금씩 다른 상황에 처하게 되며, 학교 교육에서는 원리, 원칙에 대한 교육이 이루어질 뿐이므로 실생활에서 적응하기 위해서는 지속적인 자기개발이 필요하다.

 넷째, 자기개발은 일과 관련하여 이루어지는 활동이다. 우리의 인생은 일과 밀접한 관련이 있으며, 현재 직업을 가지고 있지 않더라도 직업을 탐색하고 이를 준비하는 과정을 거친다. 우리는 대부분 일과 관련하여 인간관계를

맺으며, 일과 관련하여 우리의 능력을 발휘하고 개발하고자 한다.

다섯째, 자기개발은 생활 가운데 이루어져야 한다. 자기개발을 위해 특정 교육훈련기관에서 교육프로그램을 이수할 수도 있다. 하지만 자신이 현재 하고 있는 직무 혹은 지향하는 직업세계와 관련하여, 자신의 역할 및 능력을 점검하고 개발계획을 수립하며 시간을 관리하고 대인관계를 맺고 감정을 관리하고 의사소통을 하는 것도 자기개발이라 할 수 있다.

여섯째, 자기개발은 모든 사람이 해야 하는 것이다. 사람들은 흔히 자기개발이 특정한 사람만이 하는 것이라고 생각하거나 매우 어려운 일이라고 생각한다. 그러나 자기개발은 자신을 개발하여 효과적으로 업무를 수행하고, 현대사회와 같이 급속하게 변화하는 환경에 적응하고자 하며, 자신이 설정한 목표를 달성하고, 보다 보람되고 나은 삶을 영위하고자 노력하는 사람이라면 누구나 해야 하는 것이다.

직업인은 직업생활에서 자신의 능력 및 적성을 파악하고, 목표성취를 위해 자신을 관리하고 통제하며, 경력목표 성취에 필요한 역량을 신장시켜 자신을 개발해야 한다. 자기개발은 다음과 같이 자기인식, 자기관리, 경력개발로 이루어진다.

먼저, 일하는 사람들에게 자아인식이란 직업생활과 관련하여 자신의 가치, 신념, 흥미, 적성, 성격 등 자신이 누구인지 파악하는 것이다. 자아인식은 자기개발의 첫 단계가 되며 자신이 어떠한 특성을 가지고 있는지를 바르게 인식할 수 있어야 적절한 자기개발이 이루어질 수 있다. 자신을 알아가는 방법으로는 내가 아는 나를 확인하는 방법, 다른 사람과의 대화를 통해 알아가는 방법, 표준화된 검사 척도를 이용하는 방법 등이 있다. 다음으로, 자기관리란 자신을 이해하고, 목표를 성취하기 위해 자신의 행동 및 업무수행을 관리하고 조정하는 것이다. 자기관리는 자신에 대한 이해를 바탕으로 비전과 목표를 수립하며, 이에 대한 과제를 발견하고, 자신의 일정을 수립하고 조정하여 자기관리를 수행하고, 이를 반성하여 피드백하는 과정으로 이루어진다. 마지막으로, 경력은 일생에 걸쳐서 지속적으로 이루어지는, 일과 관련된 경험이며 경력개발은 개인의 경력목표와 전략을 수립하고 실행하며 피드백하는 과정이다. 일하는 사람들은 조직 구성원으로서 자신의 조직과 함께 상호작용하며 자신의 경력을 개발해 나가는 특징을 가진다. 경력개발은 자신과 상황을 인식하고 경력관련 목표를 설정하여 그 목표를 달성하기 위한 과정인 경력계획과, 경력계획을 준비하고 실행하며 피드백하는 경력관리로 이루어진다.

사람들은 자기개발의 중요성에 공감하더라도 자기개발에 실패하는 경우가 있다. 자기개발을 방해하는 요인으로는 경제적인 이유(교육비 등)와 물리적인 이유(시간부족, 거리가 멀어서, 업무가 많아서 등)와 체력적인 이유(힘들어서, 게을러서 등)를 들 수 있겠다. 이를 극복하는 방안을 각자 고민할 필요가 있다. 따라서 일을 하는 모든 사람들은 개인의 욕구와 감정을 통제하여 자기개발에 대한 태도를 잘 형성하고, 제한적인 사고를 벗어나 자신을 객관적으로 파악하며, 현재 익숙한 문화에 안주하지 않으려고 노력해야 한다.

또한 자기개발 계획을 수립하여야 한다. 계획을 수립해야 보다 명확하게 방향성을 가지고 노력할 수 있다. 일을 하는 사람들은 자기개발에 대한 장단기 목표를 수립하고, 인간관계와 현재의 직무를 고려하여, 구체적인 방법을 통해 자기개발을 계획하여야 한다. 하지만, 자기개발 계획 수립이 어렵기도 하다. 이는 자기개발 계획을 수립하는 데 많은 장애요인이 있기 때문이다. 장애요인으로는 자신이나 작업에 대한 정보가 부족, 의사결정에 대한 자신감의 부족, 주변 환경의 문제가 있을 수 있다. 즉, ① 자기정보의 부족(자신의 흥미, 장점, 가치, 라이프스타일을 충분히 이해하지 못함), ② 내부 작업정보 부족(회사 내의 경력기회 및 직무 가능성에 대해 충분히 알지 못함), ③ 외부 작업정보 부족(다른 직업이나 회사 밖의 기회에 대해 충분히 알지 못함), ④ 의사결정시 자신감의 부족(자기개발과 관련된 결정을 내릴 때 자신감 부족),

⑤ 일상생활의 요구사항(개인의 자기개발 목표와 일상생활 간 갈등, ⑥ 주변 상황의 제약(재정적 문제, 연령, 시간 등)을 들 수 있다.

2. 자아인식능력의 개념 및 적용

> 《《자아인식능력 체크리스트》》
> 7. 자아인식이 왜 중요한지에 대하여 설명할 수 있는가?
> 8. 나를 알아가는 여러 가지 방법들을 설명할 수 있는가?
> 9. 직업인으로서 나의 장단점, 흥미, 적성 등을 설명할 수 있는가?
> 10. 자아인식에서 자기성찰이 왜 중요한지를 설명할 수 있는가?

자아인식능력은 자신의 흥미, 적성, 특성 등을 이해하여 자기정체감을 확고히 하는 능력이다. 자아인식은 일하는 상황에서 자신의 요구를 파악하고 자신의 능력 및 기술을 이해하여 자신의 가치를 확신하는 것으로 개인과 팀의 성과를 높이는 데 필수적으로 요구된다.

나를 안다는 것은 자신의 가치, 신념, 태도 등을 아는 것을 넘어서 이것들이 자신의 행동에 어떻게 영향을 미치는가를 아는 것이다. 한 사람이 일을 하는 사람으로서 자신이 원하는 직업을 갖고 그 일을 효과적으로 수행하기 위해서는 장기간에 걸친 치밀한 준비와 노력이 필요하며, 자신을 분명하게 아는 것이 선행되어야 이러한 준비와 노력이 적절히 이루어질 수 있다. 즉 자아인식이란 다양한 방법을 활용하여 자신이 어떤 분야에 흥미가 있고, 어떤 능력의 소유자이며, 어떤 행동을 좋아하는지를 종합적으로 분석하여 이해해야 한다. 자기를 지각하고 그 지각된 내용을 체계화시킴으로써, 자신을 존중하고 자신을 가치 있다고 여기는 동시에 자신의 한계를 인식하고 이를 더 보완해야 되겠다는 욕구를 가질 수 있다. 이러한 자아 인식 노력은 자아존중감을 확인시켜 주며 동시에 자기개발의 토대가 된다. 일을 하는 사람으로서 자아인식은 일 생활에서 자신의 요구를 파악하고 자신의 능력 및 기술을 이해하여 자신의 가치를 확신하는 것으로 개인과 팀의 성과를 높이는 데도 필수적으로 요구된다.

내가 어떠한 사람인지 알아내는 방법은 여러 가지가 있다. 우선 스스로 질문을 통해 알아내는 방법이 있으며, 다른 사람의 의견이나 표준화된 검사 도구를 활용하여 알아낼 수도 있다. 일과 관련하여 다른 사람이 알 수 없는 나를 알기 위해서 다음과 같은 질문을 해보는 것도 좋다.

- 일을 할 때 나의 성격의 장단점은 무엇인가?
- 현재 일과 관련된 나의 부족한 부분은 무엇인가?
- 일과 관련한 나의 목표는 무엇인가?
- 그것은 나에게 어떠한 의미가 있는가?
- 지금 현재 내가 하고 있는 일이 정말로 내가 원했던 일을 하고 있는가?

다른 사람과의 대화를 통해 자신이 어떠한 사람인지 생각해 볼 수 있다. 다른 사람과 대화를 하다 보면 내가 무심코 지나쳤던 부분들을 알게 되고, 다른 사람들은 나에 대하여 어떻게 판단하고 있는지를 객관적으로 알 수 있다. 다음과 같은 질문을 통해서 다른 사람이 생각하는 나를 확인할 수 있다.

- 나의 장단점은 무엇인가?
- 내가 무엇을 하고 있을 때 가장 재미있어 보이는가?
- 어려움이나 문제 상황에 처했을 때 나는 어떠한 행동을 하는가?

자신을 알아가는 또 다른 방법으로는 표준화된 검사도구를 활용하는 것이다. 표준화된 검사도구는 자신을 다른 사람과 객관적으로 비교할 수 있는 척도를 제공한다. 여러 가지 검사도구를 활용하여 자신의 특성을 객관적으로 파악하면 이후 진로를 계획하거나 직업을 탐색하고 결정하는 데 도움을 받을 수 있다.

- 커리어넷(www.career.go.kr) : 직업흥미검사, 직업적성검사, 직업가치관검사
- 워크넷(www.work.go.kr) : 직업흥미검사, 적성검사, 직업가치관검사, 직업인성검사
- 한국행동과학연수소(www.kirbs.re.kr) : 적성검사, 인성검사, 직무지향성검사
- 한국심리검사연구소(www.kpti.com) : MBTI, STRONG 진로탐색검사, 직업흥미검사, AMI 성취동기검사
- 한국적성연구소(www.juksungtest.co.kr) : 진로흥미검사, 적성특성종합검사, 일반적성검사, 진로탐색검사
- 중앙적성연구소(www.cyber-test.co.kr) : 생애진로검사, 학과 및 직업 적성검사, GATB적성검사, 적성진단검사
- 한국사회적성개발원(www.qtest.co.kr) : KAD(Korean Aptitute Development) 검사, 인성검사, 인적성검사

사람에 따라서 일터에서 이루어지는 활동 등에 대해서 관심과 애착을 느끼는 정도가 다르며, 각기 잘하는 일도 다르다. 일터에 대한 흥미를 가지고 잘 할 수 있을 때 사람들은 그 일터에 만족하고 잘 적응할 수 있다. 따라서 자신의 특성을 파악하고 그에 알맞은 일터을 선택할 필요가 있으며, 현재 자신이 하고 있는 일에 잘 적응하기 위하여 흥미를 높이고 자신의 재능을 개발할 필요가 있다.

사람에 따라서 일터에서 이루어지는 활동 등에 대해서 관심과 애착을 느끼는 정도가 다르며, 각기 잘하는 일도 다르다. 일터에 대한 흥미를 가지고 잘 할 수 있을 때 사람들은 그 일터에 만족하고 잘 적응할 수 있다. 따라서 자신의 특성을 파악하고 그에 알맞은 일터을 선택할 필요가 있으며, 현재 자신이 하고 있는 일에 잘 적응하기 위하여 흥미를 높이고 자신의 재능을 개발할 필요가 있다.

성공의 경험들이 축적되어 조금씩 성취감을 느끼게 되면 다음에 해야 할 일도 흥미를 갖게 되어 더 잘 할 수 있다. 물론 흥미나 적성검사를 통해 자신에

게 적합한 일을 찾는 데 도움을 줄 수 있지만 이것이 반드시 일터에서 성공을 의미하는 것은 아니다. 실제로는 일터에서의 조직문화, 조직풍토를 잘 이해할 수 있어야만 자신의 일에 잘 적응할 수 있고, 일에 대한 흥미를 높이고 적성을 개발할 수 있다.

우리는 어떤 실수를 저지르면 '다음에는 이렇게 하지 말아야지' 생각하고서는 매번 같은 실수를 반복하곤 한다. 이는 어떤 문제가 발생했을 때에 깊이 있는 성찰 없이 지나치기 때문이다. 성찰은 어느 날 갑자기 되는 것이 아니라 지속적인 연습에 의해 몸에 익히게 되는 것이다. 숙련되는 것과 같다. 숙련의 형성은 일을 배우는 과정이다. 그 과정은 반드시 먼저 그 일에 숙련된 사람들의 가르침이 개입되는데 자기 자신이 주체가 되어 스스로 알아가야 하는 힘겨운 과정을 거쳐야만 가능하다. 계속된 성찰과 수많은 연습, 그리고 시행착오가 필요한 것이다.

성찰은 왜 해야 하는가? 첫째, 다른 일을 하는 데 필요한 노하우를 축적할 수 있다. 어떤 일을 마친 후에 자신이 잘한 일은 무엇이고, 개선할 점을 무엇인지 깊이 생각해 보는 것은 앞으로 다른 일을 해결해 나가는 노하우를 축적할 수 있게 해준다. 둘째, 지속적인 성장 기회를 제공한다. 성찰은 현재의 부족한 부분을 파악하여 보완할 수 있는 기회를 제공한다. 그리고 미래의 목표에 따라 실수를 미연에 방지하면서 노력하게 만들어 준다. 이런 점에서 지속적인 성찰은 지속적인 성장의 기회를 만들어 준다. 셋째, 신뢰감 형성의 원천을 제공한다. 성찰을 하게 되면 현재 저지른 실수에 대하여 원인을 파악하고 이를 수정하게 되므로, 다시는 같은 실수를 하지 않게 된다. 따라서 다른 사람에게 신뢰감을 줄 수 있다. 넷째, 창의적인 사고 능력 개발 기회를 제공한다. 창의적인 사람은 따로 존재하지 않으며 창의력은 지속적인 반성과 사고를 통해서 신장될 수 있다.

성찰은 지속적인 연습의 과정이다. 성찰은 지속적인 연습을 통하여 보다 잘 할 수 있게 된다. 또한 연습이 이루어져서 습관화되면 중요한 일이 발생했을 때에 기존에 성찰을 통해 축적한 노하우를 발현할 수 있다.

성찰을 위해서는 먼저 성찰노트를 작성한다. 매일 자신이 오늘 했던 일 중에 잘했던 일과 잘못했던 일을 생각해 보고, 이에 대한 이유와 앞으로의 개선점을 아무 형식 없이 적어본다. 가끔은 광고지나 신문지에, 어떨 때는 수첩에 생각이 나는 대로 적어두자. 이것이 모이게 되면 당신의 역량을 향상시켜 줄 당신만의 자료가 될 것이다. 이를 위해 종이와 펜을 항상 가까이 둘 필요가 있다. 그 다음은 끊임없이 질문한다. 어떠한 일이 발생하면 다음과 같은 질문을 하는 습관을 들인다.

- 지금 일이 잘 진행되거나 그렇지 않은 이유는 무엇인가?
- 이 상태를 변화시키거나 혹은 유지하기 위하여 해야 하는 일은 무엇인가?
- 이번 일 중 다르게 수행했다면 더 좋은 성과를 냈을 방법은 무엇인가

3. 자기관리능력의 개념과 적용

《《자기관리능력 체크리스트》》
11. 자기관리 단계별 계획을 수립할 수 있는가?
12. 나의 내면(인내심, 긍정적인 마음)을 관리할 수 있는가?
13. 여러 가지 방법을 활용하여 나의 업무수행 성과를 높일 수 있는가?
14. 합리적인 의사결정과정에 따라 의사결정을 할 수 있는가?

자기관리를 잘 하는 것은 보다 나은 미래를 영위할 수 있는 추진력이 된다. 자기관리를 잘하는 사람은 자신의 비전과 목표를 잘 알고, 이에 따라 자신이 수행해야 될 과제를 알고 있으며 효과적으로 수행하는 사람이다.

자기관리는 자신을 이해하고, 목표를 성취하기 위해 자신의 행동 및 업무 수행을 관리하고 조정하는 것이며, 자기관리능력은 이러한 자기관리를 잘 할 수 있는 능력을 의미한다. 자기관리는 자신의 비전과 목표를 정립하고, 자신의 역할 및 능력을 분석하여 과제를 발견하며, 이에 따른 일정을 수립하여 시행하는 절차로 이루어진다. 이렇게 시행된 결과는 지속적인 자기관리를 위하여 반성하고 피드백함으로써 이루어진다.

첫째, 비전 및 목적을 정립한다. 자동차를 운전하는데 도착해야 할 정확한 목표지점이 없다면 어떻게 될까? 어떤 행동을 하거나 일을 수행하기 위해서는 비전과 목적을 정립하여 방향성을 가지는 것이 중요하다. 비전과 목적은 모든 행동 혹은 업무의 기초가 되며, 의사결정에 있어서 가장 중요한 지침으로 적용된다. 자신의 비전과 목적을 정립하기 위하여 다음과 같은 질문을 해볼 수 있다.

- 나에게 가장 중요한 것은 무엇인가?
- 나의 가치관은?
- 내가 생각하는 의미 있는 삶은?
- 내가 살아가는 원칙은?
- 내 삶의 목적은 어디에 있는가?

둘째, 과제를 발견한다. 비전과 목표가 정립되면 현재 자신의 역할 및 능력을 다음 질문을 통해 검토하고, 할 일을 조정하여 자신이 수행해야 될 역할들을 도출한다.

- 자신이 현재 수행하고 있는 역할과 능력은 무엇인가? -
- 역할들 간에 상충되는 것은 없는가?
- 현재 변화되어야 할 것은 없는가?

그리고 이 역할들에 상응하는 활동목표를 설정한다. 성공하는 사람들은 실제적이고 성취 가능한 목표를 설정한다. 활동목표는 너무 크거나 높은 경우 세부목표로 나누고, 실행 가능한 목표로 조정한다. 수행해야 될 역할들이 도출되고 이에 적합한 활동목표가 수립되면, 각 역할 및 활동목표별로 해야 될 일을 우선순위에 따라 구분한다. 우선순위를 구분하는 여러 방법들이 소개되고 있지만 일반적으로 사용하는 방법은 가장 중요하고, 가장 긴급한 일일수록 우선순위가 높다고 판단하는 것이다.

셋째, 일정을 수립한다. 일의 우선순위에 따라 구체적인 일정을 수립한다. 일정은 월간계획 → 주간계획 → 하루계획 순으로 작성한다. 월간계획은 보다 장기적인 관점에서 계획하고 준비해야 될 일을 작성하며, 주간계획은 우선순위가 높은 일을 먼저 하도록 계획을 세우고, 하루의 계획은 좀 더 자세하게 시간단위로 작성한다. 한 가지 주의할 점은, 빨리 해결해야 될 긴급한 문제라고 하여 우선순위를 높게 잡고 이를 중심으로 계획을 세우면 오히려 중요한 일을 놓치는 잘못을 저지르게 된다는 것이다. '소중한 것을 먼저 하라.' 스티븐 코비의 제언을 항상 염두에 두어야 한다. 따라서 앞서 분석한 우선순위에 따라 중요한 일을 모두 수행할 수 있도록 계획을 세우는 지혜가 필요하다.

넷째, 실제 수행한다. 구체적인 일정을 수립하면 이에 따라 수행을 한다. 수행에는 다음과 같은 요소들이 영향을 미친다. 따라서 지금 내가 하려는 일은 무엇인지, 이 일에 영향을 미치는 요소들은 무엇인지, 이를 관리하기 위한 어떤 방법이 있는지를 찾아 계획한 대로 바람직하게 수행되도록 한다.

다섯째, 반성 및 피드백을 한다. 일을 수행하고 나면 다음의 질문을 통해 분석하고, 결과를 피드백하여 다음 수행에 반영한다.

- 어떤 목표를 성취하였는가?
- 일을 수행하는 동안 어떤 문제에 직면했는가?
- 어떻게 결정을 내리고 행동했는가?
- 우선순위, 일정에 따라 계획적으로 수행하였는가

자기관리를 하기 위해서는 어떠한 심리적 태도를 가지느냐는 그 사람의 성패를 좌우한다. 인내심을 키우고 긍정적인 마인드를 가진다면 그 성공은 조금 더 가까운 곳에 있을 것이다.

먼저, 인내심을 키워야 한다. 현재는 당장 손해 보는 것 같더라도, 참고 인내하면 더 큰 결실을 보게 된다. 인내심을 가지지 못하고 화를 내거나 일을 자꾸 변경하는 사람은 객관적이기보다 감정적인 사람으로 보이고, 신뢰감을 주지 못한다. 인내심을 기르기 위해서는 첫째, 자신의 목표를 분명히 해야 한다. 자신의 목표가 분명하게 정립되면 이를 성취하기 위하여 현재의 어려움을 인내할 수 있게 된다. 둘째, 새로운 시각으로 상황을 분석한다. 어떤 사물이나 현상을 보는 시각은 매우 다양하며, 같은 것이라도 다른 시각으로 보게 되면 극복할 수 있다.

다음으로 긍정적인 마음을 가져야 한다. NASA에서는 인생에서 심각한 위기를 겪은 적이 없거나, 실패를 극복한 경험이 없는 지원자를 탈락시켰다. 최근 긍정적인 마음을 가지고 실패를 극복하는 중요성이 새롭게 부각되고 있다. 실패는 곧 파멸을 의미하던 이전의 시각이 바뀌어 '실패의 원인을 분석하고 실패로부터 긍정적인 사고를 통해 성공을 이끌어내자'는 움직임이 일고 있다. 긍정적인 마음을 가지기 위해서는 먼저 자신을 긍정해야 한다. 자신의 능력과 가치를 신뢰하고 있는 그대로의 자신을 받아들여 건강한 자아상을 확립한다. 그리고 과거에 받았던 상처나 고민을 털어버리고 타인을 원망하는 마음을 가지지 않도록 노력한다. 또한 고난이나 역경을 통하여 자신이 성장할 수 있다는 가능성을 믿고, 어려움 속에서 자신을 개발하는 법을 터득해야 한다. 해야 될 일이 너무 많다면 그만큼 자신의 능력이 뛰어나며 인정을 받고 있다는 것이며, 상사가 나를 질책하는 것은 그만큼 나에게 애정을 가지고 있다는 뜻으로 받아들여 보자.

일을 하는 과정에서 두 가지 이상의 업무가 중복되어 우선순위를 정하거나, 이직을 결심하거나, 다른 사람이 무리한 요구를 할 때에 거절을 해야 하는 경우가 있다. 또한 일과 생활의 균형(Work-Life Balance) 문제가 화두로 되고 있는 요즈음에는 이 둘 간의 균형을 유지하기 위한 의사결정을 해야 될 경우가 증가하고 있다. 어떠한 의사결정을 내렸느냐에 따라서 작게는 개인의 일시적인 시간낭비나 재정지출이 있을 수도 있지만 크게는 인생 경로가 바뀌게 되며, 조직 전체의 운명이 좌우되기도 한다. 따라서 합리적인 의사결정 과정을 통해 문제의 본질을 파악하고 최적의 대안을 선정할 필요가 있다.

합리적인 의사결정이란 자신의 목표를 정하여 몇 가지 대안을 찾아보고 가장 실행 가능한 최상의 방법을 선택하여 행동하는 것이다. 합리적인 의사결정 과정은 먼저, 의사결정에 앞서서 발생된 문제가 어떤 원인에 의한 것인지, 문제의 특성이나 유형은 무엇인지를 파악한다.

둘째, 의사결정의 기준과 가중치를 정한다. 이 단계에서는 개인의 관심, 가치, 목표 및 선호에 따라 의사결정을 할 때 무엇을 중요하게 생각하고, 또 무엇을 우선시하는지 결정된다. 즉, 사람에 따라 어떤 사람은 매우 적절하다고 생각하는 기준이나 가치가 다른 사람에게는 그렇지 않을 수 있다. 사람에 따라서는 일하는 방식이나 생활 방식이 맞지 않는 경우도 있다.

셋째, 의사결정에 필요한 정보를 수집한다. 의사결정을 하기 위해서는 판단의 자료가 필요하다. 그러나 이러한 자료를 너무 많이 수집할 경우에는 시간이나 비용의 소모가 크며, 너무 적게 수집하면 다각도로 검토할 수가 없으므로 적절히 수집할 필요가 있다.

넷째, 의사결정을 하기 위한 가능한 모든 대안을 찾는다.

다섯째, 가능한 대안들을 앞서 수집한 자료에 기초하여 의사결정 기준에 따라 장단점을 분석하고 평가한다.

여섯째, 가장 최적의 안을 선택하거나 결정한다.

일곱째, 의사결정을 내리면 결과를 분석하고 다음에 더 좋은 의사결정을 내리기 위하여 피드백한다.

합리적인 의사결정을 하려면 의사결정자는 자기 탐색의 과정을 거쳐서 의사결정 기준을 세울 필요가 있으며, 가능한 모든 평가기준과 대안들을 찾을 수 있어야 하고, 다른 문제 상황을 발생시키지 않는 별다른 어려움 없이 정보를 얻을 수 있어야 하며, 각 대안들을 객관적이고 정확하게 평가할 수 있어야 한다.

이 밖에, 거절의 의사결정과 거절하기도 매우 중요하다. 'No'를 분명하게 결정하고 이를 표현하는 것은 쉬운 일이 아니다. 사람들은 다른 사람들이 자신을 능력이 없다고 보거나 예의가 없다고 보지는 않을까, 다른 사람과의 관계가 깨지지 않을까 하는 등의 고민으로 거절하기를 주저한다. 따라서 거절의 의사결정에는 이 일을 거절함으로써 발생될 문제들과 자신이 거절하지 못해서 그 일을 수락했을 때의 기회비용을 따져보고, 거절하기로 결정하였다면 이를 추진할 수 있는 의지가 필요하다. 거절의 의사결정을 하고 이를 표현하기 위해서는 다음을 유의하여야 한다.

- 상대방의 말을 들을 때에는 주의하여 귀를 기울여서 문제의 본질을 파악한다.
- 거절의 의사결정은 빠를수록 좋다. 오래 지체될수록 상대방은 긍정의 대답을 기대하게 되고, 의사결정자는 거절을 하기 더욱 어려워진다.
- 거절을 할 때에는 분명한 이유를 만들어야 한다.
- 대안을 제시한다.

일을 하는 사람들에게 자신의 직장에서 업무 수행성과를 높이는 것은 가장 중요한 자기개발이라고 할 수 있다. 일을 하는 사람들에게 업무수행 성과에는 다음 그림과 같이 시간이나 물질과 같은 자원, 업무지침, 개인의 능력(지식이나 기술 포함), 상사 및 동료의 지원과 같은 요인이 영향을 미친다.

그 외에도 업무 수행성과를 높일 수 있는 행동전략은 다음과 같다.

첫째, 일을 미루지 않는다. 성공한 사람들의 가장 중요한 자기 경영 습관 중 하나는 일을 미루지 않고 가장 중요한 일을 먼저 처리하는 것이라고 한다. 일을 하나 둘 미루고 급하게 처리하다 보면, 어느새 다른 일도 지속적으로 밀리게 되고, 일처리에 최선을 다하지 못한다. 따라서 해야 될 일이 있다면 지금 바로 하는 습관을 들여야 한다.

둘째, 업무를 묶어서 처리한다. 전문가들의 의견에 따르면 10개의 비슷한 업무를 한꺼번에 처리하면 첫 번째 일을 하는데 드는 시간의 20% 정도 밖에 걸리지 않을 정도로 효율적으로 일을 할 수 있다고 한다. 직업인들이 하는 일은 비슷한 속성을 가진 경우가 많다. 또한 한 번 움직일 때 여러 가지 일을 함께 처리해서, 같은 곳을 반복해서 가지 않도록 경로를 단축시킨다.

셋째, 다른 사람과 다른 방식으로 일한다. 다른 사람이 일하는 방식과 다른 방식으로 생각하다 보면, 의외로 다른 사람들이 발견하지 못한 더 좋은 해결책을 발견하는 경우가 있다. 일을 하는 순서를 반대로 해보거나, 다른 사람이 생각하는 순서와 거꾸로 생각해 보고, 다른 사람이 하는 일에 '아니오'라고 대답하고 일의 처리 방법을 생각해 보면 의외로 창의적인 방법을 발견할 수도 있으며 업무의 성과도 높일 수 있다.

넷째, 회사와 팀의 업무 지침을 따른다. 아무리 일을 열심히 해도 자신이 속한 회사나 팀의 업무 지침을 지키지 않으면 업무수행 능력을 인정받을 수 없다. 또한 회사나 팀의 업무 지침은 변화하는 환경 속에서 그 일의 전문가들에 의해 확립된 것이므로 기본적으로 지켜야 할 것은 지키되 그 속에서 자신만의 일하는 방식을 발견해 보자.

넷째, 역할 모델을 설정한다. 직장에서 가장 일을 잘한다고 평가받는 사람을 찾아보자. 그리고 그 사람은 어떻게 일을 하는지, 어떠한 방식으로 보고하는지, 어떻게 말하는지 등을 주의 깊게 살펴보고 그 사람을 따라 하도록 노력해 보자. 자신도 모르는 사이에 그 사람과 같이 업무수행 성과를 내고 있는 자신을 발견할 수 있을 것이다

4. 경력개발능력의 개념과 적용

《《자기관리능력 체크리스트》》
15. 경력개발이 무엇인지 설명할 수 있는가?
16. 일반적인 경력단계가 어떻게 이루어지는지 설명할 수 있는가?
17. 경력개발 단계별 계획을 수립할 수 있는가?
18. 경력개발과 관련된 최근의 이슈가 무엇인지 설명할 수 있는가?

사람들은 각기 다른 일터에서 다른 일을 하며 다른 경험을 축적해 나간다. 환경이나 조직이 변화하고 개인의 요구가 바뀜에 따라 이러한 경험 또한 변화가 필요하며, 이는 개인의 노력을 통해 개발될 수 있다.

우리는 일과 직업을 통해 자아를 실현한다. 그러나 모든 사람이 같은 직업을 가지고 있지 않으며, 그 직업이나 직무 혹은 그에 해당하는 직위를 평생 유지하지도 않고 각기 다른 경로로 살아간다. 이렇듯 모든 사람들이 각자 나름대로 살아가는 인생행로를 진로라고 할 수 있다. 한 개인의 삶이 곧 진로이며,

우리의 삶이 일과 밀접한 관련이 있기 때문에 진로는 일과 관련된 인생행로라고도 할 수 있다. 이처럼 우리는 일생에 걸쳐서 지속적으로 일과 관련된 경험을 하고 있으며 이를 경력이라고 한다. 경력은 직위, 직무와 관련된 역할이나 활동뿐만 아니라 여기에 영향을 주고받는 환경적 요소도 포함한다.

또한 경력은 전문적인 일이나 특정 직업에만 한정된 개념은 아니며, 승진만을 추구하는 활동도 아니다. 누구든지 일과 관련된 활동을 하고 있으면 경력을 추구하는 것이다. 모든 사람은 각자 독특한 직무, 지위, 경험을 쌓기 때문에 각자 나름대로 독특한 경력을 추구하게 된다. 개인은 직무가 변화되는 외부 상황의 변화나, 개인의 기대나 목표가 변화되는 주관적 인식의 변화에 따라 자신의 경력을 개발할 수 있다. 외부 상황의 변화와 주관적 인식의 변화가 상호작용하며, 경력개발이 추구되기도 한다. 따라서 경력개발은 개인이 경력목표와 전략을 수립하고 실행하며 피드백 하는 과정으로, 개인은 한 조직의 구성원으로서 조직과 함께 상호작용하며 자신의 경력을 개발해나간다. 경력개발은 자신과 자신의 환경 상황을 인식하고 분석하여 합당한 경력 관련 목표를 설정하는 과정으로써, 경력계획과 경력계획을 준비하고 실행하며 피드백 하는 경력관리로 이루어진다.

경력관리는 규칙적이고, 시속적으로 이루어져야 한다. 잘못된 정보나 이에 대한 이해가 부족하여 경력 목표를 잘못 설정하는 경우가 있으므로 계속적이고 적극적인 경력관리를 통해 이를 수정해 나가야 하며, 환경이나 조직의 변화에 따라 새로운 미션을 수립하고 새로운 경력이동 경로를 만들어 나갈 필요가 있다.

경력개발능력은 왜 필요한 것일까? 현대사회의 지식정보는 매우 빠른 속도로 변화하고 있으며, 이는 개인이 속한 조직과 일에 영향을 미친다. 또한 조직 내부적으로 경영전략이 변화하거나 승진 적체, 직무환경 변화 등의 문제를 겪게 된다. 개인적으로도 발달단계에 따라 일에 대한 가치관과 신념 등이 바뀌게 된다. 따라서 직업인들은 개인의 진로에 대하여 단계적 목표를 설정하고 목표성취에 필요한 능력을 개발해 나가야 한다.

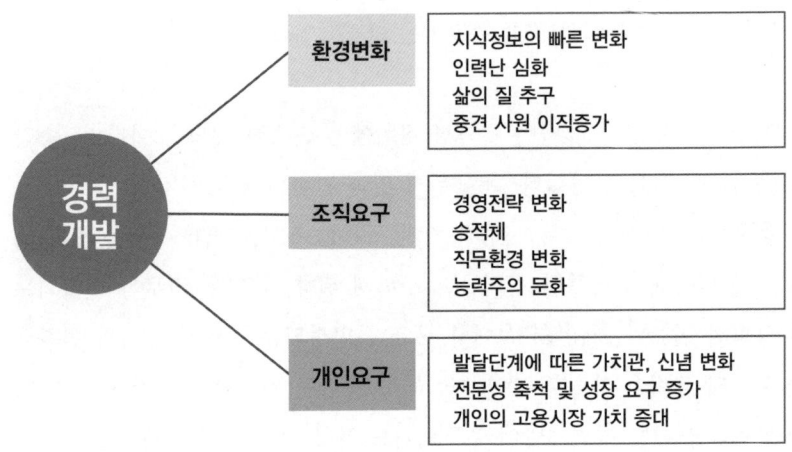

〔그림 10〕 경력개발의 필요성

출처 : 한국산업인력공단(2024), 자기개발능력 교수자용 가이드북. https://www.ncs.go.kr.

경력개발은 일과 관련되어 일어나는 연속적인 과정이다. 경력개발 단계에 대한 많은 모형들이 있으며, 이러한 모형들은 경력이 일정한 단계를 거치면서 점진적으로 성숙된다는 전제로 대략적인 연령범위를 설정하여 설명하고 있다. 예를 들어, 경력단계모형은 시작단계에서 특정 직업을 선택하고 계속적으로 동일한 경력분야에서 일을 해나가는 것을 가정한 것이다. 그러나 개인별로 입직시기도 다르고, 처한 환경과 상황이 달라서 경력단계를 연계시켜 일반화하는 것은 쉽지 않다. 따라서 일반적으로 다음과 같이 직업선택, 조직입사, 경력초기, 경력중기, 경력말기로 나누어 볼 수 있으며, 성인 초기에 직업을 선택하고, 조직에 입사하여 경력초기의 과정을 거치며, 성인 중기에 경력중기 또는 경력말기의 과정을, 성인 말기에 경력중기 또는 경력말기의 직업생활을 유지하고 퇴직을 준비하는 과정을 거친다.

경력개발은 경력을 탐색하고 자신에게 적합한 경력목표를 설정하며, 이에 따른 전략을 수립해서 실행하고 평가하여 관리하는 단계로 이루어진다. 각 단계들은 명확하게 구분되는 것은 아니며 중복적으로 이루어질 수 있고 실행과 평가를 통해 수정될 수 있다.

〔그림 11〕 경력개발단계

출처 : 한국산업인력공단(2024). 자기개발능력 교수자용 가이드북. https://www.ncs.go.kr.

예전에는 한 사람이 조직에 입사하면 평생직장의 개념을 강하게 인식하였고, 한 직업을 정하면 그 직업을 평생 동안 바꾸지 않았다. 전통적인 직선적 경력으로 한 직업, 한 직장에서의 수직적인 승진을 강조하였던 반면에, 최근에는 경력관리에 대한 새로운 이슈들이 등장하여 나선형 경력으로 지속적인 주요 경력의 변화가 이루어지며 단기적으로 경력의 변화가 빈번하게 이루어지고 있다. 또한 조직 내 승진의 개념으로 이해되던 수직적 경력개발의 개념과 더불어 변화무쌍한 모습으로 변화하고 있다. 창업, 전혀 다른 직종으로의 전환, 독립근로자나 프리랜서와 같은 비전통적인 노동방식으로 변화하고 있다.

5. 자기개발능력의 필기평가 예시

자기개발능력의 필기평가 예시는 능력중심채용모델에서 찾아볼 수 있다. NCS 홈페이지-공정채용-채용모델 필기문항에서 검색할 수 있다.

문제 정보	대영역	자기개발능력	하위영역	자아인식능력	난이도	하	평가시간	0.5분

1. 최근 ○○회사에 입사한 신입사원 A는 회사생활에 적응하는데 어려움을 겪고 있다. 신입사원 A는 자신의 업무적인 고민과 대인관계에 대한 고민에 대하여 조언을 듣고자 자신이 평소에 존경하던 선배에게 찾아갔다. VV회사에서 근무 중인 선배 B는 ○○회사와 비슷한 직군의 회사 직원으로서, 신입사원 A에게 여러 가지 조언을 해주었다. 그 조언으로 가장 적절한 것은?

① 너 자신을 생각하기보다 다른 사람에 대해서만 생각해 봐.
② 네가 좋아하는 것보다는 기업의 가치와 규칙에 너를 맞추는 게 좋을 것 같아.
③ 윗사람이 지시한 사항에 대해서는 되묻지 말고, 인터넷이나 SNS에서 찾아보는 것이 좋아.
④ 너의 업무가 사회에서 어떠한 역할을 수행하고 있는지 생각해보면 좋을 것 같아.

〔그림 12〕 2023년 능력중심채용모델-NCS직업기초능력 필기문항-자기개발능력

출처 : 한국산업인력공단(2024). 능력중심채용모델. https://www.ncs.go.kr.

6. 자기개발능력의 면접평가 질문

자기개발능력은 직업인으로서 자신의 능력, 적성, 특성 등을 이해하고 목표 성취를 위해 스스로를 관리하며 개발해나가는 능력으로 '자아인식능력'과 '자기관리능력', '경력개발능력'으로 구성되어 있다. 직업인은 효과적인 업무처리, 변화하는 환경에 적응, 주변사람들과 긍정적인 인간관계 형성, 자신이 달성하고자하는 목표 성취, 보람된 삶의 영위를 위해 자기개발을 할 필요가 있다. 이를 위해 직업인들은 장단기 목표를 수립하고, 인가관계와 현재의 직무를 고려하여, 구체적인 방법을 통해 자기개발을 계획해야 한다.

《《자기개발능력 면접평가 질문》》

◆ 입사 후 자기개발을 한다면, 무엇을 할 것인지 말해보세요
  ☞ 자신에 대한 분석을 바탕으로 회사에 기여하고자 하는 뚜렷한 비전과 목표를 가지고 있는가?
  ☞ 역량향상을 위한 self-motivation을 가지고 노력하는가?

- ☞ 자신의 경력단계를 이해하고 이에 적절한 경력개발 계획을 수립할 수 있는가?
- ☞ 개인과 조직에 필요한 개발역량인가?

◆ **자기개발을 통해 큰 성과(또는 성취감)를 달성한 경험을 말해주세요**
- ☞ 스스로 자신의 역할과 목표를 세우고 목표달성을 위해 노력하고 실천하는가?
- ☞ 역량향상을 위한 self-motivation을 가지고 지속적으로 다양한 노력을 하고 있는가?
- ☞ 직무비전과 연계되는 자기개발인가?

◆ **지원분야와 관련된 전문성을 가지기 위해 어떤 노력을 했습니까?**
- ☞ 자신에 대한 분석을 바탕으로 회사에 기여하고자 하는 뚜렷한 비전과 목표를 가지고 있는가?
- ☞ 역량향상을 위한 self-motivation을 가지고 지속적으로 다양한 노력을 하고 있는가?
- ☞ 직무에 요구되는 전문성(강점)인가?

◆ **본인 스스로 더욱 성장하기 위해 최근에 자기개발을 한 경험이 있습니까?**
- ☞ 뚜렷한 비전과 목표를 갖고 있는가?
- ☞ 역량향상을 위한 self-motivation을 가지고 있는가?
- ☞ 자기개발을 위한 다각적이고 다양한 노력을 하고 있는가?
- ☞ 직무비전과 연계되는 자기개발인가?

자아인식능력은 자신의 흥미, 적성, 특성 등을 이해하고 자기정체감을 확고히 하는 능력이다. 자아인식은 직업생활에서 자신의 요구를 파악하고 자신의 능력 및 기술을 이해하여 자신의 가치를 확신하는 것으로 개인과 팀의 성과를 높이는데 필수적으로 요구된다. 직업인이 자신의 역량 및 자질을 개발하기 위해서는 자신을 이해하는 것이 선행되어야 한다. 자신을 인식하는 방법으로는 내가 아는 나 자신을 확인하는 방법, 타인과의 커뮤니케이션을 통해 확인하는 방법, 표준화된 검사를 통해 확인하는 방법이 있다.

《자아인식능력 면접평가 질문》

◆ **자기소개를 해주세요**
- ☞ 자신의 능력과 적성을 분석하여 자신의 가치를 설명하는가?
- ☞ 직무에 대한 차별화된 강점을 가지고 있는가?
- ☞ 뚜렷한 비전과 목표를 갖고 있는가?
- ☞ 입사하고자 하는 태도와 의지가 분명한가?
- ☞ 취미는 무엇이고, 취미가 주는 긍정적 영향이 있다면 무엇인가?
- ☞ 취미가 인생이나 일에 미치는 긍정적인 영향, 의미가 있는가?
- ☞ 스트레스를 조절하고 해소할 수 있는 방법을 아는가?
- ☞ 스스로 동기부여(self-motivation)할 수 있는가?
- ☞ 현재 지속적으로 진행하고 있는 취미활동인가?
- ☞ 취미활동이 업무 수행에 부정적 영향을 미치지는 않는가?

◆ **자신의 약점을 보완하기 위해 교육을 받은 경험이 있다면 말해주세요**
- ☞ 자신을 객관적으로 분석하고 이해하고 있는가?
- ☞ 역량향상을 위한 self-motivation을 가지고 지속적 학습하는가?
- ☞ 자신의 약점을 개선/보완하고 강점은 개발하는가?
- ☞ 지원직무 및 조직에 치명적인 약점은 아닌가?

◆ **본인이 살아오면서 궁극적으로 추구하는 삶의 가치나 목적은 무엇입니까?**
- ☞ 자신의 목표와 가치를 명확하게 인지하고, 이를 바탕으로 조직에 기여하고자 하는 뚜렷한 비전과 목표를 가지는가?
- ☞ 자신의 목표를 조직의 목표와 가치에 연계하여 사고하는가?
- ☞ 역량향상을 위한 self-motivation을 가지고 노력하는가?

◆ **조직의 가치와 개인의 가치가 일치하는가?**
- ☞ 주위에서(또는 친구들이) 본인을 어떤 사람이라고 이야기합니까?
- ☞ 자신을 객관적으로 분석하고 이해하고 있는가?
- ☞ 다른 사람의 이야기를 듣고 수용하고 개선하려는 의지를 보이는가?
- ☞ 자신의 강점은 더욱 개발하고 약점은 개선/보완하는가?
- ☞ 직무에 적합한 성향을 가지고 있는가?

자기관리능력은 자신의 행동 및 업무 수행을 통제하고 관리하며, 합리적이고 균형적으로 조정하는 능력이다. 자신을 지속적으로 관리하지 않으면 변화하는 환경 속에 적응하지 못하고 도태하여 버린다. 따라서 직업인은 자신의 비전에 따라 과제를 발견하고 계획을 세워 자기관리를 수행하며, 내면과 생산성 관리 및 의사결정을 적절히 할 수 있어야 한다.

《《자기관리능력 면접평가 질문》》

◈ 지원 직무와 관련된 본인과의 장점은 무엇입니까?
  ☞ 자신을 객관적으로 분석하고 이해하고 있는가?
  ☞ 직무에 요구되는 장점이며, 필요한 역량인가?
  ☞ 자신에 대한 분석을 바탕으로 회사에 기여하고자 하는 뚜렷한 비전과 목표를 가지고 있는가?
  ☞ 역량향상을 위한 self-motivation을 가지고 지속적으로 다양한 노력을 하고 있는가?

◈ 자신의 역량을 한 단계 성장시키기 위해 가장 효과가 좋은 자기개발방법은 무엇인가요?
  ☞ 자신의 능력, 적성, 특성 등에 대해 잘 이해하고 있는가?
  ☞ 역량향상을 위한 self-motivation을 가지고 지속적으로 다양한 노력을 하고 있는가?
  ☞ 어려운 상황에서도 성공 가능요인을 적극적으로 찾아내는가?
  ☞ 직무에 요구되는 역량인가?

경력개발능력은 자신의 진로에 대하여 단계적 목표를 설정하고 목표성취에 필요한 역량을 개발해 나가는 능력이다. 현대사회는 경력개발과 관련하여 많은 변화가 있어 왔다. 직업인은 이러한 환경에 대한 이해와 자신에 대한 이해를 바탕으로 자신의 경력단계를 확인하고 이에 따른 경력개발 계획을 수립할 수 있어야 한다.

직업인의 경력단계는 직업을 선택하고, 조직에 입사하여 직무와 조직의 규칙과 규범에 대해서 배우는 경력초기의 과정을 거치며, 자신이 그동안 성취한 것을 재평가하는 경력중기와 퇴직을 준비하는 경력말기를 서친다. 또한 직업인이 경력개발 계획을 수립하기 위해서는 다음과 같은 단계를 숙지하고 있어야 한다.

《《경력개발능력 면접평가 질문》》

◆ 입사 후 포부(비전, 목표)에 대해 말해보세요
  ☞ 자신에 대한 분석을 바탕으로 회사에 기여하고자 하는 뚜렷한 비전과 목표를 가지고 있는가?
  ☞ 회사에 근무하고자 하는 명확한 목표의식이 있는가?
  ☞ 회사 조직(비전, 인재상, 조직문화)과 부합하는가?
  ☞ 입사하고자 하는 열의와 명확한 목표의식이 있는가?

◆ 10년 후 자신의 모습은 어떨 것이라 생각합니까?
  ☞ 직무에 대한 비전과 목표, 해야 할 업무에 대해 구체적으로 이해하고 있는가?
  ☞ 지원회사에 근무하고자 하는 명확한 목표의식이 있는가?
  ☞ 역량향상을 위한 self-motivation을 가지고 노력하는가?
  ☞ 회사의 비전과 방향에 부합되는 인재인가?

◆ 우리회사에서 가장 필요한 능력은 무엇이라고 생각합니까?
  ☞ 자신에 대한 분석을 바탕으로 회사에 기여하고자 하는 뚜렷한 비전을 가지고 있는가?
  ☞ 미래에 요구되는 능력, 지식, 경험이 무엇인지를 파악하고 노력하고 준비하는 역량을 가지고 있는가?
  ☞ 역량향상을 위한 self-motivation을 가지고 있는가?
  ☞ 조직의 비전과 직무에 요구되는 역량인가?

7. 자기개발능력의 개념 이해 동영상 강의

자기개발능력의 개념 이해 동영상 강의는 NCS 홈페이지-NCS통합-직업기초능력-문제해결능력에서 검색할 수 있다.

〔그림 13〕 자기개발능력 개념 이해 동영상 강의 홈페이지

출처 : 한국산업인력공단(2024). NCS 홈페이지. https://www.ncs.go.kr.

V

효율적 자원관리로
업무성과 높인다

1. 자원관리능력의 개념 및 중요성

2. 시간관리능력의 개념과 적용

3. 예산관리능력의 개념과 적용

4. 물적자원관리능력의 개념과 적용

5. 인적자원관리능력의 개념과 적용

6. 자원관리능력의 필기평가 예시

7. 자원관리능력의 면접평가 질문

8. 자원관리능력의 개념 이해 동영상 강의

# Ⅴ 효율적 자원관리로 업무성과 높인다

학습개요

이 장에서는 자원관리능력의 중요성에 대해서 알아보고, 시간관리능력, 예산관리능력, 물적자원관리능력, 인적자원관리능력에 대해 알아본다. 또한 자원관리능력 필기평가 예시, 면접평가 질문 및 동영상 강의를 제시한다.

학습목표

1. 자원관리능력의 개념과 중요성을 설명할 수 있다.
2. 시간관리능력의 개념을 설명하고 실제 적용할 수 있다.
3. 예산관리능력의 개념을 설명하고 실제 적용할 수 있다.
4. 물적자원관리능력의 개념을 설명하고 실제 적용할 수 있다.
5. 인적자원관리능력의 개념을 설명하고 실제 적용할 수 있다.
7. 자원관리능력의 필기평가 예시를 제시할 수 있다.
8. 자원관리능력의 면접평가 질문을 제시할 수 있다.
9. 자원관리능력력의 개념 이해 동영상 강의를 제시할 수 있다.

1. 자원관리능력의 개념 및 중요성

《《자기관리능력 체크리스트》》

1. 자원의 종류를 설명할 수 있는가?
2. 자원관리의 중요성을 설명할 수 있는가?
3. 자원의 낭비요인에 대하여 설명할 수 있는가?
4. 효과적인 자원관리 과정을 설명할 수 있는가?

자원은 유한하며, 인간의 욕망은 무한하다. 자원관리는 목표달성을 위해

한정된 자원을 효율적으로 사용하는 선택의 과정이며, 최소의 비용이나 희생으로 최대의 효과를 거둘 것을 목표로 한다. 효율적 자원관리는 조직, 기업, 국가에 경쟁우위를 가져다 줄 뿐만 아니라 한 개인의 자기실현과 삶의 질 향상에 영향을 준다는 점에서 매우 중요하다.

'성공하는 사람들의 7가지 습관'의 저자로 유명한 스티븐 코비(Stephen R. Covey)는 사람들이 가지고 있는 기본적인 자산을 물질적 자산, 재정적 자산, 인적 자산으로 나눴다. 이는 자원을 물적자원과 돈, 인적자원으로 구분하고 있는 것이다. 하지만 오늘날은 1분 1초를 다투는 무한 경쟁 시대라는 점에서 시간 역시 중요한 자원이라고 할 수 있다. 따라서 자원은 기업 활동을 위해 사용되는 기업 내의 모든 시간, 예산, 물적·인적자원을 의미한다. 과거에는 제품 생산에 이용되는 원료로서의 천연자원이 가장 중요한 자원으로 인식되었으나, 최근의 무한 경쟁의 시대에는 시간이나 예산이 중요한 자원의 하나로 인식되고 있다. 또한, 역량 있는 인적자원을 보유했는지 여부가 기업의 경쟁력을 가늠하는 지표가 되고 있다. 이처럼 기업 활동에 있어서 자원은 더 높은 성과를 내고, 경쟁 우위의 발판이 될 수 있는 노동력이나 기술을 통틀어 이르는 말로 변화하고 있다.

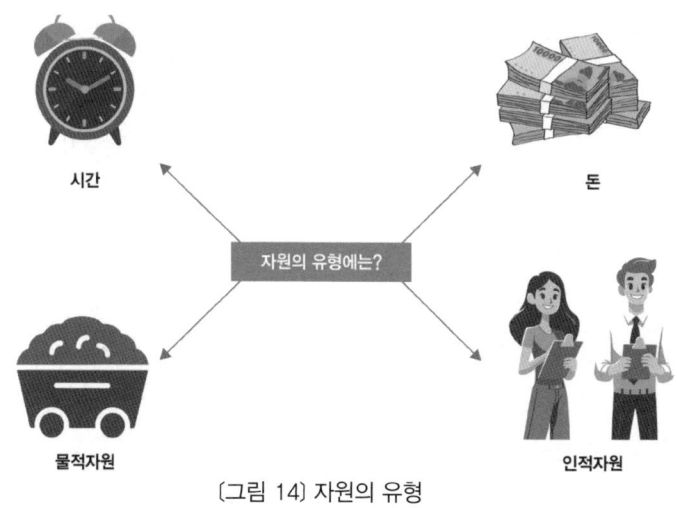

〔그림 14〕 자원의 유형

출처 : 한국산업인력공단(2024). 자원관리능력 교수자용 가이드북. https://www.ncs.go.kr.

이러한 유형의 자원들이 갖고 있는 공통점은 바로 유한성이다. 한 사람이나 조직에게 주어진 시간은 제한되어 있기에, 정해진 시간을 어떻게 활용하느냐가 매우 중요하다. 돈과 물적자원(석탄, 석유, 시설 등) 역시 제한적일 수밖에 없으며, 개인 또는 조직적으로 제한된 사람들을 활용할 수밖에 없는 인적자원도 마찬가지다. 이러한 자원의 유한성 때문에 자원을 효과적으로 확보, 유지, 활용하는 자원관리가 매우 중요하다고 할 수 있다.

대부분의 사람은 습관적으로 자원을 낭비하면서도 이를 의식하지 못한다. 자원을 낭비하게 하는 요인은 매우 다양하다. 우리의 사소한 행동 하나하나에도 낭비 요인이 있을 수 있다. 이러한 요인을 찾아 낭비되는 자원을 제대로 활용한다면 우리는 좀 더 경쟁력을 갖출 수 있을 것이다.

- 시간 낭비 요인: '늦잠 자기', '무계획', '오늘 할 일을 다음으로 미루기' 등 다양함.
- 돈의 낭비 요인: '무계획적인 지출', '불필요한 물건 구입', '돈이면 다 된다는 잘못된 생각' 등 다양함.
- 물적자원 낭비 요인: '유행 따라하기', '1회용품 사용하기', '물품의 재구입', '물품의 부실한 관리' 등 다양함.
- 인적자원 낭비 요인: '주변 사람과의 소원함', '자신의 주변 사람에 대한 미파악' 등 다양함.

이러한 자원 낭비 요인들의 공통점은 계획적으로 행동하지 않는다는 것, 자원에 대한 인식이 부족하다는 것, 무조건 편한 방향으로 행동하는 것 등 다양한 측면에서 제시될 수 있다.

우리가 활용할 수 있는 자원을 헛되게 하는 자원낭비 요인들은 자원의 유형이나 개인에 따라 매우 다양하지만 공통점을 가지고 있다. 크게 ① 비계획적 행동 ② 편리성 추구 ③ 자원에 대한 인식 부재 ④ 노하우 부족 4가지로 분류할 수 있다.

첫째, 비계획적인 행동이다. 자원을 어떻게 활용할 것인가에 대한 계획이 없는 사람이 많다. 이들은 계획 없이 충동적이고 즉흥적으로 행동하기 때문에 자신이 활용할 수 있는 자원들을 낭비하게 된다. 계획적인 사람은 자신의 목표치가 있어 이를 만족시키려고 노력하는 반면, 비계획적인 사람은 목표치가 없기 때문에 얼마나 낭비하는지조차 파악하지 못한다.

둘째, 편리성을 추구하는 것이다. 이는 자원을 활용할 때 자신의 편리함을 최우선적으로 추구하기 때문에 나타나는 현상이다. 예를 들어 종이컵과 같은 일회용품의 잦은 사용, 할 일 미루기, 약속 불이행 등이 해당된다. 이러한 행동은 물적자원뿐 아니라 시간과 돈의 낭비를 초래할 수 있으며, 주위의 인맥까지도 줄어들게 만든다.

셋째, 자원에 대한 인식이 부재한 것이다. 자원에 대한 인식 부재는 자신이 가지고 있는 중요한 자원을 인식하지 못하는 것을 의미한다. 예를 들어 몇몇 사람은 시간이 중요한 자원이라는 것을 의식하지 못한다. 자원을 물적자원에 국한하여 생각하기 때문이다. 이러한 경우 무의식적으로 중요한 자원을 낭비하게 된다.

넷째, 노하우가 부족하다. 자원관리의 중요성을 인식하면서도 효과적인 방법을 활용할 줄 모르는 사람들이 많이 있을 것이다. 이것은 자원관리에 대한 경험이나 노하우가 부족하기 때문이다. 하지만 이러한 사람들은 자원관리에 실패한 경험을 통해 노하우를 축적해 나갈 수 있으며, 별도의 학습을 통해서도 극복이 가능하다.

자원을 적절하게 관리하기 위해서는 일반적으로 4단계의 자원관리 과정을 거쳐야 한다. ① 어떤 자원이 얼마나 필요한지 확인하기 ② 이용 가능한 자원 수집(확보)하기 ③ 자원 활용 계획 세우기 ④ 계획에 따라 수행하기가 바로 4단계의 과정이다.

먼저, 필요한 자원의 종류와 양을 확인한다는 것은 업무를 추진할 때 어떤 자원이 필요하며, 또 얼마만큼 필요한지를 파악하는 단계이다. 자원의 종류는 크게 시간과 예산, 물적자원, 인적자원으로 나뉘지만 실제 업무 수행에서는 이보다 더 구체적으로 나눌 필요가 있다. 구체적으로 어떤 활동을 할 것이며, 이 활동에 어느 도의 시간과 돈, 물적·인적자원이 필요한지를 파악한다.

둘째, 이용 가능한 자원 수집(확보)한다는 것은 필요한 자원의 종류와 양을 파악하였다면, 실제 상황에서 그 자원을 확보해야 한다는 것이다. 수집시 가능하다면 필요한 양보다 좀 더 여유 있게 확보하는 게 좋다. 실제 준비나 활동을 할 때 계획과 차이를 보이는 경우가 빈번하기 때문에 여유 있게 확보하는 것이 안전하다.

셋째, 자원 활용 계획을 세운다는 것은 필요한 자원을 확보하였다면 그 자원을 실제 필요한 업무에 할당하여 계획을 세워야 한다는 것이다. 여기에서 중요한 것은 업무나 활동의 우선순위를 고려하는 것이다. 최종적인 목적을 이루는 데 가장 핵심이 되는 것에 우선순위를 두고 계획을 세울 필요가 있다. 만약 확보한 자원이 실제 활동 추진에 비해 부족할 경우 우선순위가 높은 것에 중심을 두고 계획하는 것이 바람직하다.

넷째, 계획대로 수행하는 것은 업무 추진의 단계로서 계획에 맞게 업무를 수행해야 하는 단계이다. 많은 사람들이 계획은 별도이며, 그때그때 상황에 맞춰서 하면 된다고 생각한다. 물론 계획에 얽매일 필요는 없지만 최대한 계획대로 수행하는 것이 바람직하다. 불가피하게 수정해야 하는 경우는 전체 계획에 미칠 수 있는 영향을 고려해야 할 것이다.

2. 시간관리능력의 개념과 적용

《《시간관리능력 체크리스트》》
5. 시간의 개념 및 특성에 대하여 설명할 수 있는가?
6. 시간관리의 중요성에 대하여 설명할 수 있는가?
7. 시간낭비 요인을 설명할 수 있는가?
8. 효과적으로 시간계획을 세울 수 있는가?

우리는 "시간이 금이다"라는 말을 흔하게 들어왔다. 하지만 시간이 왜 금과 같은 가치가 있는지에 대해 이해하지 못하는 사람들이 존재한다. 이는 시간이 가지고 있는 특성과 의미를 이해하지 못하는 데서 비롯된 것이라 할 수 있다.

우리는 하루가 24시간이며, 한 주가 168시간이라는 것을 알고 있다. 시간은 아무런 경고 없이 흘러가는 것처럼 보이기도 하고, 실제로 주어진 시간보다 훨씬 짧은 것처럼 느껴지기도 한다. 이처럼 우리에게 늘 부족하기만 해 보이는 시간은 몇 가지 특성을 가지고 있다. 첫째, 시간은 매일 주어지는 기적이다. 우리에게는 매일 24시간이라는 황금과 같은 선물이 주어진다. 미리 그것을 사용할 수는 없다. 그러나 다음 시간, 내주, 내달, 내년은 당신을 위해 반드시 기다리고 있으며 끊임없이 주어진다. 둘째, 시간은 똑같은 속도로 흐른다. 어떤 때는 시간이 빠르게 가는 것같이 느껴지고 어떤 때는 느리게 가는 것같이 느껴지지만, 사실 시간은 일정한 속도로 진행하는 것이다. 셋째, 시간의 흐름은 멈추게 할 수 없다. 이런 면에서 시간은 무지막지한 힘을 가지고 있다. 시간은 전혀 융통성이 없는 것이다. 넷째, 시간은 빌리거나 저축할 수 없다. 자기의 시간만을 가지고 있을 뿐이며, 그때그때 주어지는 시간을 써야만 한다. 당신의 시간통장에 매일 24시간이 온라인으로 입금된다. 그러나 신기하게도 0시만 되면 다 회수해 버린다. 이런 기가 막힐 일이 어디 있는가. 다섯째, 시간은 어떻게 사용하느냐에 따라 가치가 달라진다. 모든 자원이 그렇듯이 시간이란 자원도 잘 사용하면 무한한 이익을, 잘못 사용하면 엄청난 손해를 가져다준다. 여섯째, 시간은 시절에 따라 밀도도 다르고 가치도 다르다. 인생에도 황금기가 있으며 하루에도 황금시간대(golden hour)가 있다. 이러한 시간은 개인에게도 중요하지만 기업의 입장에서도 매우 중요한 요소임에 틀림없다. 시시각각 변해 가는 현대사회에서 기업은 일을 수행하는 데 소요되는 시간을 줄이기 위해 많은 노력을 기울이고 있다. 기업의 입장에서 작업 소요 시간의 단축으로 인해 볼 수 있는 효과는 다음 그림과 같다.

또한 성격으로 인해 시간 단축은 매우 힘든 일 중 하나이다. 하지만 시간 절약을 통해서 볼 수 있는 효과를 생각한다면, 시간관리능력은 직장인으로서 반드시 갖추어야 할 능력이라고 할 수 있을 것이다.

또한, 우리가 시간관리를 해야 하는 진정한 이유는 시간의 통제가 아니라 시간을 효과적으로 관리함으로써 삶의 여러 가지 문제를 개선하는 데 있다. 그 중 스트레스 관리, 균형적인 삶, 생산성 향상, 목표 성취가 대표적인 예이다.

첫째, 시간관리를 잘 하면 스트레스가 줄어든다. 사람들은 짧은 시간 동안 너무 많은 것을 하려고 하면 조급한 마음에 스트레스를 받게 된다. 이때는 급하게 결정을 내리거나, 부담감을 안고 행동을 취하게 되는 경우가 많다. 어떤 일을 하는데 예상했던 것보다 더 많은 시간이 걸렸다면 그건 시간을 낭비한 것이다. 또한 낭비한 시간 때문에 그날 해야 할 다른 일을 할 시간이 부족해진다면 스트레스를 받게 된다. 이처럼 시간 낭비 요인은 잠재적인 스트레스 유발요인이라 할 수 있으며, 이런 경우 시간관리를 통하여 일에 대한 부담을 줄이는 것이 스트레스를 줄이는 효과적인 접근이라 할 수 있다.

둘째, 시간관리를 잘 하면 균형적인 삶을 살 수 있다. 성공을 위해서 쉬지 않고 달려가는 사람들이 매우 많다. 일중독자(workaholic)라는 말이 생겨났을 정도로 많은 사람들이 직장 업무에 파묻혀 살고 있다. 또한 요즘 같은 모바일 환경에서는 집에서도 일을 끊기 어렵고 세계적인 대기업에 근무하는 직원들은 다른 국가, 다른 시간대에서 일하고 있는 동료들과 계속 접촉해야 하는 압력을 받기도 한다. 하지만 이러한 사람들 대부분은 정해진 근무시간 내에 일을 끝내지 못해 남들보다 오랜 시간 일을 하는 사람들이다. 시간관리를 잘 한다면 직장에서 일을 수행하는 시간을 줄이고 일과 가정 혹은 자신의 다양한 여가를 동시에 즐길 수 있다.

셋째, 시간관리를 잘 하면 생산성을 높일 수 있다. 오늘날 글로벌 경제 아래 기술이 급속히 발달하면서 누가 먼저 신기술 혹은 성과를 창출하느냐에 따라 기업의 존립 여부가 결정되는, 사활을 건 경쟁이 더욱 치열해지고 있다. 이러한 분위기에서 생산성의 중요성은 더욱 강조되고 있다. 생산성을 산출하는 것에 있어서 'Input'은 'Output'을 생산하는 데 투입되는 시간을 포함한 모든 자원을 의미한다. 그리고 'Output'은 일종의 획득된(captured) 시간, 즉 결과의 형태를 띠는 시간이다. 산업심리학 분야에서는 오래전부터 조직의 관리자들이 그들에게 주어진 시간 중 30%만을 효율적으로 사용하고 있다는 주장이 제기되어 왔다. 예를 들어, 한 조사결과에 따르면 일반 기업체의 관리자들은 전화 한 통화당 6분 정도를 사용한다. 그들은 자신들이 통화 중 나누었던 구체적인 내용들은 2분 정도면 요점을 충분히 전달할 수 있는 내용들이라고 결론을 내렸다. 그리고 지속적인 비교를 통해서 통화 시간을 기존의 절반인 3분 정도로 줄였더니 생산성이 2배로 늘면서 부족한 자원인 시간을 아낄 수 있었다고 한다. 이처럼 개인이나 조직의 입장에서 시간은 매우 한정된 자원 중에 하나이다. 따라서 시간을 적절히 관리하여 효율적으로 일을 하게 된다면 생산성 향상에 크게 도움이 될 것이다.

넷째, 내가 바라던 목표를 달성할 수 있다. 목표가 없으면 인생은 의미가 없다. 또한 시간이 없으면 아무리 간단한 목표도 이룰 수 없다. 자신 혹은 조직이 바라는 목표의 성공적인 달성과 시간관리의 관계는 우리에게 획기적인 문제 해결의 돌파구를 제공해 준다. 목표는 좀 더 훌륭한 결과를 얻을 수 있도록 스스로에게 동기를 부여하는 매우 강력한 방법이자 수단이다. 그러나 시간을 들이지 않고서 까다로운 목표를 성취한 사람은 없다. 이처럼 목표에 매진할 시간을 갖도록 하는 것이 시간관리의 역할이다. 목표를 성취하기 위해서는 시간이 필요하고, 시간관리와 관련된 중요한 걸 얻기 위해서는 목표가 필요하다. 목표의 설정과 시간관리의 관계는 성공적인 시간관리를 위한 매우 중요한 요인이다.

한편, 시간을 낭비하게 되는 이유로 시간관리에 대한 오해를 꼽을 수 있다. 대부분의 사람들이 시간관리가 무엇이며, 그것이 어떤 효과를 가져 오는지에 대해 잘못된 인식을 갖고 있다는 점이다. 시간관리에 대한 잘못된 오해의 유형은 첫째, 시간관리는 상식에 불과하다. 나는 회사에서 일을 잘하고 있기 때문에 시간관리도 잘한다고 말할 수 있다. 둘째, 나는 시간에 쫓기면 일을 더 잘한다. 시간을 관리하면 오히려 나의 이런 결점이 없어질지도 모른다. 셋째, 나는 약속을 표시해둔 달력과 해야할 일에 대한 목록만으로 충분하다. 넷째, 시간관리 자체는 유용할지 모르나 창의적인 일을 하는 나에게는 잘 맞지 않는다. 나는 일상적인 업무에 얽매이는 것이 싫다.

또한 사람들은 어떤 일을 할 때 마감 기한에 대한 관념보다는 결과의 질을 더 중요하게 생각하는 경향이 있다. 하지만 어떤 일이든 기한을 넘기는 것은 인정을 받기 어렵다. 이처럼 시간에 대한 잘못된 인식은 시간을 낭비하게 되는 원인이 될 수 있다. 또한 이러한 요인들은 직업생활을 하는 사람들이 시간관리를 소홀하게 하는 이유가 된다. 이러한 요인들을 찾아서 제거할 때 비로소 진정한 시간관리가 이루어질 수 있는 것이다. 이를 위해서는 우선 자신의 행동에 대한 정확한 성찰이 필요하며, 또한 자신이 가지고 있는 잘못된 관념을 바꿀 수 있어야 할 것이다.

효과적으로 계획을 세우면 많은 시간을 절약할 수 있다. 일하기 전에 30

분만이라도 미리 생각하고 계획할 시간을 갖는다면 잘못된 방향으로 가는 수 시간 혹은 몇 날의 시간을 아낄 수 있다. 시간계획이란 시간이라고 하는 자원을 최대한 활용하기 위하여 가장 많이 반복되는 일에 가장 많은 시간을 분배하고, 최단시간에 최선의 목표를 달성하는 것을 의미한다.

일반적으로 효과적인 시간계획을 작성하기 위해서는 다음과 같은 순서를 따른다. 첫째, 명확한 목표를 설정하기: 한정된 시간을 효율적으로 활용하기 위해서는 먼저 분명한 목표가 필요하다. 목표를 명확하게 설정하는 것은 시간 관리의 첫걸음이라고 할 수 있다. 둘째, 일의 우선순위 정하기: 일의 우선순위를 결정하는 기법은 매우 다양하다. 하지만 일반적으로 일이 가진 중요성과 긴급성을 바탕으로 구분하는 경향이 있다. 이를 바탕으로 시간 관리 매트릭스를 만들어 일의 우선순위를 결정한다. 중요성은 결과와 연관되는 사명과 가치관 그리고 목표에 기여하는 정도를 의미하며, 긴급성은 즉각적인 처리가 요구되고 보통 눈앞에 보이며 심리적으로 압박감을 주는 정도를 의미한다. 셋째, 예상 소요시간 결정하기: 우선순위가 결정되었다면 각각의 할 일에 소요되는 예상 시간을 결정하는 것이 필요하다. 모든 일마다 자세한 계산을 할 필요는 없지만 규모가 크거나 힘든 일을 해야 할 때는 정확한 소요 시간을 계산하여 결정하는 것이 효과적이다. 넷째, 시간 계획서 작성하기: 이 단계는 앞서 도출한, 해야 할 일의 우선순위와 소요 시간을 바탕으로 시간 계획서를 작성하는 것이다. 시간 계획서는 간단한 서식에 직접 작성할 수 있으며, 경우에 따라서는 개인의 성향에 따라 달력이나 다이어리, 일정관리 소프트웨어, 개인 휴대 단말기 등 다양한 도구를 활용할 수 있다

시간계획을 할 때 명심해야 할 사항들은 다음과 같다.

- 행동과 시간/저해요인의 분석 : 어디에서 어떻게 시간을 사용하고 있는가를 확인
- 일 · 행동의 리스트(list)화 : 해당 기간에 예정된 행동을 모두 리스트화
- 규칙성-일관성 : 시간계획을 정기적 체계적으로 체크하여 일관성 있게 마무리

- 현실적인 계획 : 무리한 계획을 세우지 말고, 실현가능한 것만을 계획
- 유연성 : 유연하게 하여야 함. 시간계획이란 자체가 중요한 것이 아니고, 목표 달성을 위해 필요
- 시간의 손실 : 발생된 시간 손실은 미루지 않고 가능한 즉시 보상해야 함.
- 기록 : 체크리스트나 스케줄표를 사용하여 계획을 반드시 기록하여 전체상황을 파악
- 미완료의 일 : 꼭 해야만 할 일을 끝내지 못했을 경우, 차기 계획에 반영
- 성과 : 예정 행동만을 계획하는 것이 아니라 기대되는 성과나 행동의 목표도 기록
- 시간 프레임(Time Frame) : 적절한 시간 프레임을 설정하고 특정의 일을 하는 데 소요되는 꼭 필요한 시간만을 계획에 삽입
- 우선순위 : 여러 일 중에서 어느 일이 가장 우선적으로 처리해야 할 것인가를 결정
- 권한위양(delegation) : 기업의 규모가 커질수록 그 업무활동은 점점 복잡해져서 관리자가 모든 것을 다스리기가 어렵다. 그래서 자기의 사무를 분할하여 일부를 부하에게 위임하고 그 수행 책임을 지움. 권한위양은 ① 조직을 탄력성 있게 운용할 수 있고, ② 조직을 구성하는 사람들의 근로의욕을 높여준다는 등의 효과가 있으며, 경영조직 원칙의 하나로 꼽히고 있다.
- 시간의 낭비 요인과 여유 시간 : 예상 못한 방문객 접대, 전화 등의 사건으로 예정된 시간이 부족할 경우를 대비하여 여유 시간 확보
- 여유 시간 : 자유롭게 된 시간(이동시간 또는 기다리는 시간)도 계획에 삽입하여 활용
- 정리시간 : 중요한 일에는 좀 더 시간을 할애하고 그렇지 않은 일에는 시간을 단축시켜 전체적인 계획을 정리
- 시간 계획의 조정 : 자기 외 다른 사람(비서, 부하, 상사)의 시간 계획을 감안하여 계획수립

3. 예산관리능력의 개념과 적용

《《예산관리능력 체크리스트》》
9. 예산관리의 개념을 설명할 수 있는가?
10. 예산관리의 중요성을 설명할 수 있는가?
11. 예산의 구성 요소를 설명할 수 있는가?
12. 예산 수립에 효과적인 방법을 설명할 수 있는가?
13. 업무 수행 과정에서 적절하게 예산을 관리할 수 있는가?

현재 인간이 하고 있는 대부분의 활동에는 돈이 필요하기 마련이다. 돈이 무한정 있다면 어떤 일이든지 완수할 수 있을 것이다. 하지만 불행히도 한 개인이나 조직이 활용할 수 있는 돈은 한정되어 있다. 따라서 정해진 돈을 얼마나 효율적으로 사용하느냐가 매우 중요하다고 할 수 있다.

예산의 사전적 의미는 '필요한 비용을 미리 헤아려 계산함. 또는 그 비용' 이라고 정의되어 있다. 넓은 범위에서 민간기업·공공단체 및 기타 조직체는 물론이고 개인의 수입·지출에 관한 것도 포함된다. 개인이나 기업이 하는 활동에는 예산이 필요하기 마련이다. 한 개인이나 기업이 활용할 수 있는 예산은 대부분 한정되어 있기 때문에 정해진 예산을 얼마나 효율적으로 사용하느냐는 중요한 문제이다. 예산관리능력은 이용 가능한 예산을 확인하고, 어떻게 사용할 것인지 계획하여 그 계획대로 사용하는 능력을 의미하며, 최소의 비용으로 최대의 효과를 얻기 위해 요구되는 능력이다. 하지만 여기서 중요한 것은 무조건 비용을 적게 들이는 것이 좋은 것은 아니라는 점이다. 예를 들어 기업에서 제품을 개발한다고 할 때, 개발 책정 비용을 실제보다 높게 책정하면 경쟁력을 잃어버리게 되고, 반대로 낮게 책정하면 개발 자체가 이익을 주는 것이 아니라 오히려 적자가 나는 경우가 발생할 수 있다. 그로 인해 책정 비용과 실제 비용의 차이를 줄여 비슷한 상태가 가장 이상적인 상태라고 할 수 있다.

예산의 구성요소는 일반적으로 비목과 세목으로 구분할 수 있으며, 비목은 예산을 구성하는 모든 원가의 속성을 파악하여 유사한 군별로 묶어 표현한 대분류 원가항목으로 직접비용과 간접비용으로 구분된다. 세목은 비목의 구성요소를 비교적 상세하게 표현한 중분류 원가항목이다. 직접비용과 간접비용에 대한 이해는 매우 중요한 것이어서 자세히 살펴봐야 한다.

직접비용(Direct Cost)은 간접비용에 상대되는 용어로서, 제품 생산 또는 서비스를 창출하기 위해 직접 소비된 것으로 여겨지는 비용을 말한다. 이러한 직접비용은 재료비, 원료와 장비, 시설비, 인건비 등으로 구분된다. 다음은 직업생활에서 일반적으로 소요되는 직접비의 항목을 나타낸 것이다.

- 재료비: 제품의 제조를 위하여 구매된 재료에 대하여 지출한 비용
- 원료와 장비: 제품을 제조하는 과정에서 소모된 원료나 필요한 장비에 지출한 비용. 이 비용에는 실제 구매된 비용이나 혹은 임대한 비용을 모두 포함
- 시설비: 제품을 효과적으로 제조하기 위한 목적으로 건설되거나 구매된 시설에 지출한 비용
- 여행(출장) 및 잡비: 제품 생산 또는 서비스를 창출하기 위해 출장이나 타 지역으로의 이동이 필요한 경우와 기타 과제 수행 상에서 발생하는 다양한 비용을 포함
- 인건비: 제품 생산 또는 서비스 창출을 위한 업무를 수행하는 사람들에게 지급되는 비용. 계약에 의해 고용된 외부 인력에 대한 비용도 인건비에 포함. 일반적으로 인건비는 전체 비용 중 가장 큰 비중을 차지

반면 간접비용(Indirect Cost)은 제품을 생산하거나 서비스를 창출하기 위해 소비된 비용 중에서 직접비용을 제외한 비용으로, 제품 생산에 직접 관련되지 않은 비용을 말한다. 간접비용은 과제에 따라 매우 다양하며, 과제가 수행되는 상황에 따라서도 다양하게 나타날 수 있다. 많은 사람들이 이처럼 간접비용을 정확하게 예측하지 못해 어려움을 겪는 경우가 많다. 간접비용의 예로는 보험료, 건물관리비, 광고비, 통신비, 사무비품비, 각종 공과금 등을 들 수 있다. 이러한 비용의 구성은 개인의 생활비나 용돈의 지출에 있어서도

똑같이 적용된다. 자신의 의식주에 직접적으로 필요한 비용은 직접비용과 관계가 있으며, 세금, 보험료 등은 간접적인 비용에 해당된다. 이렇게 지출되는 비용을 적절히 예측하여 계획을 세우고, 이를 관리하는 것은 매우 중요하다.

많은 사람들이 예산을 수립할 때 자신이 알고 있는 항목에 대해 먼저 비용을 배정한 후 다른 항목을 찾는 경우가 있다. 하지만 이러한 경우 대부분 기존에 산정한 비용에 계속 수정을 하여 사용할 것이다. 이는 예산을 수립하기 위한 적절한 방법을 활용하지 않았기 때문이다. 또한, 예산을 잘 수립했다고 해서 예산을 잘 관리하는 것은 아니다. 아무리 계획이 좋아도 수행과정에서 이를 지키지 않으면 계획은 무용지물이 된다. 예산 역시 집행과정에서 효과적으로 관리하는 것이 매우 중요하다.

예산 관리 절차에서 우선 단계는 업무를 추진하는 과정에서 예산이 필요한 모든 활동을 도출하는 것이다. 예산을 수립하는 경우 계속해서 추가되는 항목으로 인해 어려움을 겪을 수 있기 때문에 예산을 배정하기 전에 예산 범위 내에서 수행해야 하는 활동과 소요될 것으로 예상되는 예산을 정리할 필요가 있다. 다음 단계는 활동별로 예산 지출 규모를 확인하고 우선적으로 추진해야 하는 활동을 선정하는 작업이다. 배정된 예산으로 모든 업무를 수행할 수는 없기 때문에 우선순위를 배정함으로써 예산이 우선적으로 들어갈 활동을 도출해야 한다. 이런 과정을 거친 후에는 우선순위가 높은 활동부터 적절하게 예산을 배정하고 실제 예산을 사용하는 것이 바람직하다. 그림은 이러한 예산수립의 절차를 나타낸 것이다.

먼저, 과제 수행에 필요한 활동을 구명할 때 과업세부도를 활용하는 것이 효과적이라고 할 수 있다. 과업세부도는 과제 및 활동 계획을 수립할 때 가장 기본적인 수단으로 활용되는 그래프로, 필요한 모든 일들을 중요한 범주에 따라 체계화하여 구분해 놓은 것이다. 이 과업세부도는 구체성에 따라 2단계, 3단계, 4단계 등으로 구분할 수 있다.

다음으로, 필요한 활동이 모두 구명되면 활동에 대한 우선순위를 결정해야 한다. 경우에 따라 과제를 수행하기 위해 필요한 모든 활동이나 과업을 수행하기 어려울 수 있으며, 이런 경우 상대적인 중요도를 고려하여 우선순위를 반영하는 것이 효과적이다. 과제에서 핵심적인 활동과 부수적인 활동을 고려하여, 예산 여건이 되지 않는 경우 핵심활동 위주로 예산을 편성해야 할 것이다.

마지막은 활동에 대한 예산을 배정하는 단계인데, 이때는 과업세부도와 예산을 매치시키는 것이 효과적이다. 이는 과업세부도를 활용함으로써 과제에 필요한 활동이나 과업을 파악할 수 있고, 이를 비용과 매치시켜 놓음으로써 어떤 항목에 얼마만큼의 비용이 소요되는지를 정확하게 파악할 수 있기 때문이다.

또한 과제 수행에 필요한 예산 항목을 빠뜨리지 않고 확인할 수 있으며, 이러한 항목을 통해 전체 예산을 정확하게 분배할 수 있다는 장점이 있다. 하지만 이러한 과정을 거치더라도 과제를 수행하다보면 예상외의 비용이 발생하기 마련이다.

이러한 경우를 대비할 수 있는 항목을 마련해 두는 것 또한 효과적이라고 할 수 있다. 마지막으로 직장에서의 사업과 같은 큰 단위의 예산을 수립하고자 할 때, 기관의 규정을 잘 확인해야 한다. 각 기관마다 과제의 예산에 대한 규정을 수립하고 있는 경우가 있으므로, 이를 잘 파악하여 예산 수립에 반드시 반영해야 할 것이다. 예산에 대한 계획을 제대로 세워놓았지만, 실제 집행하는 과정에서 이를 적절히 관리하지 못하여 곤란을 겪은 사람들이 많을 것이다. 이를 방지하려면 예산 관리 과정에서 예산을 얼마나 사용했는지 수시로 점검하는 것이 필요하다.

4. 물적자원관리능력의 개념과 적용

> **《물적자원관리능력 체크리스트》**
> 14. 물적자원의 종류를 설명할 수 있는가?.
> 15. 물적자원관리의 중요성을 설명할 수 있는가?
> 16. 물적자원 활용의 방해요인을 설명할 수 있는가?
> 17. 효과적인 물적자원관리 과정을 설명할 수 있는가?
> 18. 다양한 기법을 활용하여 물적자원을 관리할 수 있는가?

　모든 자원이 마찬가지겠지만 물적자원의 경우 적재적소에서 활용되어야 그 가치가 나타난다. 정말 필요한 시기에 물적자원을 확보하지 못하면 사업이나 활동에 큰 차질을 빚게 마련이다. 인간은 약한 신체적 특성을 보완하기 위하여 자연에 존재하는 자원들을 활용하기 때문에 인간의 활동에는 많은 물적자원이 수반되기 마련이다. 우리가 활용할 수 있는 물적자원은 매우 다양하며, 세상에 존재하는 모든 물체는 이에 포함된다. 물적자원은 크게 자연자원과 인공자원으로 나눌 수 있다. 자연자원은 자연 상태에 있는 그대로의 자원을 말하는 것으로 석유, 석탄, 나무 등을 가리킨다. 반면 인공자원은 사람들이 인위적으로 가공하여 만든 물적자원으로 시설이나 장비 등이 포함된다고 할 수 있다. 이러한 물적자원을 얼마나 확보하고 활용할 수 있느냐가 큰 경쟁력이 된다.

　국가도 자국에서 생산되지 않는 물품이 있으면 다른 나라로부터 수입을 하게 되고, 이로 인해 양국 간의 교류에서 비교우위가 가려지게 된다. 이러한 상황에서 자신이 보유하고 있는 자원을 얼마나 잘 관리하고 활용하느냐 등 물적자원관리는 매우 중요하다고 할 수 있다. 누구나 한 번쯤은 자신이 필요한 물건이 없어서 어려움을 겪은 경험이 있을 것이다. 필요한 물건이 항상 대기하고 있는 것이 아니기 때문이다. 또한 이미 보유하고 있는 물건을 관리하지 않아 분실 및 훼손되었을 경우 같은 물건을 다시 구입해야 하기 때문에 경제적 손실뿐 아니라 더 나아가 과제나 사업의 실패를 부를 수 있다.

개인에게도 물적자원의 관리는 매우 중요하다. 자신이 보유하고 있는 물적자원을 잘 관리한다면, 꼭 필요한 상황에서 이를 활용할 수 있을 것이다. 하지만 그렇지 않다면 필요한 활동을 하지 못하고, 물적자원을 확보하는 데 많은 시간을 보내게 될 것이다. 따라서 개인 및 조직에 필요한 물적자원을 확보하고, 적절히 관리하는 것은 매우 중요하다고 할 수 있다.

많은 사람들은 자신이 보유하고 있는 물적자원을 활용할 수 없었던 경험을 가지고 있다. 이처럼 물적자원의 활용을 방해하는 요인은 다양한 측면에서 발견할 수 있다.

물적자원을 적절하게 이용하지 못하는 데에는 다양한 원인이 있을 수 있다. 그 중에서 보유하고 있던 물적자원을 적절하게 활용하지 못하게 하는 방해 요인은 3가지 유형으로 살펴볼 수 있다.

먼저, 보관 장소를 파악하지 못하는 경우다. 이는 일반적으로 사람들이 많이 저지르는 실수 중 하나이다. 사람들은 한 번 활용한 물건을 앞으로 다시 활용할 것이라는 생각 없이 아무 곳에나 놓아두는 경향이 있다. 그렇게 정리하지 않고 아무렇게나 물품을 보관하게 되면, 추후에 그 물건이 필요할 때 찾기 어려워진다. 또한 물적자원이 필요한 상황에서 제때 공급을 하지 못하고 시간을 지체하면 아무런 효과도 거둘 수 없게 된다.

둘째, 훼손된 경우다. 물적자원은 무한정 계속해서 사용할 수 없다. 사용할 수 있는 기간이 대부분 한정되어 있기 때문이다. 그래서 우리는 보유하고 있는 물건을 적절히 관리하여 고장 나거나 훼손되지 않도록 해야 한다. 기업에서 물품을 제조할 때 필요한 물품을 보유하고 있다면 그 물품에 대한 별도의 구입 예산은 배정하지 않을 것이다. 하지만 막상 그 물품을 활용하고자 찾았을 때 훼손되어 쓸 수 없다면 난관에 봉착하게 된다. 제대로 관리만 되었더라면 새로 구입해야 하는 경제적 손실은 없을 것이다.

셋째, 분실한 경우다. 기존에 보유하고 있던 물적자원을 분실한 경우는 보관 장소를 파악하지 못한 경우와 비슷하다고 할 수 있다. 하지만 분실한 경우는 다시 구입하지 않으면 활용할 수 없지만, 단지 보관 장소를 파악하지 못한 경우는 물품의 위치를 파악한다면 향후에 다시 활용할 수 있다는 차이가 있다. 물품을 분실하는 것은 훼손된 경우와 마찬가지로 다시 그 물품을 구입해야 하므로 경제적인 손실을 가져올 수 있다. 경우에 따라 동일한 물품이 시중에서 팔지 않는 경우도 있을 수 있기 때문에 되도록 분실하는 경우를 막아야 하겠다. 그 외 물적자원에 대한 관리가 소홀하게 되는 경우는 분명한 목적 없이 물건을 구입했을 때 발생할 수 있다. 업무를 수행하는 데 정말 필요하여 구입한 물품은 활용도가 높아서 평상시 관리에 좀 더 신경을 쓰지만, 그렇지 않은 경우에는 관리에 소홀해지기 마련이다. 따라서 물적자원의 경우 구입 과정에서 활용 및 구입 목적을 명확하게 하는 것이 필요하다. 또한 구입한 물품을 분실 및 훼손되지 않게 관리하고 적절한 장소에 보관하여 물품이 필요할 때 적재적소에 활용될 수 있도록 하는 것이 중요할 것이다.

많은 사람들은 자신의 물품을 정리하여 관리해 본 경험이 있을 것이다. 이와 같은 물적자원관리 활동은 생각보다 쉬운 일이 아니다. 적절한 과정을 거쳐서 물적자원을 관리하지 않으면 시행착오를 계속해서 겪게 될 것이다.

물품의 효과적인 관리를 위해서는 적절한 과정을 거쳐야만 한다. 물품을 마구잡이식으로 보관하면 필요한 물품을 찾는 것이 어려워질뿐더러 물건의 훼손이나 분실 우려가 있을 수 있다. 따라서 적절한 과정을 거쳐 물품을 구분하여 보관하고 관리하는 것이 효과적이라고 할 수 있다.

첫째, 사용품과 보관품을 구분한다. 물품을 정리하고 보관하고자 할 때, 해당 물품을 앞으로 계속 사용할 것인지, 그렇지 않은지를 구분하는 것이 먼저 이루어져야 한다. 그렇지 않을 경우 가까운 시일 내에 활용하게 될 물품을 창고나 박스 등에 넣어두었다가 다시 꺼내야 하는 경우가 발생하게 될 것이다.

둘째, 동일 및 유사 물품을 분류한다. 동일 및 유사 물품의 분류는 보관의 원칙 중 동일성의 원칙과 유사성의 원칙에 따른 것이다. 동일성의 원칙은 '같은 품종은 같은 장소'에 보관한다는 것이며, 유사성의 원칙은 '유사품은 인접한 장소'에 보관한다는 것을 말한다. 이렇게 하면 특정 물품의 정확한 위치를 모르더라도 대략의 위치를 알고 있음으로써 찾는 시간을 단축할 수 있다.

셋째, 물품의 특성에 맞는 보관 장소를 선정한다. 위와 같은 과정을 거쳐 물품을 분류하였다면, 그 다음으로 해당 물품을 적절하게 보관할 수 있는 장소를 선정하여야 한다. 여기서 중요한 것은 위의 분류에 따라 일괄적으로 같은 장소에 보관하는 것이 아니라, 개별 물품의 특성을 고려하여 보관 장소를 선정해야 한다는 것이다. 예를 들어 종이류와 유리, 플라스틱 등은 그 재질의 차이로 인해서 보관 장소를 다르게 하는 것이 적당하다. 특히 유리의 경우 쉽게 파손될 우려가 있기 때문에 따로 보관하는 것이 중요하다. 또한 물품의 무게와 부피에 따라서도 차이를 두어야 한다. 이러한 과정을 거쳐 물품을 보관할 장소까지 선정하게 되면 차례로 정리를 하게 된다. 여기서 중요한 것은 회전대응 보관의 원칙을 지켜야 한다는 것이다. 회전대응 보관의 원칙은 입·출하의 빈도가 높은 품목은 출입구 가까운 곳에 보관하는 것을 말한다. 즉, 물품의 활용 빈도가 상대적으로 높은 것은 가져다 쓰기 쉬운 위치에 먼저 보관하는 것을 말한다. 이렇게 하면 활용하는 것도 편리할뿐더러 활용한 후 다시 보관하는 것 역시 편리하게 할 수 있을 것이다.

이처럼 현대사회에서 물품, 즉 물적자원에 대한 적절한 관리는 매우 중요한 사안이 되었다. 이를 지원하기 위해 다양한 기법 혹은 프로그램들이 개발되고 있으며, 이를 활용하는 사람 및 조직이 점차 확대되어 가고 있다. 이러한 효과적인 물적자원관리 기법을 활용함으로써 자원의 절약은 물론, 적재적소에 물적자원이 투입될 수 있기 때문이다. 따라서 기업의 직장인, 개인 사업가 등 모든 직장인은 다양한 물적자원관리 기법을 습득하는 것이 필요하다고 할 수 있다.

5. 인적자원관리능력의 개념과 적용

《《인적자원관리능력 체크리스트》》
19. 인적자원의 개념과 의미를 설명할 수 있는가?.
20. 인적자원관리의 중요성을 설명할 수 있는가?
21. 개인차원에서의 효과적인 인적자원관리 방법을 설명할 수 있는가?
22. 팀 작업에서의 효과적인 인적자원관리 방법을 설명할 수 있는가?

최근에는 무형의 자산이라고 할 수 있는 인적자원에 대한 관리가 점차 중요해지고 있다. 성공적인 기업이 역량 있는 구성원들을 채용하고, 지속적인 능력 개발을 위해 힘쓰는 것처럼 기업뿐만 아니라 개인적인 차원에서도 주위의 사람들에 대한 인적자원 관리가 중요한 능력으로 부각되고 있다.

AI 등 변화가 아무리 빠르더라도 물적자원, 예산 등의 생산요소를 효율적으로 결합시켜 가치를 창조하는 일을 하는 것은 바로 사람이다. 그러므로 구성원의 자발적인 협력 없이는 능률적인 기업 경영을 기대할 수 없다. 기업은 목적을 달성하기 위하여 필요한 인적자원을 조달, 확보, 유지, 개발하여 경영조직 내에서 구성원들이 능력을 최고로 발휘하게 해야 한다. 또한 근로자 스스로가 자기만족을 얻게 하는 동시에 경영 목적을 효율적으로 달성하게 하는 등 사용자와 근로자 간의 협력 체계가 이루어지도록 관리해야 한다. 이러한 관리 활동을 인적자원관리라고 한다.

효율적이고 합리적인 인사관리를 하기 위해서는 다음과 같은 원칙이 필요하다. ① 적재적소 배치의 원리: 해당 직무 수행에 가장 적합한 인재를 배치해야 한다. ② 공정 보상의 원칙: 근로자의 인권을 존중하고 공헌도에 따라 노동의 대가를 공정하게 지급해야 한다. ③ 공정 인사의 원칙: 직무 배당, 승진, 상벌, 근무 성적의 평가, 임금 등을 공정하게 처리해야 한다. ④ 종업원 안정의 원칙: 직장에서 신분이 보장되고 계속해서 근무할 수 있다는 믿음을 갖게 하여 근로자가 안정된 회사 생활을 할 수 있도록 해야 한다. ⑤ 창의력 계발의 원칙: 근로자가 창의력을 발휘할 수 있도록 새로운 제안, 건의 등의 기회를 마련하고, 적절한 보상을 하여 인센티브를 제공해야 한다. ⑥ 단결의 원칙: 직장 내에서 구성원들이 소외감을 갖지 않도록 배려하고, 서로 유대감을 가지고 협동, 단결하는 체제를 이루도록 한다.

개인차원에서 인적자원관리는 인맥관리를 의미한다. 인맥(人脈, personal connections)은 사전적 의미로 정계, 재계, 학계 따위에서 형성된 사람들의 유대 관계라고 하지만 이에 국한하지 않고 모든 개인에게 적용되는 개념으로 자신이 알고 있거나 관계를 형성하고 있는 사람들, 일반적으로 가족이나 친구, 직장동료, 선후배, 동호회 등 다양한 사람들을 포함한다. 이는 자신과 직접적인 관계에 있는 사람들로 이러한 사람들을 핵심 인맥이라고 표현할 수 있다. 오른쪽 그림과 같이 인맥에는 핵심 인맥뿐만 아니라 그 사람들로부터 알게 된 사람, 그리고 우연한 자리에서 서로 알게 된 사람 등 매우 다양한 파생 인맥이 존재한다. 또한 파생 인맥은 계속해서 파생이 되어서 한 사람의 인맥은 수없이 넓어지게 된다. 이와 같은 핵심 인맥과 파생 인맥에 대한 관리가 개인적인 차원의 인적자원관리라고 할 수 있다. 개인이 인맥을 활용할 경우 이를 통해 각종 정보와 정보의 소스를 획득하고, 참신한 아이디어와 해결책을 도출하며, 유사시 필요한 도움을 받을 수 있다는 장점이 있다. 이와 더불어 관계를 통해 나 스스로를 알게 되는 계기가 되며 나의 삶이 탄력적으로 변한다. 또한 일과 관련하여 취업, 승진, 창업, 고객 확보 차원에서 인맥은 아래 그림과 같은 도움을 주는 데 결정적 역할을 할 수 있다.

기업체의 경우 인적자원에 대한 관리가 조직의 성과에 큰 영향을 미친다. 이는 기업의 인적자원이 가지는 특성에서 비롯되며, 그 특성은 능동성, 개발가능성, 전략적 자원으로 나누어 살펴볼 수 있다. 먼저, 능동성을 생각해 보자. 예산과 물적자원은 이들 자원 자체의 양과 질에 따라 성과에 기여하는 정도가 정해지기에 수동적인 성격을 지닌다. 그러나 인적자원에서 나타나는 성과는 인적자원의 욕구와 동기, 태도와 행동 그리고 만족감 여하에 따라 결정되며 인적자원의 행동동기와 만족감은 경영관리에 의해 조건화된다. 따라서 인적자원은 능동적이고 반응적인 성격을 지니고 있으며, 이를 잘 관리할 때 기업의 성과를 높일 수 있다. 개발가능성은 인적자원이 자연적인 성장과 성숙은 물론 오랜 기간 동안에 걸쳐서 개발될 수 있는 많은 잠재능력과 자질을 보유하고 있다고 보는 것이다. 개발가능성은 환경변화와 이에 따른 조직변화가 심할수록 현대조직의 인적자원관리에서 차지하는 중요성이 더욱 커진다. 전략적 중요성은 조직의 성과가 인적자원, 물적자원 등을 효과적이고 능률적으로 활용하는 데 달려있으며, 이러한 자원을 활용하는 것이 바로 사람, 즉 인적자원이기 때문에 다른 어느 자원보다도 전략적 중요성이 강조되는 것을 의미한다. 이와 같이 현대 사회에서 개인 및 조직차원의 인적자원관리는 매우 중요한 일 중에 하나이다. 따라서 자신의 인맥을 잘 관리할 수 있는 능력을 함양하는 것이 필요하며, 협동 작업이 많은 지금 자신의 팀 및 조직의 인적자원을 관리하는 능력을 겸비하는 것도 필요하다.

   유명하고 성공한 사람들은 주위에 꼭 훌륭한 사람이 보조하고 있는 것을 볼 것이다. 아무리 자신의 능력이 뛰어나다 하여도 혼자만의 힘은 곧 한계에 부딪히기 마련이다. 따라서 좋은 사람들과 관계를 많이 가지는 것이 매우 중요하다.

   비즈니스 소셜네트워크 서비스(SNS) 등 다양한 방법이 존재한다. 많은 사람들이 번거롭다는 이유로 자신의 인맥관리에 소홀히 하는 경우가 많을 것이다. 하지만 인맥관리는 자신의 성공을 위한 첫걸음이라는 생각을 가지고 효과적인 방법을 활용한다면 보다 넓고 든든한 인맥을 가질 수 있을 것이다.

첫째, 명함관리다. 직장인 대부분은 자신의 명함을 가지고 있으며 서로 인사를 할 때 명함을 교환하는 것이 일반적이다. 하지만 많은 사람들은 명함의 중요성을 인식하지 못하고 있다. 명함을 잘 관리함으로써 자신의 인맥을 관리할 수 있다는 사실도 인식하지 못하는 듯하다. 보통 명함에는 이름과 소속, 연락처 등이 포함되어 있어 다른 사람들로 하여금 자신이 어떤 일을 하는지를 알려주는 효과가 있다. 그리고 명함은 다음과 같은 가치를 지니고 있다. 먼저, 자신의 신분을 증명한다. 둘째, 자신을 PR하는 도구로 사용할 수 있다. 셋째, 개인의 정보를 전달한다. 넷째, 개인의 정보를 얻을 수 있다. 다섯째, 대화의 실마리를 제공할 수 있다. 여섯째, 후속 교류를 위한 도구로 사용할 수 있다.

둘째, 인맥관리카드다. 인맥관리카드는 자신의 주변에 있는 인맥을 관리하기 위하여 작성하는 관리카드를 말한다. 인맥관리카드에는 이름, 관계, 직장 및 부서, 학력, 출신지, 연락처, 친한 정도 등을 기입한다. 이러한 정보들은 앞서 살펴본 명함 교환 등 다양한 방법을 통해 수집할 수 있다. 그리고 인맥관리카드는 핵심인맥과 파생인맥을 구분하여 작성하는 것이 필요하다. 핵심인력은 자신과 직접적인 관계를 가지는 사람이며, 파생인맥은 핵심인맥으로부터 파생된 사람들을 의미한다. 파생인맥카드에는 어떤 관계에 의해 파생되었는지를 기록하는 것이 필요하다. 인맥관리카드는 다양한 형태로 존재할 수 있으며 자신이 중요하게 생각하는 점을 중심으로 작성하면 된다.

다음 소셜네트워크(SNS)다. 현대사회는 초연결사회(hyper-connected society)이다. 초연결사회란 정보통신기술이 발달하면서 사람, 정보, 사물 등을 네트워크로 촘촘하게 연결한 사회를 말한다. 초연결사회에서는 직접 대면하지 않고 시간과 공간을 초월하여 네트워크상에서 인맥을 형성하고 관리한다. 특히 많이 활용되고 있는 기존의 소셜네트워크 서비스(SNS · Social

Network Service)와 더불어 인맥 구축과 채용에 도움이 되는 비즈니스 특화 인맥관리서비스(BNS · Business social Network Service)로 관심이 증대되고 있다.

팀은 다양한 사람들이 모여서 하나의 작업 단위를 이루는 것이다. 단순히 일만 하는 것이 아니고 팀원들과 함께 공동의 목표를 추구하게 된다. 이럴 경우 팀원에 대한 적절한 관리가 이루어지지 않으면 목표에 도달할 수 없게 된다.

팀 작업에서 인적자원관리는 팀장의 입장에서 조직원들을 어떻게 활용하고 관리하는 것인가를 나타내는 것이다. 팀 작업을 훌륭하게 수행하기 위해서는 팀원들이 각자의 능력에 맞는 위치에서 최선을 다해야 한다. 이를 가능하게 하기 위해서 팀원들을 적절한 위치에 배치하고 관리하는 것이 중요하다. 효과적인 인력배치를 위해서는 3가지 원칙을 지켜야 하는데 적재적소주의, 능력주의, 균형주의가 바로 이에 해당한다. 첫째, 적재적소주의(the right man for the right job)다. 팀의 효율성을 높이기 위해 팀원을 그의 능력이나 성격 등과 가장 적합한 위치에 배치하여 팀원 개개인의 능력을 최대로 발휘해 줄 것을 기대하는 것이다. 배치는 작업이나 직무가 요구하는 요건과 개인이 보유하고 있는 조건이 서로 균형 있고, 적합하게 대응해야 성공할 수 있다. 둘째, 능력주의다. 개인에게 능력을 발휘할 수 있는 기회와 장소를 부여한 뒤, 그 성과를 바르게 평가하고 평가된 능력과 실적에 대해 상응하는 보상을 하는 원칙을 말한다. 정확하게 말하면 능력주의는 적재적소주의 원칙의 상위개념이라고 할 수 있다. 여기서 말하는 능력은 개인이 가진 기존의 능력에만 한정하지 않고, 미래에 개발 가능한 능력도 있기 때문에 이를 개발하고 양성하는 측면도 고려해야 한다. 셋째, 균형주의다. 모든 팀원에 대한 평등한 적재적소, 즉 팀 전체의 적재적소를 고려할 필요가 있다는 것이다. 팀은 사람과 사람이 모여 이룬 작은 사회이기 때문이다. 팀 전체의 능력 향상, 의식개혁, 사기양양 등을 도모하는 의미에서 전체와 개체가 균형을 이루어야 한다. 또한 배치의 유형에는 양적·질적·적성 배치의 3가지가 있다. 양적 배치는 부문의 작업량과 조업도, 여유 또는 부족 인원을 감안하여 소요 인원을 결정, 배치하는 것을 말한다. 질적 배치는 위에서 제시한 직재적소의 배치를 말하며, 적성 배치는 팀원의 적성 및 흥미에 따라 배치하는 것을 의미한다. 이는 적성에 맞고 흥미를 가질 때 성과가 높아진다는 것을 가정하는 것이다. 하지만 이러한 모든 원칙들은 적절히 조화하여 운영하여야 한다. 양적 배치를 하지만 팀원의 능력이나 적성 등에 맞게 조율하는 것이 가장 효과적이라고 할 수 있다.

6. 자원관리능력의 필기평가 예시

자기관리능력의 필기평가 예시는 능력중심채용모델에서 찾아볼 수 있다. NCS 홈페이지-공정채용-채용모델 필기문항에서 검색할 수 있다.

| 문제 정보 | 대영역 | 자원관리능력 | 하위영역 | 시간관리능력 | 난이도 | 하 | 평가시간 | 0.5분 |

1. 직장에서의 시간관리를 위해 다음과 같이 일 분석표를 작성하여 해야 할 일을 구분한다고 할 때, 다음 중 '해야 할 일'에 들어가야 할 항목으로 가장 적절하지 <u>않은</u> 것은?

하고 싶은 일	해야 할 일	하지 않아야 할 일

① 회의
② 보고서 작성
③ 동료와의 상담
④ 점심식사

〔그림 15〕 2023년 능력중심채용모델-NCS직업기초능력 필기문항-자원관리능력

출처 : 한국산업인력공단(2024). 능력중심채용모델. https://www.ncs.go.kr.

7. 자원관리능력의 면접평가 질문

자원관리능력이란 직업생활에서 시간, 예산, 물적자원, 인적자원 등의 자원 가운데 무엇이 얼마나 필요한지를 확인하고, 이용 가능한 자원을 최대한 확보하여 실제 업무에 어떻게 활용할 것인지를 계획하고, 계획대로 업무 수행에 이를 할당하는 능력을 의미한다.

《자원관리능력 면접평가 질문》

◆ 한정된 자원(인적, 물적, 시간)을 효율적으로 활용한 경험을 말해주세요
  ☞ 업무수행에 필요한 자원(인적, 물적, 시간)을 파악하여 효율적으로 활용하는 능력이 있는가?
  ☞ 자원관리에 대한 강점과 차별성이 있는가?
  ☞ 자신의 역할과 목표를 확인하고 실천하는 능력이 있는가?
  ☞ 다른 대안이나 보완 방법을 찾으려는 노력을 했는가?

◆ 여러 가지 일이 한번에 겹치게 된다면 어떻게 처리하겠습니까?
  ☞ 업무수행에 필요한 자원(인적, 물적, 시간)을 파악하여 효율적으로 활용하는 능력이 있는가?
  ☞ 자원관리에 대한 강점과 차별성이 있는가?
  ☞ 어려운 상황에서도 성공가능요인을 적극적으로 찾아내는가?
  ☞ 다른 대안이나 보완 방법을 찾으려는 노력을 했는가?

시간관리능력은 직장생활에서 시간자원이 얼마나 필요한지를 확인하고, 이용 가능한 시간자원을 최대한 수집하여 실제 업무에 어떻게 활용할 것인지를 계획하고, 할당하는 능력이다.

오늘날 우리는 무한경쟁 시대에 살고 있으며, 이는 누가 더 빨리 일을 해낼 수 있는지, 한정된 시간에 얼마나 많은 일을 할 수 있는지가 중요하게 여겨지고 있으므로 시간관리능력 향상은 필수적이다. 직장인들이 자신의 시간

자원을 최대한 활용하기 위해서는 가장 많이 반복되는 일에 가장 많은 시간을 분배하고, 최단시간에 최선의 목표를 달성할 수 있도록 시간계획을 제대로 세울 필요가 있다.

《《시간관리능력 면접평가 질문》》

◆ 주어진 시간을 최대한 활용하여 효율적인 성과를 낸 경험이 있나요?
  ☞ 업무수행에 필요한 시간자원을 파악하여 구체적인 계획을 수립할 수 있는가?
  ☞ 시간관리에 대한 자신말의 기준, 강점, 차별성이 있는가?
  ☞ 효과적인 시간관리를 통해 맡은 업무를 잘 처리하는가?

◆ 일정이 다급한 업무를 성공적으로 완수할 수 있도록 시간을 배정하고 준비한 경험을 말해주세요
  ☞ 업무수행에 필요한 시간 자원을 파악하여 구체적인 계획을 수립할 수 있는가?
  ☞ 시간관리에 대한 자신만의 기준, 강점, 차별성이 있는가?
  ☞ 일을 완수할 때까지 열정적으로 임하고 성취를 위한 지속적인 노력을 기울이는가?

◆ 팀 프로젝트 수행 중, 일정변경 요구에 서로간의 시간과 자원을 조율하여 추진한 경험을 말해주세요
  ☞ 업무수행에 필요한 시간 자원을 파악하여 구체적인 계획을 수립할 수 있는가?
  ☞ 시간관리에 대한 자신만의 기준, 강점, 차별성이 있는가?
  ☞ 일을 완수할 때까지 열정적으로 임하고 성취를 위한 지속적인 노력을 기울이는가?

◆ 입사 후, 직장에서 시간을 어떻게 활용할지 말해보세요
  ☞ 업무수행에 필요한 시간 자원을 파악하여 구체적인 계획을 수립할 수 있는가?
  ☞ 시간관리에 대한 자신만의 기준, 강점, 차별성이 있는가?
  ☞ 자신의 역할과 목표를 이해하고 실천하는 능력이 있는가?
  ☞ 효과적인 시간관리를 통해 맡은 업무를 잘 처리하는가?

예산관리능력은 직장생활에서 이용 가능한 예산을 확인하고, 어떻게 사용할 것인지를 계획하며, 사용하는 능력으로서 직업인에게 매우 중요한 능력이

다. 한정된 예산을 적절히 사용하여 최대한의 성과를 낼 수 있느냐가 중요하게 여겨지는 만큼 예산관리능력은 모든 직장인에게 필수적으로 요구된다. 직장인이 효과적인 예산수립을 위해서는 첫째, 필요한 과업 및 활동 구명 둘째, 우선순위결정 셋째, 예산배정의 단계를 거쳐야 한다. 또한 과업세부도를 활용하여 과업을 구명하고 예산을 매치시킴으로써 효과적으로 예산을 수립할 수 있다.

> 《《자원관리능력 면접평가 질문》》
>
> ◆ 효과적인 예산을 운영하기 위해 계획을 수립/관리한 경험이 있나요?
>   ☞ 업무수행에 필요한 (예산)자원을 파악하여 체계적인 계획을 수립하는 능력이 있는가?
>   ☞ 예산통제에 대한 관리능력을 보유하고 있는가?
>   ☞ 예산관리에 대한 자신만의 지식, 기술, 경험이 있는가?
>
> ◆ 당신은 한정된 예산으로 회사의 워크숍을 준비해야 한다면 주어진 예산을 어떻게 효율적으로 사용할 것인가요?
>   ☞ 업무수행에 필요한 (예산)자원을 파악하여 체계적인 계획을 수립하는 능력이 있는가?
>   ☞ 예산관리에 대한 자신만의 지식, 기술, 경험이 있는가?
>   ☞ 예산 통제에 대한 관리능력을 보유하고 있는가?
>   ☞ 목적에 따른 예산 유선 순위를 전개하는 능력이 있는가?

물적자원관리능력은 직장생활에서 필요한 물적자원을 확인하고, 활용하는 능력이다. 산업의 고도화와 함께 매우 다양한 물적자원들이 활용되고 있으며, 필요한 시기와 장소에 물적자원을 활용하는 것이 매우 중요해졌다. 따라서 현대 직업인에게 물적자원관리능력은 필수적인 능력이라고 할 수 있다.

직장인이 물적자원을 효과적으로 관리하기 위해서는 반복 작업을 피하고 활용의 편리성을 확보하기 위한 '사용 물품과 보관 물품의 구분', 물품관리에 대한 동일성 및 유사성의 원칙에 따라 이루어지는 '동일 및 유사 물품의 분류', 물품의 형상과 소재를 고려하여 안전한 보관 장소를 선정하기 위한 '보관 장소 선정의 단계'를 거쳐야 한다.

《《물적자원관리능력 면접평가 질문》》

◆ 입사 후, 직장에서 물건들을 어떻게 활용할지 말해보세요
 ☞ 업무수행에 필요한 물적자원을 파악하여 구체적인 계획을 수립할 수 있는가?
 ☞ 물적자원관리에 대한 자신만의 기준, 강점, 차별성이 있는가?
 ☞ 자신의 역할과 목표를 이해하고 실천하는 능력이 있는가?
 ☞ 효과적인 물건관리를 통해 맡은 업무를 잘 처리하는가?

인적자원관리능력은 직장생활에 있어서 인적자원의 품성, 능력, 지식을 파악하고 관리하며, 활용하는 능력이다. 현재 인적자원의 중요성이 강조되면서 훌륭한 인적자원을 보유하는 것이 경쟁력을 가지는 것이 되었다. 따라서 현대 직장인에게 있어서 인적자원을 적절히 관리하는 능력은 필수적이다.

개별 직장인들이 효과적으로 인적자원을 관리하기 위한 방법으로는 명함관리와 인맥관리카드가 있다. 명함관리에서 중요한 것은 명함에 언제, 어디서, 무슨 일로 만났는지, 학력, 경력, 업무내용, 취미, 전근 및 전직 등의 변동사항, 가족사항, 거주지와 기타 연락처 등을 메모하는 것이다. 인맥관리카드는 핵심인맥카드와 파생인맥카드를 따로 작성하는 것이 효과적이며, 카드에 기입되는 정보로는 이름, 관계, 직장, 부서, 학력, 출신지, 연락처 등이 있다.

《《인적자원관리능력 면접평가 질문》》

◆ 조직을 위한 인재 배치의 이상적인 방안에 대해 말해보세요
 ☞ 인적자원관리에 대한 자신만의 지식, 기술, 경험이 있는지?
 ☞ 업무수행에 필요한 인적자원을 객관적으로 파악하여 효율적으로 배분하고 계획하는가?
 ☞ 조직공동의 이익을 위한 효율적인 방안인가?

8. 자원관리능력의 개념 이해 동영상 강의

자원관리능력의 개념 이해 동영상 강의는 NCS 홈페이지-NCS통합-직업기초능력-자원관리능력에서 검색할 수 있다.

〔그림 16〕 자원관리능력 개념 이해 동영상 강의 홈페이지

출처 : 한국산업인력공단(2024). NCS 홈페이지. https://www.ncs.go.kr.

VI

조직 갈등 해결하고 고객 요구 충족시키는 대인관계능력

1. 대인관계능력의 개념 및 중요성
2. 팀워크의 개념의 개념과 적용
3. 리더십 개념의 개념과 적용
4. 갈등관리능력의 개념과 적용
5. 협상능력의 개념과 적용
6. 고객서비스능력의 개념과 적용
7. 대인관계능력의 필기평가 예시

Ⅵ. 조직 갈등 해결하고 고객 요구 충족시키는 대인관계능력

학습개요

이 장에서는 대인관계능력의 중요성에 대해서 알아보고, 팀워크, 리더십, 갈등관리능력, 협상능력, 고객서비스능력에 대해 알아본다. 또한 대인관계능력 필기평가 예시, 면접평가 질문 및 동영상 강의를 제시한다.

학습목표

1. 대인관계능력의 개념과 중요성을 설명할 수 있다.
2. 팀워크의 개념을 설명하고 실제 적용할 수 있다.
3. 리더십의 개념을 설명하고 실제 적용할 수 있다.
4. 갈등관리능력의 개념을 설명하고 실제 적용할 수 있다.
5. 협상능력의 개념을 설명하고 실제 적용할 수 있다.
6. 고객서비스능력의 개념을 설명하고 실제 적용할 수 있다.
7. 대인관계능력의 필기평가 예시를 제시할 수 있다.
8. 대인관계능력의 면접평가 질문을 제시할 수 있다.
9. 대인관계능력의 개념 이해 동영상 강의를 제시할 수 있다.

1. 대인관계능력의 개념 및 중요성

《《대인관계능력 체크리스트》》
1. 대인관계능력의 의미와 중요성을 설명할 수 있는가?
2. 대인관계능력 향상방법을 설명할 수 있는가?

일을 하다 보면 많은 사람들을 만나고, 또 함께 하게 된다. 그리고 요즘 같이 일의 규모가 커진 실정에 혼자서 어떤 일을 하기란 매우 힘들다. 그러므로 대인관계를 원활히 유지하고, 개발하는 능력은 매우 중요하게 여겨지고 있다.

자기 혼자서 아무리 일을 잘하는 사람이라도 조직 내 사람들과 어울리지 못하면 그 능력을 잘 발휘하지 못하는 것이 요즘 직업 현장의 흐름이다. 특히 수평적 네트워크 체제가 보편화된 현대사회의 직업인에게 대인관계능력은 매우 중요한 요소이다. 직업 현장에서 생각하는 대인관계능력을 정의하면 "대인관계능력이란 직업생활에서 협조적인 관계를 유지하고, 조직구성원들에게 도움을 줄 수 있으며, 조직내부 및 외부의 갈등을 원만히 해결하고, 상대방의 요구를 파악·충족시켜줄 수 있는 능력이다."라고 할 수 있다.

인간관계를 형성할 때 가장 중요한 요소는 평소 말과 행동에서 드러나는 사람의 됨됨이다. 사람들은 말과 행동에서 상대방의 진정성을 느낀다. 우리의 말이나 행동이 피상적인 인간관계 기법에서 나오는 거라면, 상대방도 곧 우리의 이중성을 감지할 것이다. 피상적인 관계에서 우리는 상호 신뢰와 교감, 관계를 만들 수도 유지할 수도 없다. 건강한 대인관계에서 정말로 중요한 것은 존중과 배려이다. 대부분의 사람들은 존중과 배려라고 하면, 먼저 타인에 대한 존중과 배려를 생각한다. 하지만 다른 사람의 인간관계를 형성하기 시작하는 출발점은 자신의 내면이다. 내가 나를 존중하고 배려할 수 있을 때, 우리는 비로소 타인을 존중하고 배려할 수 있게 된다.

우리 모두는 은행계좌가 무엇인지 잘 알고 있다. 우리는 은행에 계좌를 만들고 이를 통해 입금을 하며 필요할 때 인출할 수 있도록 잔고를 남긴다. '감정은행계좌'란 인간관계에서 구축하는 신뢰의 정도를 은유적으로 표현한 것이다.

우리 모두는 은행계좌가 무엇인지 잘 알고 있다. 우리는 은행에 계좌를 만들고 이를 통해 예입을 하며 필요할 때 인출할 수 있도록 잔고를 남긴다. 감정은행계좌란 인간관계에서 구축하는 신뢰의 정도를 은유적으로 표현한 것이다. 사람들은 같은 행동이더라도, 누가 했느냐에 따라 그 행동에 대한 원인을 다르게 판단하는 귀인편향을 가지고 있다. 예를 들어, 내가 회사에 지각을 한 이유에 대해서는 그날따라 차가 막혀서 늦었다고 생각한다. 즉, 늦은 이유에 대해서 외부(상황) 귀인을 한다. 그에 비해 다른 사람이 지각을 하면 평소 시간 약속을 잘 지키지 않는 사람, 성실하지 않은 사람으로 생각한다. 즉, 늦은 이유에 대해 내부 귀인을 하는 것이다. 중요한 것은 이러한 귀인편향은 우리 모두가 가지고 있으며 평소 잘 알고 지내는 사람에게는 내부 귀인이 아닌 외부 귀인을 한다는 것이다. 이때 위에서 설명한 것과 마찬가지로 평소 감정은행계좌를 통해 서로 신뢰를 구축한다면 회사 생활을 할 때 불필요한 오해와 편견을 예방할 수 있다. 평소 감정은행계좌의 저축이 두둑한 사람은 회사 생활 중 실수가 있더라도, 주변인들은 원래 저런 사람이라고 평가하지 않고 분명 어떤 이유가 있을 거라 생각하고 그 실수에 대해 이해하고 용서할 가능성이 높다. 그렇다면, 감정계좌에 신뢰를 저축하기 위한 방법에는 무엇이 있을까? 아래에서 감정계좌 저축을 위한 다섯 가지 주요 방법을 살펴보자.

첫째, 상대방에 대한 이해와 배려다. 대인관계란 바로 이해와 양보의 미덕을 기반으로 이루어지며, 이러한 심성이 주변사람들을 편안하게 해주고 조직을 부드럽게 하는 윤활유 같은 역할을 한다. 상대방의 입장에서 양보하고 배려하는 노력은 타인의 마음속에 저축하는 가장 중요한 방법이 된다. 이 저축은 시간이 갈수록 이자가 늘어 세월이 지나면 큰 가치로 되돌아온다. 감정은행계좌에 저축을 하기 위해서는 나보다 상대방의 입장을 먼저 이해하고 배려하는 노력이 있어야 한다. 다른 사람들에 대한 이해와 양보는 그들과의 유대관계를 강화하고 당신에 대한 인격과 신뢰를 쌓게 되는 것이다. 나의 작은 희생과 양보가 계속 쌓여 나중에는 큰 이익으로 돌아올 수 있는 것이다.

둘째, 사소한 일에 대한 관심이다. 약간의 친절과 공손함은 매우 중요하다. 이와 반대로 작은 불손, 작은 불친절, 하찮은 무례 등은 막대한 인출을 가져온다. 인간관계에서의 커다란 손실은 사소한 것으로부터 비롯된다. 사람들은 매우 상처받기 쉽고 내적으로 민감하다. 이 점은 나이나 경험과는 별

상관이 없으며, 비록 외적으로 대단히 거칠고 냉담하게 보이는 사람도 내적으로는 민감한 느낌과 감정을 갖고 있다.

셋째, 약속 이행 및 언행일치다. 약속을 지키는 것은 중요한 감정 예입 행위이며 약속을 어기는 것은 중대한 인출 행위이다. 사실 어떤 사람에게 대단히 중요한 약속을 해놓고 어기는 일보다 더 큰 인출 행위는 없다. 그러한 인출 행위가 발생하고 나면 다음에 약속을 해도 상대가 믿지 않기 마련이다. 사람들은 대개 약속에 대한 기대가 크다. 만약 당신이 약속을 항상 지키는 습관을 갖는다면 당신과 동료 사이에 이해의 간격을 이어 주는 신뢰의 다리를 놓게 될 것이다. 언행일치는 신뢰를 가져오고 감정은행계좌에 많은 종류의 예입을 가능케 하는 기초가 된다. 언행일치는 정직 그 이상의 의미를 갖는다. 정직은 사실대로 말하는 것으로 우리가 하는 말을 사실과 일치시키는 것이다. 언행일치는 사실을 우리의 말에 일치, 즉 실현시키는 것으로 약속을 지키고 기대를 충족시키는 것이다.

넷째, 칭찬하고 감사하는 마음이다. "칭찬은 고래도 춤추게 한다"라는 베스트셀러가 있었다. 상대방에 대한 칭찬과 감사의 표시는 상호 신뢰관계를 형성하고 사람의 마음을 움직이게 하는 중요한 감정 예입 행위이다. 그러나 상대방에 대한 불만과 불평은 커다란 인출을 가져온다. 대인관계의 손상은 서로 신뢰가 무너지고 불신과 불만이 쌓일 때 비롯된다. 사람들은 작은 칭찬과 배려, 감사하는 마음에 감동하게 되지만, 사소한 무관심과 불만에 쉽게 상처를 받는다.

다섯째, 진정성 있는 태도다. 진정성 있는 태도는 신뢰 관계 형성에 매우 중요하다. 누군가 나에 대한 태도가 상황에 따라 변한다거나 앞과 뒷모습이 다르다면 그 관계를 유지하는 것은 어렵다. 그렇기 때문에 진정한 태도를 가지고 상대방을 대하는 것은 대인관계를 좋게 하는 데 필수적이다. 하지만 진정성 있는 마음을 가지고 있다하더라도 그것을 전하는 것은 어려울 수 있다.

진정성 있는 태도를 보여줄 수 있는 한 가지 예는 바로 진지한 사과이다. 진지한 사과는 감정은행계좌에 신뢰를 예입하는 것이다. 그러나 반복되는 사과는 불성실한 사과와 마찬가지로 받아들여져 신용에 대한 인출이 된다. 또한 평소 어떤 관계였는가에 따라 사과는 예입이 될 수도 있고 인출이 될 수도 있다. 실수를 저지르는 것과 그것을 인정하지 않는 것과는 완전히 별개의 문제이다. 사람들은 실수를 기꺼이 용서하려고 한다. 왜냐하면 실수란 보통 순간적인 판단 착오로 빚어지기 때문이다. 그러나 사람들은 의도적인 실수, 즉 나쁜 취지나 나쁜 동기 혹은 처음의 실수를 덮어 버리려는 오만한 정당화 등에 대해서는 쉽게 용서하려 들지 않는다.

우리는 관계를 통해 배우며 성장해 나간다. 가족, 학교, 직장 내 다양한 관계 안에서 소속감을 느끼기도 하며, 갈등을 경험하기도 하고, 때론 외로움을 느끼기도 한다. 대인관계가 어려운 이유 중 하나는 내가 바라본 관계와 상대가 바라본 관계가 다르기 때문이다. 그렇기 때문에 다양한 대인관계 양식을 이해하고, 내가 맺고 있는 대인관계 양식을 파악하는 것은 대인관계 형성 및 유지에 도움이 된다.

사람마다 관계에 대한 욕구가 다르기 때문에 관계를 맺는 양식 또한 다르다. 대상에 따라 관계를 맺는 양식이 변화할 수 있지만, 일반적으로 사람은 일관성 있는 독특한 대인관계 양식을 지닌다. 따라서 다양한 대인관계 양식에 대해 이해하고, 본인의 대인관계 양식에 대해 파악한다면 관계를 형성하고 유지할 때 도움이 된다. 다양한 대인관계 양식은 지배성(dominance) 차원과 친화성(affiliation) 차원으로 분류된다. 지배성(dominance) 차원은 다른 사람의 행동을 자신의 뜻대로 통제하려 하는 정도를 의미하며, 지배-복종 연속선상에서 대인행동을 평가한다. 친화성(affiliation) 차원은 다른 사람을 호의적으로 대하는 정도를 뜻하며 사랑-미움의 연속선상에서 대인행동을 평가한다. 2가지 차원에 따라 총 8개의 대인관계 양식 유형으로 구분된다. 이제부터 대인관계 양식의 특징과 보완점에 대해서 살펴보도록 하자.

첫째 지배형이다. 대인관계에서 주도적이고 자신감이 넘치며 자기주장이 강해 타인을 통제하고자 하는 경향이 있다. 지도력과 추진력이 있어서 집단적인 일을 잘 지휘할 수 있다. 그러나 이러한 경향이 과도하게 강한 사람은 강압적이고 독단적인 행동을 보이고, 논쟁적이어서 타인과 잦은 갈등을 겪을 수 있다. 또한 윗사람의 지시에 순종하지 않고 거만하다는 평가를 받을 수 있다. 이런 사람은 타인의 의견을 잘 경청하고 수용하는 자세가 필요하며 타인에 대한 자신의 지배적 욕구를 깊이 살펴보는 것이 바람직하다.

둘째, 실리형이다. 대인관계에서 실리적인 이익을 추구하는 성향으로 이해관계에 예민하고 치밀하며 성취 지향적이다. 이런 경향이 강한 사람은 자신의 이익을 우선으로 생각하기 때문에 자기중심적이고 경쟁적이며 타인에 대한 관심과 배려가 부족할 수 있다. 타인을 신뢰하지 못하고 불공평한 대우에 예민하며 자신에게 피해를 입힌 사람에게는 보복하는 경향이 있다. 이런 사람은 대인관계에서 타인의 이익과 입장을 배려하는 노력이 필요하며 타인과 신뢰를 형성하는 일에 깊은 관심을 갖는 것이 바람직하다.

셋째, 냉담형이다. 대인관계에서 이성적이고 냉철하며 의지력이 강하고, 타인과 거리를 두는 경향이 있다. 이런 경향이 강한 사람은 타인의 감정에 무관심할 뿐만 아니라 타인에게 쉽게 상처를 줄 수 있다. 타인에게 따뜻하고 긍정적인 감정을 표현하는 것을 어려워하고, 대인관계가 피상적이며 타인과 오랜 기간 깊게 사귀지 못하는 경향이 있다. 이런 사람은 대인관계에서 타인의 감정 상태에 깊은 관심을 지니고 타인에게 긍정적인 감정을 부드럽게 표현하는 기술을 습득하는 것이 바람직하다.

넷째, 고립형이다. 혼자 있거나 혼자 일하는 것을 좋아하며 감정을 잘 드러내지 않는다. 이런 경향이 강한 사람은 타인과의 만남을 두려워하고 사회적 상황을 회피한다. 또한 자신의 감정을 지나치게 억제한다. 침울한 기분이 지속되고 우유부단하며 사회적으로 고립될 수 있다. 이런 사람은 대인관계의 중요성을 인식하고 대인관계 형성에 좀 더 적극적인 노력을 할 필요가 있다. 타인에 대한 불편함과 두려움에 대해 깊이 생각해 보는 것이 바람직하다.

다섯째, 복종형이다. 대인관계에서 수동적이고 의존적이며 타인의 의견을 잘 따르고 주어지는 일을 순종적으로 잘 한다. 그러나 자신감이 부족하며 타인에게 주목받는 일을 피한다. 자신이 원하는 것을 타인에게 명확히 전달하지 못한다. 또한 어떤 일에 대한 자신의 의견과 태도를 확고하게 갖는 것을 어려워하며 상급자의 위치에서 일하는 것을 매우 부담스러워한다. 이런 사람은 자기표현이나 자기주장을 할 필요가 있으며 대인관계에서 독립성을 키우는 것이 바람직하다.

여섯째, 순박형이다. 대인관계에서 단순하고 솔직하며 겸손하고 너그러운 경향이 있다. 하지만 이런 경향이 강할수록 타인에게 쉽게 설득되어 주관이 없어 보일 수 있으며, 잘 속거나 이용당할 수 있다. 원하지 않을 때에도 타인의 의견에 반대하지 못하고, 화가 난 감정을 타인에게 알리기가 어렵다. 이런 사람은 대인관계에서 타인의 의도를 좀 더 깊게 생각하고 신중하게 행동할 필요성이 있으며, 자신의 의견을 좀 더 강하게 표현하고 주장하는 것이 바람직하다.

일곱째, 친화형이다. 대인관계에서 따뜻하고 인정이 많으며 타인을 잘 배려하고 도와주는 자기희생적인 태도를 보인다. 때로는 타인을 즐겁게 해주려고 지나치게 노력하는 경향이 있다. 타인의 고통과 불행을 보면 도와주려고 나서며, 타인의 요구를 잘 거절하지 못하고 타인의 필요를 자신의 것보다 앞세우는 경향이 있어 손해를 볼 수 있다. 이런 사람은 타인과의 정서적 거리를 유지하는 것이 필요하며 타인의 이익만큼이나 자신의 이익도 중요하다는 것을 인식하는 게 중요하다.

여덟째, 사교형이다. 대인관계에서 외향적이고 쾌활하며 타인과 대화하기를 좋아하고 인정받고자 하는 욕구가 강하다. 혼자서 시간을 보내는 것을 어려워하고, 타인의 활동에 관심이 많아서 간섭하는 경향이 있다. 충동적이며 잘 흥분하는 성향이 있으며 타인의 관심을 끄는 행동을 하거나 자신의 개인적인 일을 타인에게 너무 많이 이야기하는 경향이 있다. 이런 사람은 타인에 대한 관심보다 혼자만의 내면적인 생활에 좀 더 관심을 갖고, 타인에게 인정받으려는 욕구를 깊이 생각해 보는 것이 바람직하다.

2. 팀워크의 개념의 개념과 적용

《《팀워크 체크리스트》》

3. 팀 구성원들과 효과적으로 의사소통하는가?
4. 팀의 규칙 및 규정을 준수하는가?
5. 팀 내에서 나에게 주어진 업무를 성실하게 수행하는가?
6. 팀의 목표 달성에 필요한 자원, 시간을 파악하고 있는가?

우리는 직장에서뿐 아니라 일상에서도 팀워크이란 말을 자주 사용한다. 스포츠 세계에서 말하는 팀다운 팀의 조건은 직업 세계에도 그대로 적용된다. 팀이라고 소개되는 집단을 살펴보면, 함께 상호작용하는 방식에 대해 가장 기본적인 사항조차 이해하지 못하는 개인들이 단순히 모여 있는 것에 불과한 경우가 흔하다. 그러한 집단은 진정한 팀이 될 기회를 가져 보지 못할 것이다. 팀워크(Teamwork)의 정의는 너무나 다양하다. 이것을 이해하는 것이 팀워크을 향상시키는 데 첫 번째 단계라 할 수 있다. 팀워크란 팀구성원이 공동의 목적을 달성하기 위하여 상호관계성을 가지고 협력하여 업무를 수행하는 것이다(Teamwork = Team + Work). 팀워크는 단순히 사람들이 모여 있는 것을 중요시하는 것이 아니다. 목표달성의 의지를 가지고 성과를 내는 것이 바로 팀워크이다. 훌륭한 팀워크을 유지하기 위해 팀원들이 갖추어야 할 기본요소는 첫째, 팀원 간에 공동의 목표의식과 강한 도전의식을 갖는다. 둘째, 팀원 간에 상호 신뢰하고 존중한다. 셋째, 서로 협력하면서 각자의 역할과 책임을 다한다. 넷째, 솔직한 대화로 서로를 이해한다. 다섯째, 강한 자신감으로 상대방의 사기를 드높인다.

팀워크는 팀구성원들이 공동의 목적을 달성하기 위해 각자가 맡은 역할에 따라 서로 협력적으로 행동하는 것을 말하는데, 첫째, 조직에 대한 이해 부족, 둘째, 자기중심적인 이기주의, 셋째, '내가'라는 자아의식의 과잉, 넷째, 질투나 시기로 인한 파벌주의, 다섯째, 그릇된 우정과 인정, 여섯째, 사고방식의 차이에 대한 무시다.

효과적인 팀이란 팀 에너지를 최대로 활용하는 고성과 팀이다. 팀원들의 강점을 잘 인식하고 이를 잘 활용하여 팀 목표를 달성하는 자신감에 찬 팀이다. 또한 효과적인 팀은 업무 지원과 피드백, 그리고 동기부여를 위해 구성원들이 서로 의존하는 팀이다. 한마디로 말해서 효과적인 팀은 다른 팀들보다 뛰어나다. 효과적인 팀은 공통적으로 어떤 핵심적인 특징을 가지고 있다. 효과적인 팀의 핵심적인 특징은 다음과 같다.

첫째, 팀의 사명과 목표를 명확하게 기술한다. 팀은 명확하게 기술된 목적과 목표를 가질 필요가 있다. 이는 지금 당장 해야 할 일을 이해할 뿐만 아니라 팀이 전체적으로 초점을 맞추고 있는 부분을 이해하는 것이다. 목표와 목적을 공유하면, 팀원들은 팀에 헌신하게 된다. 따라서 효과적인 팀의 리더는 팀의 목표를 규정하는 데 모든 팀원을 참여시킨다.

둘째, 창조적으로 운영된다. 실험정신과 창조력은 효과적인 팀의 중요한 지표이다. 이러한 팀은 서로 다른 업무수행 방식을 시도해 봄으로써 의도적인 모험을 강행한다. 실패를 두려워하지 않으며, 새로운 프로세스나 기법을 실행할 수 있는 기회를 추구한다. 또한 효과적인 팀은 문제를 다루거나 결정을 내릴 때 유연하고 창조적으로 행동한다.

셋째, 결과에 초점을 맞춘다. 필요할 때 필요한 것을 만들어 내는 능력은 효과적인 팀의 진정한 기준이 된다. 효과적인 팀은 개별 팀원의 노력을 단순히 합친 것 이상의 결과를 성취하는 능력을 가지고 있다. 이러한 팀의 구성원들은 지속적으로 시간, 비용 및 품질 기준을 충족시켜 준다. "최적 생산성"은 바로 팀원 모두가 공유하는 목표이다.

넷째, 역할과 책임을 명료화시킨다. 효과적인 팀은 모든 팀원의 역할과 책임을 명확하게 규정한다. 팀원 각자는 자신에게서 기대되는 바가 무엇인지를 잘 알고 있으며, 동료 팀원의 역할도 잘 이해하고 있다. 효과적인 팀은 변화하는 요구와 목표 그리고 첨단 기술에 뒤처지지 않도록 역할과 책임을 새롭게 수정한다.

다섯째, 조직화가 잘 되어 있다. 효과적인 팀은 출발에서부터 규약, 절차, 방침을 명확하게 규정한다. 잘 짜인 구조를 가진 팀은 자체적으로 해결해야 하는 모든 업무과제의 요구에 부응할 수 있다.

여섯째, 개인의 강점을 활용한다. 스포츠팀의 코치는 운동선수가 지닌 역량을 끊임없이 파악한다. 이와 마찬가지로, 효과적인 팀의 리더는 팀이 지닌 지식, 역량 및 재능을 정기적으로 파악한다. 팀 리더는 팀원의 강점과 약점을 잘 인식하며, 따라서 팀원 개개인의 능력을 효율적으로 활용한다.

일곱째, 리더십 역량을 공유하며 구성원 상호 간에 지원을 아끼지 않는다. 효과적인 팀은 팀원 간에 리더십 역할을 공유한다. 이러한 팀은 모든 팀원에게 각각 리더로서 능력을 발휘할 기회를 제공한다. 또한, 팀의 공식 리더가 팀 노력을 지원하고 팀원 개개인의 특성을 존중하기 때문에 팀원들은 감독자의 역할을 충분히 이해할 수 있다.

여덟째, 팀 풍토를 발전시킨다. 효과적인 팀의 구성원들은 높은 참여도와 집단 에너지(즉, 시너지)를 갖고서 열정적으로 함께 일한다. 팀원들은 협력하여 일하는 것이 더욱 생산적이라고 느끼며 팀 활동이 흥미와 원기를 회복시킨다고 본다. 이러한 팀은 고유한 성격을 더욱 발전시켜 나간다.

아홉째, 의견의 불일치를 건설적으로 해결한다. 어떤 팀에서든 의견의 불일치는 발생한다. 그러나 논쟁은 나쁘거나 파괴적이지만은 않다. 효과적인 팀은 갈등이 발생할 때 이를 개방적으로 다룬다. 팀원은 갈등의 존재를 인정하며, 상호신뢰를 바탕으로 솔직하게 토의를 함으로써 갈등을 해결한다.

열 번째, 개방적으로 의사소통한다. 효과적인 팀의 구성원들은 서로 직접적이고 솔직하게 대화한다. 팀원 각자는 상대방으로부터 조언을 구하고, 상대의 말을 충분히 고려하며, 아이디어를 적극 활용한다.

열한 번째. 객관적인 결정을 내린다. 효과적인 팀은 문제를 해결하거나 의사를 결정할 때 잘 정리되고 전향적인 접근방식을 가지고 있다. 결정은 합의를 통해 이루어진다. 따라서 모든 사람들은 내려진 결정을 준수하고 기꺼이 이를 지원하고자 한다. 팀원들은 어떠한 결정에 대해서든 각자의 생각을 자유롭게 개진한다. 이를 통해 결정을 명확하게 이해하고 수용하며, 상황별 대응계획(예비계획)을 마련한다.

열두 번째, 팀 자체의 효과성을 평가한다. 팀은 자체의 운영방식에 대해 일상적으로 점검할 필요가 있다. '지속적인 개선'과 '전향적 관리'는 효과적인 팀의 운영원리이다. 따라서 만약 업무 수행에 문제가 발생하더라도 심각한 상태가 되기 전에 해결할 수 있다.

리더십(leadership)과 팔로워십(followership)의 두 개념은 상호 보완적이며 필수적인 관계이다. 좋은 리더가 나쁜 팔로워를 만나면 좋은 리더가 나빠질 수 있고, 나쁜 리더가 좋은 팔로워를 만나면 나쁜 리더가 좋은 리더가 될 수도 있음을 상기하여야 한다. 결국 어떠한 리더를 만나더라도 팔로워로서 해야 할 역할을 정확히 인식하는 것이 중요하다. 리더십과 팔로워십은 서로 다른 개념이며 각각의 역할을 가지고 있다. 그러나 두 개념은 독립적인 관계가 아니라 상호 보완적이며 필수적인 존재이다. 두 역할 모두가 성공을 거둘 수도 있고, 실패할 수도 있다. 조직이 성공을 거두려면 양자가 최고의 기량을 발휘해야만 한다. 즉, 리더십(leadership)을 잘 발휘하는 탁월한 리더와 팔로워십(followership)을 잘 발휘하는 탁월한 팔로워, 둘 다 있어야만 한다. 팔로워십(followership)이란 리더십과 비교개념으로 사용된다. 리더십이 상사가 부하에게 영향력을 행사하는 과정이라면 팔로워십(followership)은 부하로서 바람직한 특성과 행동을 의미한다. 일반적으로 건강한 부하는 상사가 바람직한 리더십을 발휘하도록 유도하고 지원해야 하며, 상사에 대한 동의뿐만 아니라 건전한 비판도 함께 해야 한다. 그렇기 때문에 팔로워들은 헌신, 전문성, 용기, 정직하고 현명한 평가 능력이 있어야 한다. 팔로워들은 융화력이 있어야 하고 겸손함이 있어야 하며, 리더의 결점이 보일 때도 덮어 주는 아량이 있어야 한다.

팀이 비효율적이고 문제가 있을 때 나타나는 징후들을 살펴보면 다음과 같다.

- 생산성 하락
- 불평불만 증가
- 팀원들 간의 적대감이나 갈등
- 할당된 임무와 관계에 대한 혼동
- 결정에 대한 오해나 결정 불이행
- 냉담과 전반적인 관심 부족
- 제안과 혁신 또는 효율적인 문제해결의 부재
- 비효율적인 회의
- 리더에 대한 높은 의존도

팀에 이러한 징후가 나타나면 팀워크 강화 노력이 필요하다. 대부분의 문제는 팀원과 리더 사이의 갈등 또는 팀원들 사이의 알력 때문이다. 팀 리더와의 갈등은 종종 과잉동조와 리더에 대한 저항, 독재적인 리더십 스타일, 신뢰의 결여로 이어진다. 또 팀원들 사이의 문제는 종종 언쟁, 신뢰의 결여, 성격적 갈등, 의견 불일치, 파벌, 과업 미완성 등으로 이어진다.

3. 리더십 개념의 개념과 적용

《리더십 체크리스트》
7. 조직원들을 동기화할 수 있는가?
8. 리더의 행동 특성에 맞는 행동을 하는가?
9. 조직 성과를 향상시키기 위한 전략을 제시하는가?
10. 수시로 조직원에게 코칭을 활용하는가?
11. 앞장서서 바람직한 변화를 선도하는가?

과거 조직 구조에서는 관리자의 역량만으로 충분하였으나, 최근에는 리더의 역량을 요구하는 경우가 많이 있다. 우리는 주변에서 '관리자' 또는 '리더'라는 이야기를 많이 듣는다. 어떤 차이가 있을까? 관리자와 리더 중 어느 것이 더 좋은 것일까? 최근에 들어 '리더'라는 말을 자주 접하게 되는데 과거에는 리더가 필요 없었던 걸까?

성공적인 리더는 이끌고 나가야 할 집단에 따라 아마도 리더십의 한 가지 유형을 엄격히 고수하거나 여러 상황에서 다양한 유형의 리더십을 혼용할 것이다. 일반적으로 리더십 유형은 독재자 유형, 민주주의에 근접한 유형, 파트너십 유형 그리고 변혁적 리더십 등으로 구분할 수 있다. 당신은 전체 조직의 문화 속에서 당신의 그룹이 도전적인지, 성공적인지, 변화지향적인지에 따라서 어떠한 유형을 활용할 것인지 결정할 수 있을 것이다.

리더십에 대해 정확히 규정된 정의는 없다. 하지만 리더십에 대한 공통된 특성을 이해하는 것이 효과적인 리더가 되는 첫 번째 단계라고 할 수 있다. 리더십에 대한 일반적인 정의나 개념에는 다음과 같다.

> - 조직 구성원들로 하여금 조직목표를 위해 자발적으로 노력하도록 영향을 주는 행위
> - 목표달성을 위하여 어떤 사람이 다른 사람에게 영향을 주는 행위
> - 어떤 주어진 상황 내에서 목표 달성을 위해 개인 또는 집단에 영향력을 행사하는 과정
> - 자신의 주장을 소신 있게 나타내고 다른 사람들을 격려하는 힘

위에서 볼 수 있듯이 리더십의 의미는 매우 다양하다. '리더'라고 하면 은연 중 그 대답 속에 어떤 직위가 있어야 한다고도 생각할 수 있다. 그러나 리더는 반드시 직위를 수반하는 것은 아니다. 직급에 따라 요구하는 리더십 역량이 다를 뿐이다. 전 조직원이 각자의 위치에서 리더십으로 무장할 때 그 조직은 매우 강하며 밝은 미래를 가질 수 있을 것이다. 리더란, 리더십을 가진 사람을 말하며 여기서는 "리더십이란 조직의 공통된 목표 달성을 위하여 개인이 조직원들에게 영향을 미치는 과정이다."라고 정의한다.

즉, 리더는 미래 통찰력을 가지고 조직의 성장에 영향력을 미치는 공통된 목표를 제시하여야 하고, 그 목표를 달성할 수 있도록 조직원과 팀워크를 이루어 성과를 내는 과정을 주도하는 사람이라고 볼 수 있다. 이러한 리더십의 발휘 구도는 산업사회에서 정보사회로 바뀌면서 아래의 그림처럼 수직적 구조에서 가능한 모든 방향에 영향을 끼치는 전방위적 구조 형태로 바뀌게 되었다.

과거에는 상사가 하급자에게 리더십을 발휘하는 수직적 형태를 띠었다. 그러나 오늘날은 리더십이 전방위적으로 발휘된다. 즉, 상사가 하급자에게 발

휘하는 형태뿐 아니라 조직원이 동료나 상사에게까지도 발휘하는 형태인 것이다. 오늘날처럼 변화의 속도가 빠른 시기에는 각자의 위치에서 각각 신속하고 효율적인 의사결정을 내려야 하기 때문에 개개인마다 별도의 주체적인 리더십이 필요하다.

훌륭한 리더는 직위가 없이도 사람들을 이끌 수 있는 무관(無冠)의 리더 (uncrowned leader)이다. 무관의 리더는 리더의 자리에 있지는 않지만 스스로 리더라고 생각하고 리더처럼 행동을 하는 사람을 지칭한다. 즉 남이 풀 수 없는 문제를 풀고 남이 하기 싫어하는 일을 스스로 맡아 하며, 전문성과 지혜를 가지고 보이지 않는 영향력을 발휘할 수 있다면 그가 바로 무관의 리더인 것이다. 반면에 비록 지위가 높더라도 학습능력 없이 과거의 업적과 영광에만 집착하는 사람은 리더십을 상실한 사람이다. 리더(leader)와 관리자 (manager)는 어떤 차이가 있을까?

일류 리더는 관리의 기술에 리더의 능력을 더한 사람이다. 단순하게 비교를 해보면, 리더와 관리자의 가장 큰 차이는 비전의 유무(有無)에 있다. 관리자의 역할이 자원을 관리·분배하고 당면한 문제를 해결하는 것이라면, 리더의 역할은 비전을 선명하게 구축하고 그 비전이 팀 구성원의 협력 아래 실현되도록 환경을 만들어 주는 것이다.

따라서 관리자의 관심사가 주로 사람이나 물건을 관리하는 것에 있는 데 비해, 리더의 관심사는 사람의 마음을 중시하고 동기를 부여하는 데 있다. 또한 관리자는 오늘의 구체적인 문제를 대상으로 삼고 일하지만, 리더는 미래를 향한 새로운 상황을 창조한다. 즉 새로운 상황 창조자인 것이다. 또 하나 중요한 점은 관리자는 일을 '어떻게 할까(How to do?)'에 초점을 맞추지만 리더는 '무엇을 할까(What to do?)'에 초점을 맞춘다. 바꾸어 말하면 관리자는 '올바르게 하는 것'에 주안점을 두는 대신, 리더는 '올바른 일을 하는 것'에 중점을 두는 것이다.

일반적으로 리더십 유형은 크게 독재자 유형, 민주주의에 근접한 유형, 파트너십 유형, 변혁적 리더십 유형 등 크게 4가지로 구분할 수 있다. 이에 대해서 좀 더 자세히 알아보자.

① 독재자 유형

지금까지 살아오면서 강력한 독재자를 만나 본 경험이 있을 것이다. 그 어원이 정치학에서 비롯되었듯이, 독재자 유형은 정책 의사 결정과 대부분의 핵심 정보를 그들 스스로에게만 국한하여 소유하고 고수하려는 경향이 있다. 전형적인 독재자 유형의 특징은 아래와 같다

- 질문은 금지 : 독재자는 집단의 규칙 하에 지배자로 군림하고, 동료에게는 그의 권위에 대한 도전이나 반항 없이 순응하도록 요구하며, 개개인들에게는 주어진 업무만을 묵묵히 수행할 것을 기대한다.
- 모든 정보는 내 것이다 : 독재자는 '지식(정보)이 권력의 힘'이라고 믿는다. 이러한 까닭으로 대부분의 구성원들과 조직에 대한 핵심 정보를 혼자 독점하고 유지하려고 애쓰며, 다른 구성원들에게는 기본적 수준의 정보만을 제공한다.
- 실수를 용납하지 않음 : 독재자 유형은 언제 어디서나 가장 최고의 질적 수준을 요구한다. 실수는 결코 용납되지 않으며, 한 번의 실수는 곧 해고나 다른 형태의 징계로 이어진다.

독재자 유형은 특히 집단이 통제가 없이 방만한 상태에 있을 때 혹은 가시적인 성과물이 보이지 않을 때 사용한다면 효과적일 수 있다. 이러한 경우 독재자 유형의 리더는 팀원에게 업무를 공정히 나누어 주고, 그들 스스로가 결과에 대한 책임을 져야 한다는 것을 일깨울 수 있다.

② 민주주의에 근접한 유형

민주주의에 근접한 유형은 독재자 유형보다 관대한 편이다. 리더는 그룹에 정보를 잘 전달려고 노력하고, 전체 그룹의 구성원 모두를 목표 방향 설정에

참여하게 함으로써 구성원들에게 확신을 심어 주려고 노력한다. 예컨대, 팀장은 회의 때 회의자료를 준비하여 직원들에게 나누어 주고 그들의 의견을 구하며 경우에 따라 새로운 제안을 받기도 한다. 팀장은 직원들의 의견을 수렴하여 팀원들의 참여 속에서 의사결정을 한다. 민주주의에 근접한 유형의 특징은 아래와 같다.

> - 참여 : 리더는 팀원들이 한 사람도 소외됨이 없이 동등하다는 것을 확신시킴으로써 비즈니스의 모든 방면에 종사하도록 한다.
> - 토론의 장려 : 리더는 경쟁과 토론의 가치를 인식하여야 하며, 팀이 나아갈 새로운 방향의 설정에 팀원들을 참여시켜야 한다.
> - 거부권 : '민주주의에 근접한'이라는 말에서 알 수 있듯이, 이 유형의 리더들이 비록 민주주의적이긴 하지만 최종 결정권은 리더에게만 있다.

민주주의에 근접한 방식은 당신이 혁신적이고 탁월한 직원들을 거느리고 있고, 또 그러한 방향을 계속 지향할 때 가장 효과적이다. 기발하고 엄청난 아이디어를 가졌다고 할지라도, 양적인 것이 항상 질적인 것까지 수반하는 것은 아니다. 리더에게는 옳고 그름을 결정할 책임이 있다.

③ 파트너십 유형

파트너십은 위에서 논의한 리더십 형태와 다른 형태의 리더십이다. 독재자 유형과 민주주의에 근접한 유형은 리더와 집단 구성원 사이에 명확한 구분이 있다. 하지만 파트너십에서는 그러한 구분이 희미하고, 리더가 조직에서 한 구성원이 되기도 한다. 파트너십 유형의 특징은 앞의 민주주의에 근접한 유형의 특징과 같다. 파트너십 유형은 소규모 조직이나 성숙한 조직에서 풍부한 경험과 재능을 소유한 개개인들에게 적합하다. 신뢰와 정직, 구성원들의 능력에 대한 믿음이 파트너십 유형의 핵심요소이다.

④ 변혁적 유형

변혁적 유형의 리더는 개개인과 팀이 유지해 온 이제까지의 업무 수행 상태를 뛰어넘고자 한다. 변혁적 리더는 전체 조직이나 팀원들에게 변화를 가져오는 원동력이다. 변혁적 유형의 특징은 아래와 같다.

- 카리스마 : 변혁적 리더는 조직에 명확한 비전을 제시하고, 집단 구성원들에게 그 비전을 쉽게 전달할 수 있다.
- 자기 확신 : 변혁적 리더는 뛰어난 사업수완 그리고 어떠한 의사결정이 조직에 긍정적으로 영향을 미치는지 예견할 수 있는 능력을 지니고 있다.
- 존경심과 충성심 : 변혁적 리더는 개개인에게 시간을 할애하여 그들 스스로가 중요한 존재임을 깨닫게 하고, 존경심과 충성심을 불어넣는다.
- 풍부한 칭찬 : 변혁적 리더는 구성원이나 팀이 직무를 완벽히 수행했을 때 칭찬을 아끼지 않는다. 사람들로 하여금 한 가지 일에 대한 성공이 미래의 여러 도전을 극복할 수 있는 자극제가 될 수 있다는 것을 깨닫게 한다.
- 감화 : 변혁적 리더는 사범이 되어 구성원들이 도저히 해낼 수 없다고 생각하는 일들을 구성원들로 하여금 할 수 있도록 자극을 주고 도움을 주는 일을 수행한다.

'동기부여'는 리더십의 핵심 개념이다. 이루고자 하는 성과와 목표의 실현은 동기부여의 직접적인 결과라고 해도 결코 지나치지 않다. 팀의 구성원으로서 일을 하든 다른 사람의 지도를 받지 않고 자기 소신껏 하든 일을 멋지게 처리하도록 자기 자신에게 동기를 부여해야만 좋은 결과를 얻을 수 있다. 더군다나 팀의 리더라면 구성원들이 좋은 성과를 내도록 동기부여 할 수 있는 능력을 반드시 갖추어야 할 뿐만 아니라, 스스로에게 동기를 부여할 수 있어야 한다.

'그것이 내게 무슨 소용이 있담?' 어떤 일을 맡았을 때 이런 생각을 가져보지 않은 사람은 아마 없을 것이다. 특히 하고 싶지 않은 일을 맡게 된 경우라면 이런 생각이 더욱 강하게 들기 마련이다. 조직원들은 누구나 자신의 이익과 목표를 실현하고자 하는 욕망에서 프로젝트 완수의 동기를 얻는다. 즉 조직원들은 자신의 욕망(재미, 성취감, 자존심, 권력, 존경, 인정 등)을 실현하고자 프로젝트에 최선을 다하는 것이다. 따라서 리더는 조직원들이 금전적인 보상이나 편익, 승진에 의해서만 동기를 부여받을 것이라는 단순한 생각으로 그들을 대해서는 안 된다. 물론 이러한 외적인 동기유발은 일시적으로 효과를 낼 수도 있다. 하지만 대인관계에서 이러한 전술은 전혀 먹혀들지 않는다. 이 같은 보상이 단기간에 좋은 결과를 가져오고 직원들의 사기를 끌어올릴 수 있지만, 그 효과는 오래가지 못한다. 즉 금전적인 보상이나 스톡옵션 등의 외적인 동기유발은 조직원들에게 매력적인 혜택일 수 있지만, 그들이 지속적으로 최선을 다하도록 동기를 부여하는 데는 충분하지 않다는 뜻이다. 조직원들이 지속적으로 자신의 잠재력을 발휘하도록 만들기 위해서는 외적인 동기유발 그 이상을 제공해야 한다. 사실 모든 조직원의 욕구를 만족시킬 수 있는 이상적인 근무환경을 만들기란 쉽지 않다. 그러나 이러한 환경이 마련된다면 조직원들은 돈이나 편익 등 외적 보상이 아닌, 자기 내면의 순수한 욕망에 의해 동기를 부여받을 것이다. 그렇다면 내적 동기를 유발시킬 수 있는 방법은 무엇이 있을까?

첫째, 긍정적 강화법을 활용한다. 목표 달성을 높이 평가하여 조직원에게 곧바로 보상하는 행위를 '긍정적 강화'라고 한다. 긍정적 강화법은 조직원들의 동기를 부여하는 데 더없이 효과적이다. 높은 성과를 달성한 조직원에게는 곧바로 따뜻한 말이나 칭찬으로 보상해 주는 것이 필요하다.

둘째, 새로운 도전의 기회를 부여한다. 환경 변화에 따라 조직원들에게 새로운 업무를 맡을 기회를 준다면, 팀에는 발전과 창조성을 고무하는 분위기가 자연스럽게 조성된다. 즉 조직원들은 매일 해왔던 업무와 전혀 다른 일을 처리하면서 새로운 도전이 주는 자극과 스릴감을 톡톡히 맛볼 것이다. 나아가 자신의 능력을 인정받았다는 뿌듯함과 성취감을 느끼며, 권한을 가지게 되었다고도 생각한다.

셋째, 창의적인 문제해결법을 찾는다. 직업생활 중 자유롭게 의사결정을 하지 못하고 자신의 소신대로 업무를 진행하지 못할 경우, 조직원들은 자칫 피해의식에 사로잡혀 사사건건 다른 조직원들을 비난할 수도 있다. 창의적인 문제해결법은 조직원들이 자신의 실수나 잘못에 대해 스스로 책임지도록 동기를 부여한다. 리더는 조직원이 문제를 해결하도록 지도하고 개입할 수는 있지만, 실질적인 해결책만큼은 조직원 스스로 찾도록 분위기를 조성해 주는 것이 바람직하다.

넷째, 자신의 역할과 행동에 책임감을 갖는다. 자신의 잘못에 대한 책임을 다른 직원에게 전가하는 팀원처럼 리더를 화나게 하고 좌절하게 하는 것은 없다. 팀원들이 자신의 실수나 잘못에 대해 책임은 지지 않고, 오히려 다른 팀원들에게 책임을 전가하는 일이 지속된다면 팀의 근무환경은 현저히 나빠지게 마련이다. 하지만 자신의 업무에 책임을 지도록 하는 환경 속에서 일하는 팀원들은 오히려 자신의 위치에서 안정감을 느낄 뿐 아니라, 자신이 의미 있는 일을 하고 있다는 긍지를 갖는다. 또한 어떤 어려움이든 극복하겠다는 의지가 강하며, 달성 가능한 목표점을 계속해서 높여간다. 이러한 팀에서는 리더와 팀원들이 의기투합해 의사결정과 문제 해결방법을 함께 찾아간다.

다섯째, 코칭을 한다. 코칭은 상당히 폭넓게 사용된다. 일반적으로 코칭은 문제 및 진척 상황을 팀원들과 함께 자세하게 살피고 지원을 아끼지 않으며, 지도 및 격려를 하는 활동을 의미한다. 직원들을 코칭하는 리더는 팀원 자신이 권한과 목적의식을 가지고 있는 중요한 사람이라는 사실을 느낄 수 있도록 이끌어 주어야 한다. 또한 팀원들이 자신만의 장점과 성공 전략을 활용할 수 있도록 적극적으로 도와야 할 것이다.

여섯째, 변화를 두려워하지 않는다. '안전지대(Comport Zone)'란 모든 것이 친숙하고 위험 요소가 전혀 없는 편안한 상황을 의미한다. 더욱 높은 목표를 달성하고자 한다는 것은 이러한 안전지대를 떠난다는 것을 의미한다. 그것은 위험을 감수한다는 말과 같다. 변화에 대한 두려움은 리더나 팀원을 정신적 고통에 직면하게 할 수 있다. 그럼에도 불구하고 리더는 팀원이 안전지대에서 벗어나 더욱 높은 목표를 향해 나아가도록 격려해야 한다. 위험을 감수해야 할 이유가 합리적이고 목표가 실현가능한 것이라면 직원들은 기꺼이 변화를 향해 나아갈 것이며, 위험을 선택한 자신에게 자긍심을 가지며 좋은 결과를 이끌어 내고 자 지속적으로 노력할 것이다.

일곱째, 지속적으로 교육한다. 리더는 직원들에게 지속적인 교육과 성장의 기회를 제공함으로써 직원 자신이 상사로부터 충분히 인정받고 있으며 일부 권한을 위임받았다고 느낄 수 있도록 동기를 부여해야 한다. 팀원 개개인이 자신의 능력에 확신을 갖는다면 팀의 업무 성과가 몰라보게 좋아진다. 모름지기 리더는 팀원의 일에 대한 열망과 의지를 간과해서는 안 된다. 그뿐 아니라 리더가 명확한 지침을 제공하고 적절한 교육을 하며 필요한 자원을 아낌없이 지원해 줄 때 직원들은 직업생활을 성공적으로 해나간다는 사실을 알아야 한다.

한편, 모든 종류의 동기부여가 그 나름 효과가 있겠지만, 처벌을 기반으로 한 동기부여는 여러 가지 문제를 낳을 수 있다. 예컨대, 회사가 제시한 목표를 달성하지 않으면 감봉, 강등, 해고 등의 불이익을 주겠다고 하면, 직원들이 단기적으로는 그 일에 주의를 기울일 것이다. 그러나 처벌을 기반으로 한 동기부여를 받은 사람은 장기적으로는 심각한 한계상황을 초래하게 된다. 때로는 공포 분위기가 동기유발제의 역할을 할 수도 있지만 공포의 리더십은 결국 실패하고 만다. 회사 내에서 공포가 업무를 처리하는 수단으로 항상 활용되면, 직원들은 사기가 떨어지고, 상사의 눈치만 살피면서 회사를 떠날 기회만 엿볼 것이기 때문이다. 이와 반대로 칭찬과 격려

속에서 긍정적인 동기부여를 받은 직원들은 업무에 열의를 가지고 더욱 더 노력하게 되므로 더 큰 성과를 얻게 되는 것이다.

리더십의 핵심 개념 중 하나는 '임파워먼트(empowerment)', 즉 '권한 위임'이라고 할 수 있다. 직원들에게 일정 권한을 위임함으로서 훨씬 수월하게 성공의 목표를 이룰 수 있을뿐더러 존경받는 리더로 거듭날 수 있다. 자신의 능력을 인정받아 권한을 위임받았다고 인식하는 순간부터 직원들의 업무효율성은 높아지게 마련이지만, 안타까운 점은 많은 리더들이 직원들에게 권한을 위임하지 않는다는 것이다. 임파워먼트(empowerment)란 '조직구성원들을 신뢰하고 그들의 잠재력을 믿으며, 그 잠재력의 개발을 통해 고성과(high performance) 조직이 되도록 하는 일련의 행위'로 정의할 수 있다.

먼저, 임파워먼트의 이점은 무엇인지 알아보자. 성공적인 리더들은 단순한 임파워먼트를 해주거나 시행하지 않는다. 대신 그들은 임파워먼트가 성장할 수 있는 여건을 조성한다. 리더와 그를 따르는 사람들 모두에 의해 임파워먼트가 일어날 수 있는 문화가 조성되면, 임파워먼트는 조직의 모든 사람들로부터 시너지적이고 창조적인 에너지를 끌어낸다. 임파워먼트를 하면 생산성이 향상되고 사람들의 좋은 기회에 대한 큰 기대를 하게 되며 진보적이고 성공적인 조직을 만들 수 있게 된다. 임파워먼트가 잘 되어 고성과 조직이 되면 개인은 다음과 같이, 첫째, 나는 매우 중요한 일을 하고 있으며, 이 일은 다른 사람이 하는 일보다 훨씬 중요한 일이다. 둘째, 일의 과정과 결과에 나의 영향력이 크게 작용했다. 셋째, 나는 정말로 도전하고 있고 계속 성장하고 있다. 넷째, 우리 조직에서는 아이디어가 존중되고 있다, 다섯째, 내가 하는 일은 항상 재미가 있다. 바. 우리 조직의 구성원들은 모두 대단한 사람들이며, 다 같이 협력해서 승리하고 있다는 긍정적인 인식을 갖게 된다.

다음으로, 임파워먼트의 충족 기준을 알아보자. 진정한 임파워먼트는 혁신성과 자발성을 이끌어 내고 조직 전체의 목적에 헌신하도록 유도함으로써 방향감과 질서의식을 실제로 창출하게 한다. 대부분의 조직에 있어서 장기적으로 효과성을 극대화하려면 임파워먼트를 극대화해야 하는데, 진정한 임파워먼트를 위해서는 다음의 3가지 기준이 반드시 충족되어야 한다.

- 여건의 조성
  - 임파워먼트는 사람들이 자유롭게 참여하고 기여할 수 있는 일련의 여건들을 조성하는 것이다. 그것은 사람들에게 행해지는 어떤 행동이 아니다.
- 재능과 에너지의 극대화
  - 임파워먼트는 사람들의 재능과 욕망을 최대한으로 활용할 뿐만 아니라 더 나아가 확대할 수 있도록 하는 것이다.
- 명확하고 의미 있는 목적에 초점
  - 임파워먼트는 사람들이 분명하고 의미 있는 목적과 사명을 위해 최대의 노력을 발휘하도록 해주는 것이다.

세 번째, 임파워먼트의 여건을 알아보자. 효과적인 리더는 각 사람들의 능력을 발휘할 수 있도록 조직 내의 임파워먼트 여건을 창출하려 한다. 임파워먼트가 잘 되지 않은 환경에서는 많은 경우에 사람들의 능력이 발휘되지 못할 것이다. 이러한 임파워먼트 여건들은 사람들을 성장하게 하고, 사람들의 의미 있는 목적을 성취하기 위해 그들이 가진 잠재력과 창의성을 최대한 발휘하게 하고, 이해당사자들의 욕구를 충족시키거나 능가하게까지 한다. 리더는 임파워먼트 환경이 가져다주는 혜택과 임파워먼트 환경을 갖춘다는 의미를 잘 알고 있어야 한다. 임파워먼트 환경에서는 사람들의 에너지, 창의성, 동기 및 잠재능력이 최대한 발휘되는 경향이 있다. 그러나 반(反) 임파워먼트 환경은 사람들이 현상을 유지하고 순응하게 만드는 경향이 있다. 높은 성과를 내는 임파워먼트 환경의 특징을 살펴보면 다음과 같다.

- 도전적이고 흥미 있는 일
- 학습과 성장의 기회
- 높은 성과와 지속적인 개선을 가져오는 요인들에 대한 통제
- 성과에 대한 지식
- 긍정적인 인간관계
- 개인들이 공헌하며 만족한다는 느낌
- 상부로부터의 지원

네 번째, 임파워먼트의 장애요인을 알아보자. 리더는 임파워먼트에 장애가 되는 요인들에 대하여 알고 대처할 수 있어야 하는데, 다음과 같은 4가지 차원의 장애요인을 살펴볼 수 있다.

- 개인 차원
  - 주어진 일을 해내는 역량의 결여, 동기의 결여, 결의의 부족, 책임감 부족, 의존성
- 대인 차원
  - 다른 사람과의 성실성 결여, 약속 불이행, 성과를 제한하는 조직의 규범, 갈등처리 능력 부족, 승패의 태도
- 관리 차원
  - 통제적 리더십 스타일, 효과적 리더십 발휘 능력 결여, 경험 부족, 정책 및 기획의 실행 능력결여, 비전의 효과적 전달능력 결여
- 조직 차원
  - 공감대 형성이 없는 구조와 시스템, 제한된 정책과 절차

현대 비즈니스의 특징은 끊임없이 변하고 유동적이라는 점이다. 따라서 변화관리는 리더에게 있어서 매우 중요한 자질로 부각되었다. 변화를 관리하는 기술을 연마하는 데는 여러 가지 방법이 있다. 특히, 리더는 열린 커뮤니케이션, 역지사지의 자세, 신뢰감 형성, 긍정적인 자세, 직원의 의견을 받아들이고 그들에게 창조적으로 권한을 위임하는 방법 등에 관심을 기울여야 한다. 리더가 효과적인 변화관리를 하기 위한 과정은 다음과 같이 3단계로 설명할 수 있다.

첫째, 변화관리 1단계: 변화를 이해하라

리더는 변화에 대처하려는 직원들을 어떻게 도울 것인가를 고민하기에 앞서, 변화와 관련한 몇 가지 공통 기반을 마련하고 변화 과정에 어떤 것들이 있는지를 파악해야 한다. 먼저 변화의 실상을 정확하게 파악한 다음, 익숙했던 것들을 버리는 데서 오는 감정과 심리적 상태를 어떻게 다룰 것인가에 대해 심사숙고해야 한다. 변화관리에서 변화를 다루는 방법만큼 중요한 것은 없다.

1. 변화가 왜 필요한가
   - 직업 세계에서 현재의 자리에 안정적으로 머물러 있겠다는 생각은 환상에 가깝다고 할 수 있다. 변화는 더디게 일어날 수도 있으며, 그날그날의 변화를 일일이 알아차릴 수는 없지만, 변화가 일어나고 있다는 사실만은 부인할 수 없다. 변화는 발전을 더욱 가속화한다.
2. 무엇이 변화를 일으키는가
   - 믿을 수 없을 정도로 과학기술이 발전하면서 세계적으로 경쟁이 치열해지고 있다. 이러한 경쟁에서 살아남도록 외부에서 자극을 주는 것으로부터 변화는 시작된다. 변화는 가히 역동적이다. 조직 내부에서는 위에서 아래로 이루어지며, 지위고하를 막론하고 모두에게 영향을 미친다.
3. 변화는 모두 좋은 것인가
   - 한마디로 말하면 그렇지 않다. 변화를 단행하기 전에 반드시 현재의 상황과 변화와 관련되는 사항들을 면밀히 검토해야 한다. 이렇게 단계적으로 진행해가면 변화를 서둘러 실패를 초래하는 위험을 막을 수 있으며, 직원들이 변화를 자신의 일처럼 생각하게 된다.

둘째, 변화관리 2단계: 변화를 인식하라

변화가 일어나면 모든 직원들이 눈치를 채기 마련이다. 이들은 변화에 대한 소문이 돌거나 변화 내용에 대한 설명도 하기도 전에 그것을 알아차린다. 불확실하고 의심스러운 분위기가 조성되면 직원들은 두려움과 스트레스에 시달리며, 사기는 땅으로 떨어진다. 그러므로 리더가 할 수 있는 최고의 결정은 직원들에게 변화와 관련된 상세한 정보를 제공하는 것이다. 무엇보다 직원들 자신이 변화를 직접 주도하고 있다는 마음이 들도록 이끌어야 한다. 사람은 누구나 자신의 능력을 발휘하는 데 도움이 되는 아이디어 및 변화에 열정적으로 대응한다. 다음은 변화에 저항하는 직원들을 성공적으로 이끄는 데 도움이 되는 방법들이다.

1. 개방적인 분위기를 조성한다.
   - 솔직히 지금까지는 '개방'이란 말을 싫어했을지도 모른다. 하지만 이 방법만큼 직원들을 자신의 편으로 만드는 데 좋은 것은 없다. 직원들에게 되도록 많은 사실을 알려준다. 직원들이 거리낌 없이 질문하게 하고, 이에 솔직하게 답변하도록 한다.
2. 객관적인 자세를 유지한다. 가능한 객관적인 자세로 업무에 임한다.
   - 변화를 수행하는 것이 힘들더라도 변화가 필요한 이유를 직원들이 명확히 알도록 한다. 변화의 유익성을 밝힐 수 있는 객관적인 수치 및 사례를 직원들에게 직접 확인시킬 필요가 있다.
3. 구성원의 감정을 세심하게 살핀다.
   - 사람은 본능적으로 안정을 추구하기 때문에 자신의 안전을 해칠 것으로 생각되는 것들은 거부하려는 성향이 있다. 따라서 변화가 이루어지면 자신에게 도움이 될 만한 이익이 생기는 한편, 자신이 중요하게 여기는 것을 잃거나 포기해야 할 수도 있다는 점을 구성원에게 알려야 한다.
4. 변화의 긍정적인 면을 강조한다.
   - 구성원이 변화의 긍정적인 측면을 인식하도록 돕는다. 또한 변화를 긍정적으로 받아들이는 방법을 찾도록 용기를 준다. 변화의 잠재적인 문제점을 최소화하고 긍정적인 면을 최대한 드러냄으로써, 구성원 스스로 변화가 주는 긍정적인 영향을 깨닫게 한다.
5. 변화에 적응할 시간을 준다.
   - 기존의 방식에 새로운 것을 접목함으로써 구성원에게 적응하는 시간을 충분히 주는 것이 중요하다. 기존의 업무를 바탕으로 직원들이 새로운 것에 집중하도록 자극하며, 긍정적인 목표들을 달성하도록 이끌어 내는 것이 중요하다.

셋째, 변화관리 3단계: 변화를 수용하라

　변화를 받아들이도록 이끄는 방법은 다양하다. 변화를 바라보는 리더의 자세, 변화에 동기를 부여하는 행위, 변화에 필요한 행동 등은 구성원을 변화시키는 데 상당히 중요하다. 구성원은 리더가 자신들이 모르는 것을 알려주는 한편 긍정적이고 신뢰하는 태도로 대한다고 느낄 때, 리더의 방식을 신뢰하며 따른다. 그러므로 리더는 왜 변화가 일어나야 하는지를 구성원에게 상세하게 설명하고, 변화를 위한 구성원의 노력에 아낌없이 지원해야 한다. 부정적인 행동을 보이는 구성원은 개별 면담을 통해, 늘 관심 있게 지켜보고 있다는 사실과 언제든지 대화를 나눌 수 있다는 점을 주지시킨다. 자신에게 관심을 가져주고 고민을 말할 수 있다는 사실에 구성원은 마음이 편해질 것이다. 변화에 스스로 대처하려는 직원들에게도 도움을 주어야 한다. 이런 구성원에게는 '인간은 자기실현적 예언자'라는 점을 인식시키면 좋다. 자기 자신에게 긍정적인 말을 함으로써 성공을 불러오는 경우도 많기 때문이다. 스스로 동기를 부여하도록 '나는 할 수 있다'와 같은 신념이 담긴 말을 들려준다면, 변화와 성공의 가능성이 더욱 높아진다. 무엇보다도 구성원과 수시로 커뮤니케이션하는 것이 중요하다. 정기적인 회의를 하고, 변화에 대한 구성원의 반응을 계속 주지한다. 규모에 관계없이 변화는 적어도 부서의 한두 직원에게 영향을 미치게 마련이다. 시간을 내어 변화와 관련해 자주 논의하고, 직원들이 자신의 생각이나 제안을 직접 말할 수 있는 분위기를 만드는 데 최선을 다하는 것이 중요하다.

4. 갈등관리능력의 개념과 적용

《갈등관리능력 체크리스트》
12. 타인과 의견차이가 있을 때 원인을 파악하는가?
13. 타인과 대화할 때 생각과 가치관을 배려하는가?
14. 타인과의 갈등을 줄이기 위해서 노력하는가?
15. 타인과의 갈등을 조절할 수 있는 방법을 활용하는가?

우리는 직업생활이나 일상생활 중 다른 사람들과 많은 갈등을 경험한다. 아무리 관리가 잘 되고 있는 조직이라 할지라도, 많은 사람들이 섞여 있는 조직은 언제나 갈등이 일어날 소지를 가지고 있는 곳이다. 때로는 갈등을 얼마나 효과적으로 해결할 수 있는가에 따라 조직의 생산성과 비전이 결정될 수도 있다.

갈등이란 서로의 의견차이 때문에 생기는 것으로 당사자 간에 가치, 규범, 이해, 아이디어, 목표 등이 서로 불일치하여 충돌하는 상태를 의미한다. 갈등을 확인할 수 있는 단서에는 ① 지나치게 감정적으로 논평과 제안을 하는 것 ② 타인의 의견발표가 끝나기도 전에 나인의 의견에 대해 공격하는 것 ③ 핵심을 이해하지 못한 데 대해 서로 비난하는 것 ④ 편을 가르고 타협하기를 거부하는 것 ⑤ 개인적인 수준에서 미묘한 방식으로 서로를 공격하는 것 등이 있다.

갈등을 일으키는 단서는 무엇이며, 이러한 갈등을 증폭시키는 원인은 무엇일까?

먼저, 갈등의 단서다. 우선 조직 내에 갈등이 존재하는지를 파악하고 깨닫는 일이 중요하다. 다음은 갈등을 파악하는 데 도움이 되는 몇 가지 단서들이다.

> 1. 지나치게 감정적으로 논평과 제안을 한다.
> 2. 타인의 의견발표가 끝나기도 전에 타인의 의견에 대해 공격한다.
> 3. 핵심을 이해하지 못한 것에 대해 서로 비난한다.
> 4. 편을 가르고 타협하기를 거부한다.
> 5. 개인적인 수준에서 미묘한 방식으로 서로를 공격한다

둘째, 갈등은 어떻게 증폭되는가? 갈등을 관리하고 해소하는 방법을 보다 잘 이해하기 위해서는 갈등을 증폭시키는 원인이 무엇인지 알 필요가 있다. 다음에 세 가지의 일반적인 원인이 제시되어 있다.

> 1. 적대적 행동
>   - 팀원은 '승·패의 경기'를 시작한다.
>   - 팀원은 문제를 해결하기보다는 '승리하기'를 원한다.
>
> 2. 입장 고수
>   - 팀원은 공동의 목표를 달성할 필요성을 느끼지 않는다.
>   - 팀원은 각자의 입장만을 고수하고, 의사소통의 폭을 줄이며, 서로 접촉하는 것을 꺼린다.
>
> 3. 감정적 관여
>   - 팀원은 자신의 입장에 감정적으로 묶인다.

갈등을 즉각적으로 다루지 않는다면 나중에는 곪아터진다. 그렇게 되면, 갈등은 팀 성공을 저해하는 강력한 장애물이 될 것이다. 그러나 갈등이 존재한다는 사실을 인정하고 해결을 위한 조치를 취한다면, 갈등을 성공을 위한 하나의 기회로 전환시킬 수 있을 것이다. 당신이 갈등에 직접 관련된 팀원이든 갈등을 관찰하는 팀 리더이든 간에, 갈등을 해결하고자 한다면 갈등이 존재한다는 사실부터 인정해야 할 것이다.

실제로 존재하는 갈등을 파악하기 위해서는 먼저 자신의 사고 패러다임을 점검하는 것이 중요하다. 기존에 가지고 있는 선입견은 가능한 것, 현실적인 것, 필요한 것에 대한 관점을 제한하기 때문에 갈등을 올바르게 파악하는 데 걸림돌이 된다. 따라서 어떠한 갈등이 생긴다면 이를 해결하기에 앞서 자신의 사고방식을 점검하도록 한다. 이를 통해 성공적인 갈등 해결을 방해하는 자신만의 편견에는 어떤 것들이 있는지 짚고 넘어갈 수 있을 것이다.

갈등을 효과적으로 해결하기 위해서는 갈등을 차근차근 탐색하여야 한다. 실제의 갈등을 파악하는 일은 보기보다 매우 어렵다. 갈등은 핵심적인 문제나 감정적인 문제들에서 생겨나게 된다.

① 갈등의 두 가지 쟁점

모든 갈등에는 두 가지 쟁점들이 서로 중복되거나 교차한다. 주된 갈등이 어떤 일을 하는 방법에 기인한 것이라고 할지라도, 자존심을 위협하거나 질투를 유발하는 것과 같은 감정적인 문제들이 갈등의 강도를 높일 수 있다.

〈표 3〉 갈등의 두 가지 쟁점

핵심 문제	감정적 문제
• 역할 모호성 • 방법에 대한 불일치 • 목표에 대한 불일치 • 절차에 대한 불일치 • 책임에 대한 불일치 • 가치에 대한 불일치 • 사실에 대한 불일치	• 공존할 수 없는 개인적 스타일 • 통제나 권력 확보를 위한 싸움 • 자존심에 대한 위협 • 질투 • 분노

출처 : 한국산업인력공단(2024). 대인관계능력 교수자용 가이드북. https://www.ncs.go.kr.

핵심적인 문제들(예: 업무과제에 대한 불일치)은 대부분 갈등의 밑바닥에 깔려 있는 반면에, 감정적인 문제들은 갈등을 복잡하게 만든다. 예를 들어,

어느 한 사람이 특정 과제(핵심문제)를 맡았을 때 다른 사람은 조직이 자신을 알아주지 않는다고 느끼고 화가 날 수 있다.(감정적 문제). 갈등을 해결하기 위해서는 핵심적인 문제부터 해결해야 한다.

② 갈등의 두 가지 유형

갈등에는 두 가지 유형이 있다. 두 가지를 명확히 구별하고 그 유형들을 각기 독립적으로 다루면, 문제를 훨씬 수월하게 해결할 수 있다.

첫 번째 유형은 '불필요한 갈등'이다. 개개인이 저마다 문제를 다르게 인식하거나 정보가 부족한 경우, 편견 때문에 발생한 의견 불일치로 적대적 감정이 생길 때 불필요한 갈등이 일어난다. 당신이 중요하게 생각하는 문제가 타인으로 인해 해결되지 못한다는 생각이 들 때, 불필요한 갈등이 야기된다. 불필요한 갈등은 아래와 같은 상황에서 일어날 수 있다.

- 근심걱정, 스트레스, 분노 등의 부정적인 감정
- 잘못 이해하거나 부족한 정보 등 전달이 불분명한 커뮤니케이션
- 편견, 변화에 대한 저항, 항상 해오던 방식에 대한 거부감 등에서 나오는 의견 불일치

특히, 관리자의 신중하지 못한 태도로 인해 갈등이 발생했을 때, 불필요한 갈등이 심각한 수준에 이를 수 있다. 리더들조차 이러한 갈등을 해결하지 못할 때가 많다. 이러한 갈등을 예방하고 줄이고 통제할 수 있는 방법들을 반드시 찾아야 한다. 갈등의 원인을 먼저 확인하고 해결할 방법을 결정한 다음, 상황을 어떻게 마무리할 것인가를 정한다. 두 번째 유형은 '해결할 수 있는 갈등'이다. 목표와 욕망, 가치, 문제를 바라보는 시각과 이해하는 시각이 다를 경우에 일어날 수 있는 갈등이다. 이러한 갈등은 상대를 먼저 이해하고, 서로가 원하는 것을 만족시켜 주면 저절로 해결된다. 두 사람이 정반대되는 욕구나 목표, 가치, 이해에 놓였을 때는 해결 가능한 갈등이 일어난다.

대표적인 예로, 같은 팀에 몸담고 있지만 다른 부서 출신인 두 명의 직원이 문제의 원인에 대해 서로 다른 견해를 가지고 있는 경우를 꼽을 수 있다. 두 사람 모두 상대방에게 문제에 대한 책임이 있다고 생각할 것이다. 갈등은 한 순간에 발생하여 끝나는 것이 아니다. 사소한 문제라고 생각했던 것이 생각지 않게 큰 문제가 되어 어려움을 겪기도 한다. 갈등 해결 방법을 조직원들과 함께 모색할 때는 다음 사항을 명심하여야 할 것이다.

1. 다른 사람들의 입장을 이해한다. 사람들이 당황하는 모습을 자세하게 살핀다.
2. 어려운 문제는 피하지 말고 맞선다.
3. 자신의 의견을 명확하게 밝히고 지속적으로 강화한다.
4. 사람들과 눈을 자주 마주친다.
5. 마음을 열어놓고 적극적으로 경청한다.
6. 타협하려 애쓴다.
7. 어느 한쪽으로 치우치지 않는다.
8. 논쟁하고 싶은 유혹을 떨쳐낸다.
9. 존중하는 자세로 사람들을 대한다.

원-윈(Win-Win) 전략이란 갈등과 관련된 모든 사람으로부터 의견을 받아서 문제의 본질적인 해결책을 얻는 것을 의미한다.

5. 협상능력의 개념과 적용

《《협상능력 체크리스트》》
16. 대화 시 쟁점사항이 무엇인지 파악하는가?
17. 대화 시 상대방의 핵심요구사항을 파악하는가?
18. 대화 시 상대방을 설득하기 위해서 노력하는가?
19. 협상할 때 사전에 전략을 수립하는가?

협상의 의미는 크게 의사소통 차원, 갈등 해결 차원, 지식과 노력 차원, 의사결정 차원, 교섭 차원에서 살펴볼 수 있다.

첫째, 의사소통 차원에서 볼 때, 협상이란 이해당사자들이 자신들의 욕구를 충족시키기 위해 상대방으로부터 최선의 것을 얻어내기 위해 상대방을 설득하는 커뮤니케이션 과정이다. 즉 협상이란 자신이 얻고자 하는 것 때문에 다른 사람들 또는 집단들과 갈등상태에 있을 때 그들을 설득하여 자신이 원하는 것을 쟁취하기 위한 일련의 커뮤니케이션 과정이라고 할 수 있다.

둘째, 갈등 해결 차원에서 볼 때, 협상이란 갈등관계에 있는 이해당사자들이 대화를 통해서 갈등을 해결하고자 하는 상호작용 과정이다. 즉 협상이란 개인, 조직 또는 국가가 가지고 있는 갈등의 문제를 해결하기 위해서 갈등관계에 있는 이해당사자들이 대화를 통해서 상반되는 이익은 조정하고 공통되는 이익을 증진시키는 상호작용 과정이라 할 수 있다.

셋째, 지식과 노력 차원에서 볼 때, 협상이란 우리가 얻고자 하는 것을 가진 사람의 호의를 얻어내기 위한 것에 관한 지식이며 노력의 분야이다. 즉 협상이란 승진, 돈, 안전, 자유, 사랑, 지위, 명예, 정의, 애정 등 우리가 얻고자 원하는 것을 어떻게 다른 사람들보다 더 우월한 지위를 점유하면서 얻을 수 있을 것인가 등에 관련된 지식이며 노력의 장이라고 할 수 있다.

넷째, 의사결정 차원에서 볼 때, 협상이란 둘 이상의 이해당사자들이 여러 대안들 가운데서 이해당사자들 모두가 수용 가능한 대안을 찾기 위한 의사결정 과정이라 할 수 있다. 또한 협상이란 공통적인 이익을 추구하나 서로 입장의 충돌 때문에 이해당사자들 모두에게 수용 가능한 이익의 조합을 찾으려는 개인, 조직 또는 국가의 상호작용 과정이라고 볼 수 있다.

다섯째, 참여자들의 공통적인 의사결정을 필요로 하는 교섭 차원에서 볼 때, 협상이란 선호가 서로 다른 협상 당사자들이 합의에 도달하기 위해 공동으로 의사 결정하는 과정이라고 할 수 있다. 또한 협상이란 둘 이상의 당사자가 갈등상태에 있는 쟁점에 대해서 합의를 찾기 위한 과정이라고 정의될 수 있다. 즉 협상이란 둘 또는 셋 이상의 사람들이 갈등상태에 있는 어떤 쟁점에 대해서 주고받는 과정을 통해서 합의점을 찾아서 그 쟁점을 해결하기 위한 과정이다.

협상에 관한 이러한 주장들을 종합해 보면, "협상(negotiation)이란 갈등상태에 있는 이해당사자들이 대화와 논쟁을 통해서 서로를 설득하여 문제를 해결하려는 정보전달 과정이자 의사결정과정"이다.

협상과정을 아래 그림과 같이 협상시작, 상호이해, 실질이해, 해결대안, 합의문서 등의 5단계로 구분할 수 있다.

협상 시작	• 협상당사자들 사이에 상호 친근감 쌓음 • 간접적인 방법으로 협상의사를 전달함 • 상대방의 협의의지를 확인함 • 협상진행을 위한 체제를 짬
상호 이해	• 갈등문제의 진행상황과 현재의 상황을 점검함 • 적극적으로 경청하고 자기주장을 제시함 • 협상을 위한 협상대상 안건을 결정함
실질 이해	• 겉으로 주장하는 것과 실제로 원하는 것을 구분하여 실제로 원하는 것을 찾아냄 • 분할과 통합 기법을 활용하여 이해관계를 분석함
해결 대안	• 협상 안건마다 대안들을 평가함 • 개발한 대안에 대해서 합의하고 선택함 • 최선의 대안에 대해서 합의하고 선택함 • 대안 이행을 위한 실행계획을 수립함
합의 문서	• 합의문을 작성함 • 합의문상의 합의내용, 용어 등을 재점검함 • 합의문에 서명함

〔그림 17〕 협상과정

출처 : 한국산업인력공단(2024). 대인관계능력 교수자용 가이드북. https://www.ncs.go.kr.

6. 고객서비스능력의 개념과 적용

《〈고객서비스능력 체크리스트〉》
20. 고객의 유형에 따라서 대응하는가?
21. 고객의 요구를 수시로 파악하는가?
22. 고객의 불만사항을 해결하려 노력하는가?

고객서비스란 다양한 고객의 요구를 파악하고, 대응법을 마련하여 고객에게 양질의 서비스를 제공하는 것을 말한다. 고객서비스를 제공하는 목적은 조달, 생산, 판매, 혹은 고객지원 등의 기업활동 중 어디에 중점을 두느냐에 따라 다르다. 여기서 고객중심 기업의 일반적 특성을 알아보면 다음과 같다.

- 내부 고객과 외부 고객 모두를 중요시한다.
- 고객만족에 중점을 둔다.
- 고객이 정보, 제품, 서비스 등에 쉽게 접근할 수 있도록 한다.
- 보다 나은 서비스를 제공할 수 있도록 하는 기업정책을 수립한다.
- 기업의 전반적 관리시스템이 고객서비스 업무를 지원한다.
- 기업이 실행한 서비스에 대해 계속적인 재평가를 실시함으로써 고객에게 양질의 서비스를 제공하도록 서비스 자체를 끊임없이 변화시키고 업그레이드한다.

고객서비스를 통해서 기업이 성장을 이루는 과정은, 우선 고품위의 고객서비스를 제공하여 고객이 감동을 받으면 이로 인해 회사에 대한 충성도가 증가하게 된다. 결국 기업에 대한 선호도가 고객들 사이에 높아져 성장과 이익을 달성할 수 있는 것이다.

고객 불만 표현 유형은 크게, 거만형, 의심형, 트집형, 빨리빨리 형으로 나눌 수 있다. 거만형은 과시적으로 자신이 가진 지식이나 능력, 소유를 드러내고 싶어 하는 유형이고, 의심형은 직원의 설명이나 제품의 품질에 대해 의심을 많이 하는 유형이다. 트집형은 사소한 것을 트집을 잡는 까다로운 고객 유형이며, 빨리빨리 형은 매사에 성격이 급하고, 일처리가 늦어지는 것에 대해 특히 불만을 갖는 고객 유형을 말한다. 고객 불만 처리 프로세스는 다음의 8단계로 이루어진다.

〔그림 18〕 고객 불만 처리 프로세스

출처 : 한국산업인력공단(2024). 대인관계능력 교수자용 가이드북. https://www.ncs.go.kr.

고객만족 조사를 적절히 수행하기 위해서는 적절한 조사계획을 수립하여야 하며 고객만족 조사계획은 조사 분야 및 대상 결정, 조사목적 설정, 조사방법 및 횟수, 조사결과 활용 계획을 수행하여야 한다.

7. 대인관계능력의 필기평가 예시

대인관계능력의 필기평가 예시는 능력중심채용모델에서 찾아볼 수 있다. NCS 홈페이지-공정채용-채용모델 필기문항에서 검색할 수 있다.

1. 각 팀에는 여러 가지 역할을 하는 사람들이 있다. 벨빈(Belbin)은 각 팀원들의 역할을 아래와 같이 9가지의 유형으로 구분하였다. 다음 중 보기와 같은 특징을 지닌 역할의 유형은 무엇인가?

창조자	자원 탐색가	지휘 조절자
추진자	냉철 판단자	분위기 조성자
실행자	완결자	전문가

```
                    <보 기>
    ■ 외향적이고 열정적이며 말하기를 좋아한다.
    ■ 기회를 찾고자 노력한다.
    ■ 초기 열정이 사라지면 목표에 대한 관심을 잃을 수도 있다.
    ■ 다른 사람들이 간과하는 것을 잘 포착한다.

① 추진자
② 실행자
③ 자원 탐색가
④ 지휘 조절자
```

[그림 19] 2023년 능력중심채용모델-NCS직업기초능력 필기문항-대인관계능력

출처 : 한국산업인력공단(2024). 능력중심채용모델. https://www.ncs.go.kr.

8. 대인관계능력의 면접질문 예시

대인관계능력이란 직장생활에서 협조적인 관계를 유지하고 조직구성원들에게 도움을 줄 수 있으며 조직내부 및 외부의 갈등을 원만히 해결하고 고객의 요구를 충족시켜줄 수 있는 능력을 의미한다. 이에 따라 대인관계능력은 팀워크능력, 리더십능력, 갈등관리능력, 협상능력, 고객서비스능력으로 구분될 수 있다.

《대인관계능력 면접평가 질문》

◈ 조직 내 대인관계에서 가장 중요하게 생각하는 것은 무엇인가요?
  ☞ 팀이 지향하는 목표를 명확히 알고 목표달성을 위해 동료들과 적극 협력하고 함께 일하려는 태도 역량이 있는가?
  ☞ 타인과 상호신뢰, 소통, 협력의 중요성을 아는가?
  ☞ 조직구성원으로 원만하고 유익한 관계를 구축하고 유지하려는 태도가 있는가?

◆ 어떤 조직이나 단체에 빨리 적응하기 위해 노력했던 경험을 말해주세요
  ☞ 팀의 일원임을 인식하고 공동의 목표를 달성하기 위해 자신의 역할과 책임을 다하는 태도가 있는가?
  ☞ 팀 목표를 위한 동료들과 상호신뢰, 소통, 협력이 있는가?
  ☞ 조직이나 단체의 특성에 맞게 적극적인 노력을 하는가?

팀워크라 함은 팀 구성원이 공동의 목적을 달성하기 위해 상호관계성을 가지고 협력하여 업무를 수행하는 것을 의미한다. 이러한 팀워크을 촉진시키기 위해서는 동료 피드백 장려, 갈등 해결, 창의력 조성을 위한 협력, 참여적인 의사결정 등의 요소가 필요하다.

《《팀워크 면접평가 질문》》

◆ 구성원들과 협력을 통해 문제를 개선한 경험을 말해주세요
  ☞ 팀워크의 효과와 중요성을 충분히 이해하고 있는가?
  ☞ 팀이 지향하는 목표를 명확히 알고 목표달성을 위해 동료들과 적극 협력하고 함께 일하려는 태도 역량이 있는가?
  ☞ 동료들과 상호신뢰, 소통, 협력의 중요성을 아는가?
  ☞ 조직을 위한 헌신, 희생, 협력정신을 기지고 있는가?
  ☞ 개인보다 팀의 목표/과제를 우선으로 인식하는가?

◆ 팀 프로젝트 중간에 해당분야 전문가인 팀원이 빠져 중단될 위기에 있다면 리더로 어떻게 하겠습니까?
  ☞ 리더로서 책임감을 가지고 주도적으로 행동하는가?
  ☞ 상대를 이해하고 공감하는 태도역량이 있는가?
  ☞ 문제의 원인을 정확하게 분석하고 대안을 제안하는가?
  ☞ 자신의 의견을 명확하고 설득력 있게 표현, 전달하는가?
  ☞ 공동의 목표/과제의 달성이 개인보다 우선함을 인식하는가?

리더십은 조직의 공통된 목적을 달성하기 위해 개인이 조직원들에게 영향

을 미치는 과정으로, 동기부여, 코칭, 임파워먼트를 위한 능력이 요구된다. 여기서 동기부여는 이루고자 하는 성과와 목표 실현에 직접적인 연관이 있는 것으로 리더는 구성원뿐만 아니라 자기 자신에게도 좋은 성과를 낼 수 있도록 동기를 부여해야 한다. 또한 코칭은 직원들에게 질문을 하는 한편 직원들의 의견에 대한 경청과 충분한 지원을 통해 생산성을 높이고, 직원들의 업무 만족감을 높이는 과정이다. 마지막으로 임파워먼트는 직원들에게 일정 권한을 위임하는 것으로 이를 통해 훨씬 쉽게 목표를 이룰 수 있고, 존경받는 리더로 거듭날 수 있다.

《《리더십 면접평가 질문》》

◆ 리더로써 팀원들과 함께 문제를 해결한 경험이 있다면 말해주세요
- ☞ 팀의 업무를 수행하고 계획을 세우는 능력이 있는가?
- ☞ 리더로서 목표와 비전을 가지고 주도적으로 행동하는가?
- ☞ 문제 원인을 객관적으로 분석하고 원인을 규명하는가?
- ☞ 팀 구성원들의 업무 특성을 파악하고 배분하고 있는가?
- ☞ 팀 운영의 핵심을 이해하고 리더로 성장가능성이 있는가?

◆ 공동의 목표달성을 위해 구성원들을 동기부여시키고 다른 사람을 이끄는 능력이 있다면 말씀하세요.
- ☞ 조직의 목표를 달성하기 위하여 다른 사람들과 협조적인 관계를 유지하고 구성원들에게 도움을 줄 수 있는가?
- ☞ 동료들과 상호신뢰, 소통, 협력의 중요성을 아는가?
- ☞ 자신과 견해가 다른 상대방의 의견을 수용하고 존중하는가?
- ☞ 리더로서 책임감을 가지고 주도적으로 행동하는가?

◆ 본인은 리더형인가요? 아니면 팔로워형인가요?
- ☞ 팀의 일원임을 인식하고 공동의 목표를 달성하기 위해 자신의 역할과 책임을 다하는 태도가 있는가?
- ☞ 팀의 업무를 수행하고 계획을 세우는 능력이 있는가?
- ☞ 팀 운영의 핵심을 이해하고 리더로 성장가능성이 있는가?
- ☞ 조직의 인재상과 부합하는가?

◆ 가장 좋아하는 리더는 누구였으며 그 이유를 말해보세요
  ☞ 팀의 일원임을 인식하고 공동의 목표를 달성하기 위해 자신의 역할과 책임을 다하는 태도가 있는가?
  ☞ 조직의 비전과 핵심을 이해하고 리더로 성장가능성이 있는가?
  ☞ 조직의 인재상과 부합하는 가치를 가지고 있는가?

목표를 달성하기 위해 노력하는 조직이라면 갈등은 항상 일어나게 마련이다. 이러한 갈등의 원인을 파악하고, 갈등의 영향을 받은 조직원들과 문제를 능동적으로 해결하기 위해서는 갈등관리능력의 함양이 필수적이다. 이를 위해서 우리는 다른 사람들의 입장 이해하기, 어려운 문제에 맞서기, 자신의 의견을 명확하게 밝히고 지속적으로 강화하기, 사람들과 눈을 자주 마주치기, 적극적으로 경청하기, 타협하려 애쓰기, 어느 한쪽으로 치우치지 않기, 논쟁의 유혹을 떨쳐내기, 존중하는 자세로 사람들을 대하기 등의 사항을 명심해야 한다.

《《갈등관리능력 면접평가 질문》》

◆ 주위사람들과 트러블(갈등, 마찰)이 생겼을 때 어떻게 대처합니까?
  ☞ 타인과의 갈들이 있을 때 원인을 파악하는 능력이 있는가?
  ☞ 조직구성원으로 원만한 관계를 구축하고 유지하려는 태도가 있는가?
  ☞ 타인의 감정/견해/태도에 대해 상다방의 입장을 이해하고 긍정적으로 대응하는가?
  ☞ 갈등을 조절, 관리하여 합리적 의사결정을 하는가?

◆ 다양한 팀원들과 함께 프로젝트 수행 중 갈등상황이 발생한다면, 어떻게 해결하겠습니까?
  ☞ 팀워크의 효과와 중요성을 충분히 이해하고 있는가?
  ☞ 개인보다 팀의 목표/과제를 우선으로 인식하는가?
  ☞ 동료들과 상호신뢰, 소통, 협력의 중요성을 아는가?
  ☞ 문제를 해결하기 위해 적극적이고 능동적으로 행동하는가?

◆ 사람 또는 선배와 갈등이 생긴다면 어떻게 대처하겠습니까?
  ☞ 타인과의 갈등이 있을 때 원인을 파악하는 능력이 있는가?
  ☞ 조직구성원으로 원만한 관계를 구축하고 유지하려는 태도가 있는가?
  ☞ 타인의 감정/견해/태도에 대해 상대방의 입장을 이해하고 긍정적으로 대응하는가?
  ☞ 갈등을 조절, 관리하여 합리적 의사결정을 하는가?

협상이란 갈등상태에 있는 이해당사자들이 대화와 논쟁을 통해서 서로를 설득하여 문제를 해결하려는 정보전달과정이자 의사결정과정으로 특히 상사와 부하 사이에서 끊임없이 의사결정을 해야 하는 직업인에게 협상능력의 함양은 필수적이다. 협상을 위한 전략으로는 협동과 통합으로 문제를 해결하고자 하는 '협력전략'과 상대방이 제시하는 것을 일방적으로 수용하여 협상의 가능성을 높이는 '유화전략', 협상을 피하거나 철수하는 '회피전략', 일방적으로 상대방에게 자신의 입장을 강요하는 '강압전략'이 있다.

《〈협상능력 면접평가 질문〉》

◆ 조직 내 대인관계에서 가장 중요하게 생각하는 것은 무엇인가요?
  ☞ 팀이 지향하는 목표를 명확히 알고 목표달성을 위해 동료들과 적극 협력하고 함께 일하려는 태도 역량이 있는가?
  ☞ 타인과 상호신뢰, 소통, 협력의 중요성을 아는가?
  ☞ 조직구성원으로 원만하고 유익한 관계를 구축하고 유지하려는 태도가 있는가?

◆ 어떤 조직이나 단체에 빨리 적응하기 위해 노력했던 경험을 말해주세요
  ☞ 팀의 일원임을 인식하고 공동의 목표를 달성하기 위해 자신의 역할과 책임을 다하는 태도가 있는가?
  ☞ 팀 목표를 위한 동료들과 상호신뢰, 소통, 협력이 있는가?
  ☞ 조직이나 단체의 특성에 맞게 적극적인 노력을 하는가?

고객서비스란 다양한 고객의 요구를 파악하고, 대응법을 마련하여 고객에

게 양질의 서비스를 제공하는 것으로 기업의 생존을 위해 필수적인 요소이다. 이러한 고객 서비스를 향상시키기 위해서는 ①경청, ②감사와 공감표시, ③사과, ④해결약속, ⑤정보파악, ⑥신속처리, ⑦처리확인과 사과, ⑧피드백이라는 고객 불만 처리프로세스를 제대로 이해할 필요가 있다.

《《고객서비스능력 면접평가 질문》》

◆ 고객이 불합리한 요구를 제기하면 어떻게 대처하겠습니까?
  ☞ 고객의 입장에서 생각하고 고객의 요구를 정확하게 파악하는 능력이 있는가?
  ☞ 고객의 만족을 분석하여 서비스에 반영하는 능력이 있는가?
  ☞ 상황에 따른 유연성과 변화대응능력이 있는가?
  ☞ 문제에 대한 합리적인 접근태도를 가지고 파악하는가?
  ☞ 조직에 대한 적응력과 로열티를 가지고 있는가?

◆ 고객을 대할 때 어떤 면을 가장 중요하게 생각하나요? 이유는 무엇인가요?
  ☞ 조직의 대고객 목표를 명확히 알고 목표달성을 위한 자신의 역할을 인식/실천하는 역량이 있는가?
  ☞ 고객의 입장에서 생각하고 고객의 요구를 정확하게 파악하는 능력이 있는가?
  ☞ 고객의 중요성을 알고 배려하고 대우하고자 하는가?

◆ 고객의 요구를 만족시키는 자세로 업무를 수행하는 능력
  ☞ 고객의 입장에서 생각하고 고객의 요구를 정확하게 파악하는 능력이 있는가?
  ☞ 고객의 만족을 분석하여 서비스에 반영하는 능력이 있는가?
  ☞ 자신이 편리보다 고객의 편일을 위해 프로세스를 세우는가?
  ☞ 고객의 중요성을 알고 배려하고 대우하고자 하는가?

9. 대인관계능력의 개념 이해 동영상 강의

　대인관계능력의 개념 이해 동영상 강의는 NCS 홈페이지-NCS통합-직업기초능력-대인관계능력에서 검색할 수 있다.

〔그림 20〕 대인관계능력 개념 이해 동영상 강의 홈페이지

출처 : 한국산업인력공단(2024), NCS 홈페이지, https://www.ncs.go.kr.

VII

스마트 시대, 디지털 문해력 갖춘 인재로 성장해야

1. 디지털문해력(정보능력)의 개념 및 중요성
2. 컴퓨터활용능력의 개념 및 적용
3. 정보처리능력의 개념 및 적용
4. 디지털문해력(정보능력)의 필기평가 예시
5. 디지털문해력(정보능력)의 면접평가 질문
6. 디지털문해력(정보능력)의 개념 이해 동영상 강의

VII. 스마트 시대, 디지털 문해력 갖춘 인재로 성장해야

학습개요

이 장에서는 디지털문해력(정보능력)의 중요성에 대해서 알아보고, 컴퓨터활용능력과 정보처리능력에 대해 알아본다. 또한 디지털문해력(정보능력) 필기평가 예시, 면접평가 질문 및 동영상 강의를 제시한다.

학습목표

1. 디지털문해력의 개념과 중요성을 설명할 수 있다.
2. 컴퓨터활용능력의 개념을 설명하고 실제 적용할 수 있다.
3. 정보처리능력의 개념을 설명하고 실제 적용할 수 있다.
4. 디지털문해력의 필기평가 예시를 제시할 수 있다.
5. 디지털문해력의 면접평가 질문을 제시할 수 있다.
6. 디지털문해력의 개념 이해 동영상 강의를 제시할 수 있다.

1. 디지털문해력(정보능력)의 개념 및 중요성

《《디지털문해력(정보능력) 체크리스트》》

1. 정보와 자료가 무엇이 다른지 설명할 수 있는가?
2. 디지털 사회의 특징은 무엇인지를 설명할 수 있는가?
3. 업무수행에 있어서 컴퓨터가 활용되는 분야를 설명할 수 있는가?
4. 업무수행에 있어서 정보를 효과적으로 처리하기 위한 절차를 설명할 수 있는가?
5. 사이버 공간에서 지켜야 할 예절과 규칙을 설명할 수 있는가?
6. 업무와 관련된 중요한 정보의 유출을 방지할 수 있는 방법을 설명할 수 있는가?

디지털문해력(정보능력)이란 기본적인 컴퓨터(스마트기기 및 AI 등 다양한 Tool)를 활용하여 업무에 필요한 정보를 수집, 분석, 활용하는 능력이다. 매일 수십만 개의 정보가 생성되고 소멸될 정도로 변화가 빠른 현대 사회에서 필수적이다. 업무 수행 중에 주위에 있는 모든 자료가 유용한 정보가 될 수 있는 것은 아니다. 자료는 특정한 목적과 문제해결에 도움이 되도록 가공해야만 유용한 정보로서의 가치를 지닌다. 업무 수행에 필요한 정보를 수집, 관리, 활용하기에 앞서 어떠한 정보를 어디에서, 언제까지, 왜, 누가, 어떻게, 얼마나 수집할 것인지에 대한 전략적 기획을 수립하는 것은 매우 중요하다. 흔히 사람들은 자료를 산더미처럼 많이 모으면 그것이 곧 훌륭한 정보가 된다고 생각하지만 그렇지 않다. '스마트폰 신상품 기획서 작성' 사례에서 고객의 주소와 성별, 이름, 나이, 전화번호, 보유 스마트폰 기종, 스마트폰 활용 횟수 등은 단순한 자료이며, 이를 통해 도출한 중년층의 보유 스마트폰 기종 및 성별에 따른 선호 디자인은 정보가 된다.

이와 같이 정보를 활용하는 능력을 정보능력이라고 하는데, 최근에는 디지털 문해력(리터러시)라는 표현을 쓴다. 위키백과에서 말하는 디지털문해력은 디지털 플랫폼의 다양한 미디어를 접하면서 명확한 정보를 찾고, 평가하고 조합하는 개인의 능력을 뜻한다. 디지털 문해력의 개념은 각자 자신에게 주어진 컴퓨터를 활용하는 기술을 가르치는 데 초점을 둔 컴퓨터 활용 교육 시절부터 등장하였으나, 인터넷의 발달과 모바일기기의 출현, 그리고 소셜미디어의 확장으로 단순히 기기를 사용하는 방법만이 아니라 정보를 다루고 가공하는 일까지 범위를 확장하게 되었다.

2. 컴퓨터활용능력의 개념 및 적용

《컴퓨터활용능력 체크리스트》
7. 업무수행에 필요한 인터넷서비스의 종류를 설명할 수 있는가?
8. 인터넷을 활용하여 업무수행에 필요한 정보를 검색할 수 있는가?
9. 업무수행에 필요한 소프트웨어의 종류 및 특징을 설명할 수 있는가?
10. 업무수행에 있어서 데이터베이스 구축의 필요성을 설명할 수 있는가?

컴퓨터활용능력은 업무 수행에 필요한 정보를 수집, 분석, 조직, 관리, 활용할 때 컴퓨터(스마트폰, 태블릿PC 등 포함)를 활용하는 능력이다. 정보사회의 도래에 가장 결정적인 역할을 한 것은 컴퓨터 기술의 발전이었으며, 직업인이 컴퓨터를 통해 필요한 정보를 얻고 자신에게잠재되어 있는 재능을 발휘하기 위해서는 컴퓨터활용능력의 함양이 필수적이다. 특히, 우리의 일상생활과 인터넷 서비스는 떼려야 뗄 수 없게 되었다. 우리가 업무 생활 혹은 일상생활에서 활용하고 있는 인터넷 서비스는 이메일(E-mail), 메신저(messenger), 웹하드, 클라우드, SNS 등 매우 다양하다. 소프트웨어의 종류로는 워드프로세서, 스프레드시트, 프레젠테이션, 전자출판-DTP 프로그램, 게임 소프트웨어, 유틸리티 프로그램, 백신 프로그램, 그래픽 프로그램, 웹 브라우저, 문서 편집기(웹 에디터), 플러그인(Plug-in) 프로그램 등이 있다. 컴퓨터를 이용하여 업무의 효율을 높이기 위해서는 데이터의 활용이 무엇보다 중요하다. 데이터를 잘 보관하고 관리하여 가장 효율적으로 이를 적재적소에 이용할 수 있어야 하는 것이다.

대부분의 기업에서 데이터 또는 그것이 제공해 주는 정보는 매우 중요한 자산이다. 매출실적, 경쟁업체의 제품과 서비스, 생산 공정 등의 정보는 기업을 성공적으로 유지하는 데 효과적으로 이용될 수 있다. 그러나 많은 경우 이러한 데이터가 한 조직 내에서 부서별로 서로 다른 파일로 구성되어 담당자만이 내용을 알고 이용하곤 했었다. 이런 경우 어떠한 정보가 다른 부서에는 알려져 있지 않고, 알고 있다고 하더라도 효율적으로 검색할 수가 없기 때문에 정보의 효용성은 매우 떨어지게 마련이다. 이러한 불편을 없애고 정보를 효과적으로 조작하고 효율적인 검색을 할 수 있게 하기 위해 데이터베이스를 이용하기 시작하였다.

파일시스템에서 하나의 파일은 독립적이며, 업무를 처리하는 데 필요한 모든 정보를 가지고 있다. 파일도 데이터의 집합이므로 데이터베이스라고 볼 수도 있으나 일반적으로 데이터베이스는 서로 연관된 여러 개의 파일을 의미한다. 여러 개의 파일이 서로 연관되어 있으므로 사용자는 정보를 한 번에 검색해 볼 수 있다. 데이터베이스 관리시스템은 데이터와 파일, 그들의 관계 등을 생성하고, 유지하고 검색할 수 있게 해주는 소프트웨어이다. 반면에 파일관리시스템은 한 번에 한 개의 파일에 대해서 생성, 유지, 검색을 할 수 있는 소프트웨어다.

데이터베이스의 필요성은 다음과 같다. 첫째, 데이터의 중복을 줄인다. 데이터베이스 시스템을 이용하면 데이터의 중복이 현저하게 줄어들며, 여러 곳에서 이용되는 데이터를 한 곳에서만 가지고 있으므로 데이터 유지비용을 줄일 수 있다.

둘째, 데이터의 무결성을 높인다. 데이터가 중복되지 않고 한 곳에만 기록되어 있으므로 데이터의 무결성, 즉 결함이 없는 데이터를 유지하는 것이 훨씬 쉬워졌다. 데이터가 변경되면 한 곳에서만 수정하면 되므로 해당 데이터를 이용하는 모든 애플리케이션은 즉시 최신의 데이터를 이용할 수 있다.

셋째, 검색을 쉽게 해준다. 한 번에 여러 파일에서 데이터를 찾아내는 기능은 원하는 검색이나 보고서 작성 등을 쉽게 할 수 있게 해준다.

넷째, 데이터의 안정성을 높인다. 대부분의 데이터베이스 관리시스템은 사용자가 정보에 대한 보안등급을 정할 수 있게 해준다. 예를 들어 어떤 부서의 관리자는 급여데이터에 대해서 읽기 권한만을 가질 수 있다. 그 관리자는 해당 데이터를 읽어 볼 수는 있으나 변경할 수는 없는 것이다. 그러나 급여부서의 총책임자에게는 읽기와 쓰기 권한을 모두 부여하여 데이터를 변경할 수 있게 할 수 있다. 일반 사원에게는 읽기와 쓰기 권한 모두 허용되지 않으므로 급여사항에 대한 보안을 유지할 수 있다.

다섯째, 프로그램의 개발기간을 단축한다. 데이터가 훨씬 조직적으로 저장되어 있으므로 이러한 데이터를 이용하는 프로그램의 개발이 훨씬 쉬워지고 기간도 단축된다.

3. 정보처리능력의 개념 및 적용

《《정보처리능력 체크리스트》》
11. 업무수행에 필요한 정보를 효과적으로 수집할 수 있는 방법을 설명할 수 있는가?
12. 업무수행에 있어서 정보분석 및 가공의 중요성을 설명할 수 있는가?
13. 업무수행에 필요한 정보를 효과적으로 관리할 수 있는 방법을 설명할 수 있는가?
14. 업무수행에 유용한 정보와 그렇지 않은 것을 구분하여 효과적으로 정보를 활용할 수 있는 방법을 설명할 수 있는가?

정보처리능력은 일을 하는데 있어서 필요한 정보를 수집하고, 분석하여 의미 있는 정보를 찾아내며, 찾아낸 정보를 업무 수행에 적절하도록 조직·관리하고 활용하는 능력이다. 문제해결에 적합한 정보를 찾고 선택할 수 있는 능력과 찾은 정보를 문제해결에 적용할 수 있는 능력의 함양은 필수적이다. 업무를 수행할 때 목적에 적합한 정보를 수집하는 것은 무엇보다도 중요한 일이다. 효과적으로 필요한 정보를 수집하기 위해서는 우선 정보수집 목적을 명확하게 설정하여야 한다. 그 후 적합한 정보원(sources)을 탐색하여 효과적인 방법에 따라 정보를 수집해야 할 것이다. 업무를 수행하기 위해서는 수많은 정보가 필요하며, 이러한 정보는 한 번 활용하고 나면 필요 없는 것이 아니라 대부분의 경우 같은 정보를 다시 이용하게 된다. 따라서 정보의 체계적인 분석 및 가공 절차가 필요하며, 효율적인 정보관리 방법을 숙지하여 정보를 체계적으로 관리하는 것이 중요하다.

우리는 정보를 효과적으로 활용함으로써 합리적인 의사결정을 할 수 있고, 새로운 기회를 탐색할 수 있으며, 위험을 사전에 예방할 수도 있다. 따라서 유용한 정보와 그렇지 않은 정보를 구분하여 합리적으로 적시에 활용하는 것은 직업인으로서의 성공에 큰 열쇠가 될 수 있다. 업무 수행 혹은 일상생활에서 인터넷을 활용할 때에는 항상 네티켓을 지키도록 노력해야 한다. 네티켓은 네트워크와 에티켓의 합성어로, 사이버 공간에서 지켜야 할 비공식적인 규약이다. 또한 디지털 시대에는 중요한 개인정보가 유출될 수 있다. 이러한 정보가 유출될 경우 막대한 손해를 입을 수도 있기 때문에 개인정보 유출 방지를 위한 노력을 기울여야 한다.

개인정보에 대한 보안이나 유출을 방지하기 위한 여러 가지 방법이 있다.

- 회원 가입 시 이용 약관을 읽어라!
    - 이용 약관에 기재된 항목 중 개인정보보호와 이용자 권리에 대한 조항은 유심히 읽어야 하며, 혹 3자에게 정보를 제공할 수 있다고 명시된 부분이 있는지 재확인해야 한다.
- 이용 목적에 부합하는 정보를 요구하는지 확인하라!
    - 정보를 수집할 때에는 수집 및 이용목적을 제시해야 한다. 특별한 설명 없이 학력, 결혼여부, 월급, 자동차 소유 여부 등을 요구한다면 가입여부를 재고해 봐야 한다.

- 비밀번호는 정기적으로 교체하라!
  - 비밀번호는 주기적으로 바꾸는 것이 좋다. 대부분의 경우 동일한 ID와 비밀번호를 몇 년씩 사용하는 경우가 많은데 이럴수록 비밀번호와 ID가 노출되기 쉽다.

- 정체불명의 사이트는 멀리하라!
  - 수많은 사이트에서 경품 이벤트를 통해 회원가입을 권유하고 있다. 정체가 불분명한 사이트에서 지나치게 개인정보를 요구하면 가입여부를 고려해 보는 것이 좋다.

- 가입 해지 시 정보 파기 여부를 확인하라!
  - 가입만 해지해선 소용이 없다. 개인정보도 탈퇴 즉시 해지하는지 여부를 확인하자. 일부 사이트는 해지 후에도 몇 개월간 개인정보를 파기하지 않는다는 조항이 있다.

- 뻔한 비밀번호를 쓰지 말라!
  - 생년월일이나 전화번호 등 남들이 쉽게 유추할 수 있는 비밀번호는 자제해야 한다. 또한 동일한 번호를 연속으로 사용하는 것도 바람직하지 않다.

4. 디지털문해력(정보능력)의 필기평가 예시

디지털문해력(정보능력)의 필기평가 예시는 능력중심채용모델에서 찾아볼 수 있다. NCS 홈페이지-공정채용-채용모델 필기문항에서 검색할 수 있다.

문제 정보	대영역	정보능력	하위영역	정보처리능력	난이도	하	평가시간	0.5분

1. IT회사에 취업한 직장인 K씨는 컴퓨터가 활용되는 분야에 대해 궁금증을 가지게 되었다. K씨는 컴퓨터가 활용되는 분야 중 하나를 설명하는 자료를 다음과 같이 찾았을 때 괄호 안에 공통으로 들어갈 단어의 약어는 무엇인가?

( )는 정보통신망의 개념이 통신수단으로서의 의미를 넘어 시장이라는 개념으로 확대됨을 의미한다. 또한 정보기술을 응용한 ( )는 기존의 거래관계를 전자화하는 것 외에, 특히 각종 소프트웨어·DB 등 정보 및 지식과 관련된 비물질적인 제품의 새로운 시장을 창출한다는 데에 그 의의가 있다. 인터넷의 발전과 저변확대는 새로운 시장창출의 가능성을 더욱 분명하게 보여주고 있다. ( )는 "전자적 방식을 이용하여 전자공간 상에서 이루어지는 거래행위"라고 정의할 수 있다.

① MES(Manufacturing Execution System)
② PLM(Product Lifecycle Management)
③ EC(Electronic Commerce)
④ FEMSFactory Energy Management System)

〔그림 21〕 2023년 능력중심채용모델-NCS직업기초능력 필기문항-정보능력

출처 : 한국산업인력공단(2024). 능력중심채용모델. https://www.ncs.go.kr.

5. 디지털문해력(정보능력)의 면접평가 질문

정보를 활용하는 능력을 정보능력이라고 하는데, 최근에는 디지털 문해력(리터러시)라는 표현을 쓴다. 디지털 플랫폼의 다양한 미디어를 접하면서 명확한 정보를 찾고, 평가하고 조합하는 개인의 능력을 뜻한다.

《《디지털문해력(정보능력) 면접평가 질문》》

◆ 디지털 정보를 수집하고 관리하기 위한 자신만의 방법을 말해보세요
  ☞ 다양한 매체와 방법을 이용해서 정보를 수집하고, 목적에 따라 분석, 관리하는 방법을 알고 있는가?
  ☞ 수집한 자료를 선별, 분류하여 체계적으로 관리하는가?
  ☞ 식무와 관련된 경험으로 적용 및 활용이 가능한가?

대부분의 직업인들은 원활한 업무수행을 위해 다양한 인터넷 서비스를 활용하고 있다. 따라서 전자우편, 웹하드, 메신저 등 다양한 인터넷 서비스의 특징을 파악하여 업무수행과정에서 적재적소에 활용할 수 있어야 한다. 또한 직업인으로서 특정한 업무를 수행하기 위해서는 그 일에 해당하는 소프트웨어를 선택하여 활용할 수 있어야 한다. 뿐만 아니라 컴퓨터를 이용하여 업무의 효율을 높이기 위해서는 데이터의 효과적인 활용이 필요하며, 이를 위해서는 데이터베이스의 구축이 필수적이다.

《《컴퓨터활용능력 면접평가 질문》》

◆ 자신의 컴퓨터 활용능력이 어느 정도인지 말해보세요
  ☞ 컴퓨터 이론에 관한 전문적 지식과 기술능력이 있는가?
  ☞ 인터넷을 통해 필요한 정보를 검색, 관리하여 업무에 활용할 수 있는 능력이 있는가?
  ☞ 직무와 관련된 자격증이나 직, 간접적 경험이 있는가?
  ☞ 직무에 필요한 역량과 부합하는 능력인가?

◆ 정보를 수집하고 관리하기 위한 자신만의 방법을 말해보세요
  ☞ 다양한 매체와 방법을 이용해서 정보를 수집하고, 목적에 따라 분석, 관리하는 방법을 알고 있는가?
  ☞ 수집한 자료를 선별, 분류하여 체계적으로 관리하는가?
  ☞ 직무와 관련된 경험으로 적용 및 활용이 가능한가?

정보처리능력은 직장생활에서 필요한 정보를 수집하고, 분석하여 의미있는 정보를 찾아내며, 찾아낸 정보를 업무수행에 적절하도록 조직·관리하고 활용하는 능력이다. 오늘날 정보가 기하급수적으로 증가하고 있는 실정에서, 문제해결에 적합한 정보를 찾고 선택할 수 있는 능력과 찾은 정보를 문제해결에 적용할 수 있는 능력의 함양은 필수적이다.

《《정보처리능력 면접평가 질문》》

◆ 자신의 정보수집능력으로 팀업무(과제)수행에 긍정적 성과를 가져온 경험이 있다면 말해주세요
  ☞ 프로젝트 수행을 위한 다양한 정보습득능력이 있는가?
  ☞ 조사한 정보를 효율적으로 이용할 수 있는 분석능력이 있는가?
  ☞ 수집한 자료를 선별, 분류하여 체계적으로 관리하는가?
  ☞ 직무와 관련된 경험으로 적용 및 활용이 가능한가?

◆ 프로젝트 진행시 팀장(혹은 동료)이 요구하는 적합한 자료를 조사하고, 수집한 경험이 있다면 말해주세요
  ☞ 프로젝트 수행을 위한 다양한 정보습득능력이 있는가?
  ☞ 조사한 정보를 효율적으로 이용할 수 잇는 분석능력이 있는가?
  ☞ 수집한 자료를 선별 분류하여 체계적으로 관리하는가?
  ☞ 직무와 관련된 경험으로 적용 및 활용이 가능한가?

6. 디지털문해력(정보능력)의 개념 이해 동영상 강의

디지털문해력(정보능력)의 개념 이해 동영상 강의는 NCS 홈페이지-NCS 통합-직업기초능력-정보능력에서 검색할 수 있다.

〔그림 22〕 정보능력 개념 이해 동영상 강의 홈페이지

출처 : 한국산업인력공단(2024), NCS 홈페이지, https://www.ncs.go.kr.

VIII

기술능력 습득으로
조직경쟁력 강화시킨다

1. 기술능력의 개념 및 중요성
2. 기술이해능력의 개념 및 적용
3. 기술선택능력의 개념 및 적용
4. 기술적용능력의 개념 및 적용
5. 기술능력의 필기평가 예시
6. 기술능력의 면접평가 질문
7. 기술능력의 개념 이해 동영상 강의

VIII. 기술능력 습득으로 조직경쟁력 강화시킨다

학습개요

이 장에서는 기술능력의 중요성에 대해서 알아보고, 기술이해능력, 기술선택능력 및 기술적용능력에 대해 알아본다. 또한 기술능력 필기평가 예시, 면접평가 질문 및 동영상 강의를 제시한다.

학습목표

1. 기술능력의 개념과 중요성을 설명할 수 있다.
2. 기술이해능력의 개념을 설명하고 실제 적용할 수 있다.
3. 기술선택능력의 개념을 설명하고 실제 적용할 수 있다.
4. 기술적용능력의 개념을 설명하고 실제 적용할 수 있다.
5. 기술능력의필기평가 예시를 제시할 수 있다.
6. 디지털문해력의 면접평가 질문을 제시할 수 있다.
7. 디지털문해력의 개념 이해 동영상 강의를 제시할 수 있다.

1. 기술능력의 개념 및 중요성

《《기술능력 체크리스트》》

1. 기술이란 무엇이고, 왜 중요한지 설명할 수 있는가?
2. 기술능력의 의미와 중요성에 대해 설명할 수 있는가?
3. 기술능력을 향상시키기 위한 방법에는 어떠한 것이 있는 지 설명할 수있는가?

최근 글로벌 경쟁시대에서는 조직이 어떠한 기술을 획득하고 활용할 것인가 하는 문제가 기업의 경쟁력을 결정한다고 본다. 때문에 주어진 시간과 자원의 제약 아래 선택 가능한 기술 중 최적의 기술을 선택하는 것을 매우 중요시 여기고 있다.

기술은 "물리적인 것뿐 아니라 사회적인 것으로서 지적인 도구를 특정한 목적에 사용하는 지식체계", "인간이 주위환경에 대한 통제를 확대시키는 데 필요한 지식의 적용" 등으로 정의할 수 있다. 기술능력은 직업에 종사하는 모든 사람들에게 필요한 능력이다. 이는 넓은 의미로 확대하면 기술교양(technical literacy)이라는 개념으로 사용될 수 있으며, 기술교양의 개념을 보다 구체화시킨 개념으로 볼 수 있다. 기술능력이 뛰어난 사람은 실질적 해결이 필요한 문제를 인식하고, 인식된 문제를 위한 다양한 해결책을 개발·평가하고, 실제적 문제를 해결하기 위해 지식이나 기타 자원을 선택·최적화시키며, 제한된 자원을 가지고 일을 진행하고, 기술적 해결에 대한 효용성을 평가할 수 있다. 기술능력은 기술직 종사자에게만 해당되는 것은 아니라고 보기 때문에 기술능력을 보다 확대하여 이해하는 것이 바람직하다. 즉 기술능력을 일반적으로 사용되는 기술교양(Technological Literacy)의 개념을 보다 구체화한 개념으로 보는 것이 바람직하다. 기술능력 향상방법에는 전문연수원에서 제공하는 기술과정 연수, e-learning을 활용한 기술교육, 상급학교 진학을 통한 기술교육, OJT 등이 있다. 지속가능한 기술은 ① 이용 가능한 자원과 에너지를 고려하고, ② 자원이 사용되고 그것이 재생산되는 비율의 조화를 추구하며, ③ 이러한 자원의 질을 생각하고, ④ 자원이 생산적인 방식으로 사용되는가에 주의를 기울이는 기술을 의미한다. 산업재해란 산업 활동 중의 사고로 인해 사망하거나 부상을 당하고, 또는 유해 물질에 의한 중독 등으로 직업성 질환에 걸리거나 신체적 장애를 갖게 되는 것으로 산업재해를 예방하기 위한 과정은 ① 안전 관리 조직, ② 사실의 발견, ③ 원인 분석, ④ 기술 공고화, ⑤ 시정책 적용 및 뒤처리이다.

2. 기술이해능력의 개념 및 적용

> **《《기술이해능력 체크리스트》》**
> 4. 기술의 원리와 절차, 그리고 기술 시스템에 대해 설명할 수 있는가?
> 5. 기술혁신의 의미와 중요성에 대해 설명할 수 있는가?
> 6. 기술의 변화와 미래에 요구되는 기술을 설명할 수 있는가?
> 7. 실패한 기술이 우리사회에 미치는 영향에 대해 설명할 수 있는가?

모든 기술에 공통으로 해당하는 기술의 원리와 절차를 이해하는 것은 기술을 전문적으로 연구하는 전문가에게도 힘든 일이다. 따라서 여기에서는 모든 기술에 공통적으로 해당하는 특성이라고 볼 수 있는 기술시스템(technological system)에 대해서 알아보자.

기술시스템은 인공물의 집합체만이 아니라 회사, 투자회사, 법적 제도, 정치, 과학, 자연자원을 모두 포함하는 것이기 때문에, 기술시스템에는 기술적인 것(the technical)과 사회적인 것(the social)이 결합해서 공존하고 있다. 이러한 의미에서 기술시스템은 사회기술시스템(sociotechnical system)이라고 불리기도 한다. 기술시스템의 발전단계는 발명, 개발, 혁신 단계, 기술이전의 단계, 기술경쟁의 단계, 기술공고화 단계로 구분된다. 기술시스템의 발전단계에서 중요한 것은 각 단계에서 핵심적인 역할을 하는 사람들이 다르다는 것이다. 첫 번째와 두 번째 단계에서는 시스템을 디자인하고 초기 발전을 추진하는 기술자들의 역할이 중요하다. 에디슨과 같은 기술자들은 발명에도 능하고 동시에 사업에도 능한 사람이었는데, 그래서 이런 기술자들을 "발명가 겸 기업가"라고 부른다. 반면 기술시스템의 경쟁 단계에서는 기업가들의 역할이 더 중요하게 부상하며, 시스템이 공고해지면 자문 엔지니어와 금융전문가의 역할이 중요해진다. 기술혁신의 특성은 그 과정 자체가 매우 불확실하고 장기간의 시간을 필요로 하며, 지식 집약적인 활동이라는 것이다. 또한 혁신 과정의 불확실성과 모호함은 기업 내에서 많은 논쟁과 갈등을 유발할 수 있으며, 조직의 경계를 넘나드는 특성도 가지고 있다.

미래 사회에 유망하다고 판단되는 기술에 대해 알아보자. 전기전자정보공학분야에서 유망한 기술로 전망되는 것은 지능형 로봇 분야이다. 지능형 로봇의 장점은 인간과 로봇이 자연스럽게 서로를 인지하고 정서적으로 공감하며 상호 작용할 수 있다는 것이다. 이제 로봇은 우리 생활에 도움을 주는 로봇에서 더 나아가 인간과 함께 살아가는 동반자적 역할을 하게 될 것이다. 기계공학분야에서는 친환경 자동차 기술이 유망할 것으로 전망된다. 친환경 자동차 기술은 CO_2로 인한 환경오염을 방지하고, 화석연료의 고갈에 대비하여 새로운 대체에너지원을 찾고자 하는 기술이다. 친환경 자동차 기술 중 대표적인 것이 하이브리드 기술과 연료전지 기술이다. 건설환경공학분야에서 유망한 기술로 떠오르고 있는 것은 "지속 가능한 건축 시스템 기술"이다. 건축 산업은 총 CO_2 배출량의 36%를 차지한다. 이중 1/3은 건물의 신축과 개·보수가 차지하고 있어 이 분야에서 CO_2 배출량을 줄이는 것은 생산업 활동을 위축시키지 않고 효율적으로 CO_2 배출량의 감소를 구현할 수 있는 좋은 방법 중 하나이다. 화학생명공학분야에서는 각 개인의 유전적 특징을 고려한 맞춤 의학 및 신약 개발을 가능하게 하거나 질병을 효과적으로 치료할 수 있다. 스마트 약이라는 '나노 캡슐'은 몸 안을 헤엄치고 다니다가 특정 질병의 바이러스를 만나면 약물을 내보내 물리친다. 이것을 약물 전달 시스템이라고 한다.

3. 기술선택능력의 개념 및 적용

《《기술선택능력 체크리스트》》
8. 일에 필요한 기술을 적용할 때 자원, 시간, 비용 등의 제반 여건을 파악할 수 있다.
9. 일을 하는 상황에 사용된 다양한 기술에 대한 정보를 수집할 수 있는가?
10. 일과 관련된 기술을 선택할 때 다양한 기술의 사용에 따른 장단점을 비교할 수 있는가?
11. 일에 필요한 최적의 기술을 선택하여 학습할 수 있는가?

기술선택이란 기업이 어떤 기술을 외부로부터 도입하거나 자체 개발하여 활용할 것인가를 결정하는 것이다. 기술선택 의사결정은 상향식 기술선택(bottom up approach), 하향식 기술선택(top-down approach) 등 2가지가 있다. 기술선택을 위한 절차는 외부 환경 분석, 중장기 사업목표 설정, 내부 역량 분석, 사업 전략 수립, 요구기술 분석, 기술전략 수립, 핵심기술 선택으로 구분할 수 있다. 벤치마킹은 특정 분야에서 뛰어난 업체나 상품, 기술, 경영 방식 등을 배워 합법적으로 응용하는 것을 말한다. 모방과는 달리 우수한 기업이나 성공한 상품, 기술, 경영 방식 등의 장점을 자사의 환경에 맞추어 재창조하는 것이다. 벤치마킹의 종류는 비교 대상에 따라 내부, 경쟁적, 비경쟁적, 글로벌 벤치마킹으로 구분할 수 있으며, 수행방식에 따라서는 간접적, 직접적 벤치마킹으로 구분할 수 있다. 벤치마킹의 단계는 범위결정, 측정범위 결정, 대상 결정, 벤치마킹, 성과차이 분석, 개선계획 수립, 변화관리 등으로 구분할 수 있다. 매뉴얼의 사전적 의미는 어떤 기계의 조작 방법을 설명해 놓은 사용 지침서, 즉 '사용서', '설명서', '편람', '안내서'를 의미한다. 또한 군대에서는 '교범(敎範)'을 뜻한다. 매뉴얼은 제품 매뉴얼과 업무 매뉴얼로 구분할 수 있으며, 매뉴얼 작성을 위한 팁(Tip)으로는 ① 내용이 정확해야 한다 ② 사용자가 알기 쉬운 문장으로 쓰여야 한다 ③ 사용자에 대한 심리적 배려가 있어야 한다 ④ 사용자가 찾고자 하는 정보를 쉽게 찾을 수 있어야 한다 ⑤ 사용하기 쉬워야 한다 등이 있다. 지식재산권은 인간의 창조적 활동 또는 경험 등을 통해 창출하거나 발견한 지식·정보·기술이나 표현, 표시 그 밖에 무형적인 것으로서 재산적 가치가 실현될 수 있는 지적 창작물에 부여된 권리를 말한다. 지식재산권에는 산업재산권, 저작권, 신지식재산권 등이 있다.

4. 기술적용능력의 개념 및 적용

《《기술적용능력 체크리스트》》

12. 일을 하는데 사용할 기술이 실제로 실현가능한 것인지를 고려하여 상황과 절차에 따라 우선적으로 필요한 기술을 적용할 수 있는가?
13. 일을 하는데 있어서 기술사용의 어려움을 겪었다면 왜 그런 결과가 나왔는지 오류와 개선점을 확인할 수 있는가?
14. 일을 할 때, 기술을 적용하는데 있어서 좋은 결과가 나왔다면 그것을 유지할 수 있는가?
15. 일을 할 때, 기술 적용 후 새로운 기술이 요구되면 그것을 학습하고 효과적인 적용 방안을 모색할 수 있는가?

　기술적용 형태는 ① 선택한 기술을 그대로 적용한다 ② 선택한 기술을 그대로 적용하되, 불필요한 기술은 과감히 버리고 적용한다 ③ 선택한 기술을 분석하고, 가공하여 활용한다 등으로 구분할 수 있다. 기술적용 시 고려사항으로는 ① 기술적용에 따른 비용이 많이 드는가 ② 기술의 수명 주기는 얼마인가 ③ 기술의 전략적 중요도는 어느 정도인가 ④ 잠재적으로 응용가능성이 있는가 등이 있다. 기술경영자는 기술을 기업의 전반적인 전략 목표에 통합시키는 능력, 빠르고 효과적으로 새로운 기술을 습득하고 기존의 기술에서 탈피하는 능력, 기술을 효과적으로 평가할 수 있는 능력, 기술 이전을 효과적으로 할 수 있는 능력, 새로운 제품개발 시간을 단축할 수 있는 능력, 크고 복잡하고 서로 다른 분야에 걸쳐 있는 프로젝트를 수행할 수 있는 능력, 조직 내의 기술 이용을 수행할 수 있는 능력, 기술 전문인력을 운용할 수 있는 능력 등이 필요하다. 네트워크 혁명의 특징은 전 세계의 사람들과, 이들의 지식과 활동이 연결되면서 나의 지식과 활동이 지구 반대편에 있는 사람에게 미치는 영향의 범위와 정도가 증대되는 한편, 지구 저쪽에서 내려진 결정이 내게 영향을 미칠 수 있는 가능성도 커졌다는 것이다. 이 중에는 내가 예측할 수 있고 내게 도움이 되는 것도 있지만, 그렇지 못한 것도 많다. 범세계적인 상호 영향이 보편화 되면서 사회의 위험과 개인의 불안이 증가한다고 볼 수 있다. 인간 활동의 향상을 위해 중요한 융합기술로는 다음 네 가지가 언급된다. ① 제조, 건설, 교통, 의학, 과학기술 연구에서 사용되는 완전히 새로운 범주의 물질, 장치, 시스템 ② 나노 규모에서 동작하는 부품과 공정의 시스템을 가진 물질 중에서 가장복잡한 것으로 알려진 생물 세포 ③ 유비쿼터스 및 글로벌 네트워크로 다양한 요소를 통합하는 컴퓨터 및 통신시스템의 기본 원리 ④ 사람의 뇌와 마음의 구조와 기능에 관련한 생명공학기술, 나노기술, 정보기술과 인지과학이다.

5. 기술능력의 필기평가 예시

기술능력의 필기평가 예시는 능력중심채용모델에서 찾아볼 수 있다. NCS 홈페이지-공정채용-채용모델 필기문항에서 검색할 수 있다.

문제 정보	대영역	기술능력	하위영역	기술이해능력	난이도	중	평가시간	1분

1. 하인리히는 산업안전원칙의 기초 위에서 재해예방원리라는 5단계적인 방법을 제시하였다. 다음 (가)~(마) 하인리히의 재해예방 5단계에 따라 순서대로 나열한 것은?

(가) 원인 분석 : 재해의 발생 장소, 재해 형태, 재해 정도, 관련 인원, 직원 감독의 적절성, 공구 및 장비의 상태 등을 정확히 분석한다.
(나) 안전 관리 조직 : 경영자는 사업장의 안전 목표를 설정하고, 안전 관리 책임자를 선정해야 하며, 안전 관리 책임자는 안전 계획을 수립하고, 이를 시행·후원·감독해야 한다.
(다) 시정책 적용 및 뒤처리 : 안전에 대한 교육 및 훈련 실시, 안전시설과 장비의 결함 개선, 안전 감독 실시 등의 선정된 시정책을 적용한다.
(라) 시정책의 선정 : 원인 분석을 토대로 적절한 시정책, 즉 기술적 개선, 인사 조정 및 교체, 교육, 설득, 호소, 공학적 조치 등을 선정한다.
(마) 사실의 발견 : 사고 조사, 안전 점검, 현장 분석, 작업자의 제안 및 여론 조사, 관찰 및 보고서 연구, 면담 등을 통하여 사실을 발견한다.

① (가)-(나)-(마)-(다)-(라)
② (가)-(마)-(나)-(라)-(다)
③ (나)-(마)-(가)-(라)-(다)
④ (나)-(다)-(가)-(라)

〔그림 23〕 2023년 능력중심채용모델-NCS직업기초능력 필기문항-기술능력

출처 : 한국산업인력공단(2024). 능력중심채용모델. https://www.ncs.go.kr.

6. 기술능력의 면접평가 질문

　기술이해능력은 직장생활에서 필요한 기술의 원리 및 절차를 이해하는 능력이다. 오늘날에는 기술 변화의 속도가 매우 빠르고 다양해졌다. 그렇다고 해서 빠르게 변화하는 모든 기술을 다 알고 있어야 할 필요는 없을 것이다. 오히려 미래에는 가장 기본이 되는 기술의 원리나 절차, 그리고 기술의 시스템을 알고 있는 것이 더욱 중요할 것이다. 이를 기술시스템이라고 한다.

《《기술이해능력 면접평가 질문》》

◆ 본인이 지원한 직무분야에서 가장 필요하다고 생각하는 기술은 무엇입니까?
　☞ 업무수행에 필요한 기본적인 기술의 원리 및 절차를 이해하고 있는가?
　☞ 업무수행에 필요한 다양한 도구 활용능력이 있는가?
　☞ 해당 기술이 왜 필요한지 합리적인 이유가 있는가?
　☞ 직무에 필요한 기술과 부합하는 능력인가?

　기술선택능력은 기본적인 직장생활에 필요한 기술을 선택하는 능력이다. 어떤 기술을 획득하고 활용할 것인가는 업무를 수행하고 있는 본인뿐만 아니라 더 나아가 기업의 경쟁력을 결정짓는 것이기 때문에 기술을 선택할 때에는 반드시 합리적 의사결정을 추구해야 한다.

《《기술선택능력 면접평가 질문》》

◆ 필요한 지식(기술)이라고 판단하여 별도의 노력을 통해 배운 적이 있나요?
　☞ 업무수행에 필요한 기술을 비교분석한 후 장·단점을 파악하여 선택하는 능력이 있는가?
　☞ 목적에 맞게 다양한 도구를 활용하는 기술능력이 있는가?
　☞ 해당 기술이 왜 필요한지 합리적인 이유가 있는가?
　☞ 직무에 필요한 기술과 부합하는 능력이 있는가?

기술적용능력은 기본적인 직장생활에 필요한 기술을 실제로 적용하고 결과를 확인하는 능력이다. 오늘날 직장인에게 기술을 활용하고 적용하는 능력은 기술을 이해하고 선택하는 능력만큼이나 중요하다. 하지만 기술을 이해하고 선택하였다고 해서 모두 적용할 수 있는 것은 아니다. 기술 적용은 선택한 기술을 그대로 활용하는 경우도 있지만, 선택한 기술을 그대로 적용하되 불필요한 기술은 과감히 버린 채 적용할 수도 있고 가공하여 활용할 수도 있기 때문에 그 활용형태가 매우 다양하다. 이러한 기술을 적용하기 위해서는 기술적용비용, 기술의 수명주기, 기술의 전략적 중요도, 잠재적 응용가능성을 고려해야 한다.

《《기술적용능력 면접평가 질문》》

◆ 자신의 전공이 회사(또는 지원분야)에 어떻게 도움이 되는지 설명해보세요
  - ☞ 희망직무에 대한 역할과 구체적인 업무(지식/태도/기술)를 파악하고 있는가?
  - ☞ 희망하는 직무분야의 비전과 지원동기가 명확한가?
  - ☞ 희망직무에 필요한 자신의 역량과 특성을 알고 있는가?
  - ☞ 직무에 필요한 (기술)역량과 부합되는 (전공)분야인가?

◆ 습득한 기술을 실제 상황에 적용하여 결과물을 만들어낸 적이 있나요?
  - ☞ 직무를 이해하고 관련 지식과 기술이 있는가?
  - ☞ 업무수행에 필요한 기술을 실제로 여러 가지 상황에 적용하여 결과를 분석할 능력이 있는가?
  - ☞ 목적에 맞게 다양한 도구를 활용하는 기술능력이 있는가?
  - ☞ 직무에 필요한 역량과 부합하는 능력인가?

◆ 기존에 사용하던 기술이나 장비를 되풀이하기보다, 적합한 기술 및 장비를 새롭게 적용해 본 경험이 있다면 말해보세요
  - ☞ 업무수행에 필요한 기술을 비교분석한 후 장·단점을 파악하여 선택하는 능력이 있는가?
  - ☞ 목적에 맞게 다양한 도구를 활용하는 기술능력이 있는가?
  - ☞ 직무에 필요한 역량과 부합하는 능력인가?

◆ 전자기기의 오작동을 처리하거나 수리한 경험이 있다면 말해보세요
  ☞ 전자기기와 관련한 지식과 경험이 있는가?
  ☞ 문제해결에 필요한 기술을 실제로 여러 가지 상황에 적용하여 사용할 수 있는가?
  ☞ 목적에 맞게 다양한 도구를 활용하는 기술능력이 있는가?
  ☞ 직무에 필요한 역량과 부합하는 능력인가?

7. 기술능력의 개념 이해 동영상 강의

기술능력의 개념 이해 동영상 강의는 NCS 홈페이지-NCS통합-직업기초능력-기술능력에서 검색할 수 있다.

〔그림 24〕 기술능력 개념 이해 동영상 강의 홈페이지

출처 : 한국산업인력공단(2024). NCS 홈페이지. https://www.ncs.go.kr.

IX

업무성과·경영효과 높이는 조직이해능력

1. 조직이해능력의 개념 및 중요성

2. 경영이해능력의 개념 및 적용

3. 체제이해능력의 개념 및 적용

4. 업무이해능력의 개념 및 적용

5. 국제감각의 개념 및 적용

6. 조직이해능력의 필기평가 예시

7. 조직이해능력의 면접평가 질문

IX. 업무성과·경영효과 높이는 조직이해능력

학습개요

이 장에서는 조직이해능력의 중요성에 대해서 알아보고, 경영이해능력, 체제이해능력, 업무이해능력, 국제감각에 대해 알아본다. 또한 조직이해능력의 필기평가 예시, 면접평가 질문 및 동영상 강의를 제시한다.

학습목표

1. 조직이해능력의 개념과 중요성을 설명할 수 있다.
2. 경영이해능력의 개념을 설명하고 실제 적용할 수 있다.
3. 체제이해능력의 개념을 설명하고 실제 적용할 수 있다.
4. 업무이해능력의 개념을 설명하고 실제 적용할 수 있다.
5. 국제감각의 개념을 설명하고 실제 적용할 수 있다
6. 조직이해능력의 필기평가 예시를 제시할 수 있다.
7. 조직이해능력의 면접평가 질문을 제시할 수 있다.
8. 조직이해능력의 개념 이해 동영상 강의를 제시할 수 있다.

1. 조직이해능력의 개념 및 중요성

《〈조직이해능력 체크리스트〉》

1. 조직의 의미를 설명할 수 있는가?
2. 조직이해가 왜 필요한 것인지 설명할 수 있는가?
3. 조직이 어떻게 운영되는 것인지 설명할 수 있는가?
4. 조직의 체제를 구성하는 요소를 구분할 수 있는가?
5. 전체 조직에서 내가 맡은 업무를 설명할 수 있는가?
6. 글로벌화가 직장생활에 미치는 의미를 설명할 수 있는가?
7. 조직변화 계획을 수립할 수 있는가?
8. 조직과 나와의 관계를 설명할 수 있는가?

조직은 두 사람 이상이 공동의 목표를 달성하기 위해 의식적으로 구성된 상호작용과 조정을 행하는 행동의 집합체다. 그러나 단순히 사람들이 모였다고 해서 조직이라고 하지는 않는다. 조직은 목적을 가지고 있고, 구조가 있으며, 목적을 달성하기 위해 구성원들이 서로 협동을 하고, 외부 환경과 긴밀한 관계를 가지고 있다. 조직은 일반적으로 재화나 서비스의 생산이라는 경제적 기능과 조직구성원들에게 만족감을 주고 협동을 지속시키는 사회적 기능을 갖는다. 사람들은 조직에 속하거나 다른 조직에서 생산한 상품이나 서비스를 이용하고, 다른 조직과 함께 일을 하면서 관계를 맺는다.

우리 주위에서 볼 수 있는 조직으로는 정부와 기업, 학교, 병원, 군대, 가정, 경찰서, 연구소, 시민단체, 종교단체, 노동조합 등이 있다. 이러한 조직들은 어떠한 기준으로 구분할 수 있을까? 조직의 유형을 아는 것은 조직의 성격과 활동을 이해하는 데 좋은 나침반이 된다.

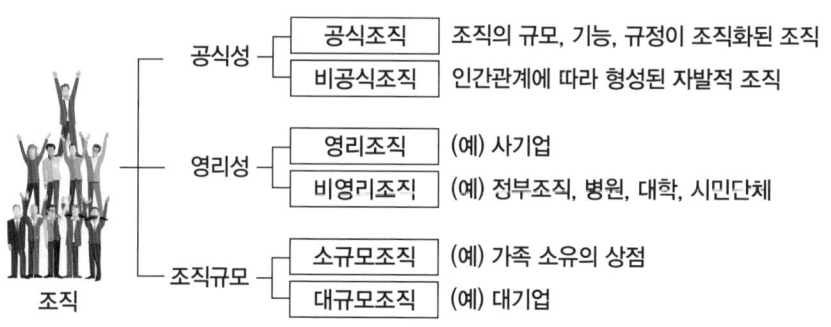

〔그림 25〕 조직의 유형

출처 : 한국산업인력공단(2024), 조직이해능력 교수자용 가이드북. https://www.ncs.go.kr.

조직의 체제는 조직목표와 조직구조, 업무 프로세스, 조직문화, 규칙 및 규정 등으로 이루어진다. 조직의 목표는 조직이 달성하려는 장래의 상태로 조직이 존재하는 정당성과 합법성을 제공한다. 조직목표에는 전체 조직의 성과와 자원, 시장, 역량개발, 혁신과 변화, 생산성에 대한 목표가 포함된다.

조직과 환경은 서로 영향을 주고받는다. 조직도 환경에 영향을 미치지만, 환경은 조직의 생성과 지속, 발전에 지대한 영향력을 가지고 있다. 오늘날 조직을 둘러싼 환경은 급변하고 있으며, 조직은 생존하기 위하여 이러한 환경의 변화를 읽고 적응해 나가야 한다. 이처럼 조직이 새로운 아이디어나 행동을 받아들이는 것을 조직변화 혹은 조직혁신이라고 한다. 일 경험의 발전을 위해서 환경의 변화를 인지하고 이것의 수용가능성을 평가한 후, 새로운 아이디어를 내거나, 새로운 기술을 채택하거나, 또는 관리자층의 변화 방향에 대해 공감하고 실행하는 역할이 요구된다.

조직변화는 제품과 서비스, 전략, 구조, 기술, 문화 등에서 이루어질 수 있다. 제품이나 서비스의 변화는 기존 제품이나 서비스의 문제점을 인식하고 고객의 요구에 부응하기 위한 것으로 고객을 늘리거나 새로운 시장을 확대하기 위해서 필요하다. 전략이나 구조의 변화는 조직의 경영과 관계된 것으로 조직의 목적을 달성하고 효율성을 높이기 위해 조직구조나 경영방식, 각종 시스템 등을 개선하는 것이다. 기술변화는 신기술이 발명되었을 때나 생산성을 높이기 위해 새로운 기술을 도입하는 것이다. 문화의 변화는 구성원들의 사고방식이나 가치체계를 변화시키는 것으로 조직의 목적과 일치시키기 위해 새로운 문화를 유도하기도 한다.

2. 경영이해능력의 개념 및 적용

〈〈경영이해능력 체크리스트〉〉
9. 경영의 의미와 과정을 설명할 수 있는가?
10. 조직에서 의사결정이 어떻게 이루어지는지 설명할 수 있는가?
11. 내가 속한 조직의 경영전략을 설명할 수 있는가?
12. 근로자들이 조직경영에 참여하는 방법을 설명할 수 있는가?.

경영이란 조직이 수립한 목적을 달성하기 위하여 계획을 세우고 실행하고 그 결과를 평가하는 과정이다. 과거에는 경영을 단순히 관리라고 생각하였으나 경영은 관리 이외에도 조직의 목적을 설정하고, 이를 달성하기 위하여 전략을 수립하는 활동을 포함한다. 조직은 다양한 유형이 있기 때문에 모든 조직에 공통적인 경영원리를 적용하는 것은 불가능하다. 그러나 특정 조직에게 적합한 특수경영 외에 일반경영은 조직의 특성에 관계없이 공통으로 적용할 수 있는 개념이다.

경영의 구성요소에는 일반적으로 경영목적과 조직구성원, 자금, 전략의 4요소가 있다. 경영목적은 조직의 목적을 어떤 과정과 방법을 택하여 수행할 것인가를 구체적으로 제시해 준다. 조직을 이끌어 나가는 경영자는 조직의 목적이 얼마나 효과적으로, 그리고 얼마나 효율적으로 달성되었는지에 대해 평가를 받게 된다.

조직에서 여러 문제가 발생하면 조직구성원들은 의사결정과정에 참여하게 된다. 이때 조직의 의사결정은 집단적으로 이루어지는 경우가 많으며, 여러 가지 제약요건이 존재하기 때문에 적합한 과정을 거쳐야 한다. 조직에서 의사결정은 개인의 의사결정에 비해 복잡하며, 신속하게 이루어져야 할 때가 많고, 확실하지 못한 환경에서 이루어지기도 한다. 또한 한 사람의 관리자에 의해 결정되는 것이 아니라 많은 구성원들의 참여와 협력이 요구된다. 문제를 해결하기 위해서 여러 부서가 관여하고, 다양한 견해를 내기도 하며, 심지어 외부 조직이 개입되기도 한다.

조직에서 의사결정을 내릴 때 문제가 분석 가능하고 해결방안이 확실한 경우도 있지만, 대부분 정보가 제한되어 있고 여러 견해들이 공존하게 된다. 또한 혁신적인 결정뿐만 아니라 현재의 체제 내에서 기존의 결정을 지속적으로 개선하는 방식이 자주 활용된다. 의사결정에 대한 여러 모형들이 있지만 문제 발견에서 해결안 제시까지 구조화된 행동 순서를 나타내고 있는 점진적 의사결정 모형을 활용하는 것이 일반적이므로 해당 내용을 충분히 이해할 필요가 있다. 일하는 과정에서 점진적 의사결정모형을 활용하여 확인 단계(의사결정이 필요한 문제를 확인하는 단계와 주요 문제나 혹은 근본원인을 도출하기 위한 정보를 얻는 진단 단계), 개발 단계(조직 내 기존 해결방법을 찾는 탐색단계와 새로운 문제에 대한 해결안을 설계하는 설계 단계), 선택 단계(실행가능한 해결안을 선택하고 이를 승인하는 단계)의 순으로 의사결정을 내릴 수 있다.

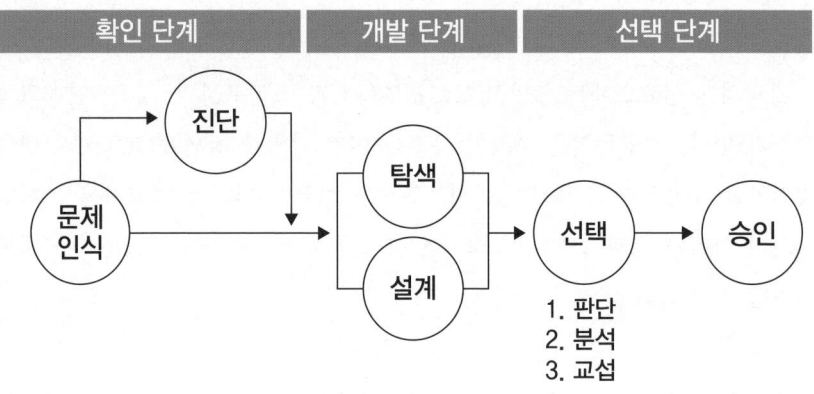

〔그림 26〕 조직의 의사결정 단계

출처 : 한국산업인력공단(2024), 조직이해능력 교수자용 가이드북. https://www.ncs.go.kr.

조직의 경영전략은 조직이 변화하는 환경에 적응하기 위하여 경영활동을 체계화하는 것으로, 전략은 목표달성을 위한 수단이 된다. 경영전략은 조직의 경영자가 수립하지만, 조직의 구성원은 자신이 속한 조직의 경영전략을 이해해야 조직목표를 달성하는 데 기여할 수 있다. 조직 경영전략은 조직이 변화하는 환경에 적응하기 위하여 경영활동을 체계화하는 것으로 목표달성을 위한 수단이 된다. 경영전략의 추진과정은 전략목표를 설정하고, 내·외부 환경을 분석하며, 경영전략을 도출하고, 이를 실행하여, 평가하는 과정으로 이루어진다.

조직의 경영전략 중 해당 사업에서 경쟁우위를 확보하기 위한 본원적 경쟁전략은 원가절감을 통해 우위를 점하는 원가우위 전략, 생산품이나 제품의 차별화를 통한 차별화 전략, 특정 산업을 대상으로 하는 집중화 전략으로 이루어진다.

3. 체제이해능력의 개념 및 적용

〈〈체제이해능력 체크리스트〉〉
13. 내가 속한 조직의 목표를 설명할 수 있는가?
14. 내가 속한 조직의 구조를 설명할 수 있는가?
15. 내가 속한 조직문화의 특징을 설명할 수 있는가?
16. 내가 속한 집단의 특성을 설명할 수 있는가?

체제이해능력은 조직의 목표와 구조, 집단 특성 등을 이해하는 능력을 의미한다. 조직이 사회적, 조직적, 기술적으로 어떻게 작용하고 작동하는지를 이해할 때에 조직의 요구에 효과적으로 부응할 수 있다

조직구성원들이 자신의 업무에 몰입하고 성실하게 일을 수행한다고 하여, 전체 조직의 목표가 달성되는 것은 아니다. 조직목표는 조직이 달성하려는 미래의 상태이며 대기업과 정부부처, 종교단체를 비롯하여 작은 가게에 이르기까지 모두 가지고 있는 것이다. 조직의 목표는 미래지향적이지만 현재의 조직행동의 방향을 결정해 주는 역할을 한다. 조직목표의 기능은 다음과 같다.

- 조직이 존재하는 정당성과 합법성 제공
- 조직이 나아갈 방향 제시
- 조직구성원 의사결정의 기준
- 조직구성원 행동 수행의 동기유발
- 수행평가 기준
- 조직설계의 기준

한편, 조직은 다수의 조직목표를 추구할 수 있다. 이러한 조직목표들은 위계적 상호관계가 있어서 서로 상하관계에 있으면서 영향을 주고받는다. 또한 조직목표들은 조직의 구조, 조직의 전략, 조직의 문화 등과 같은 조직체제의

다양한 구성요소들과 상호관계를 가지고 있다. 그런데 이러한 조직목표들은 한번 수립되면 달성될 때까지 지속되는 것이 아니라 환경이나 조직 내의 다양한 원인들에 의하여 변동되거나 없어지고 새로운 목표로 대치되기도 한다. 조직목표가 수정되거나 새로운 목표가 형성되는 데 영향을 미치는 조직 내적 요인으로는 조직리더의 결단이나 태도변화, 조직 내 권력구조 변화, 목표형성과정 변화 등이 있으며, 외적 요인으로는 경쟁업체의 변화, 조직자원의 변화, 경제정책의 변화 등이 있다.

- 공식적 목표와 실제적 목표가 다를 수 있음
- 다수의 조직목표 추구 가능
- 조직목표간 위계적 관계가 있음
- 가변적 속성
- 조직의 구성요소와 상호관계를 가짐

조직구조에는 조직의 전략과 규모, 기술, 환경 등이 영향을 미친다. 이에 따라 기계적 조직과 유기적 조직으로 조직구조가 구분되고, 조직 활동의 결과 조직성과와 만족을 가져온다. 조직은 환경의 변화에 적절하게 대응하기 위하여 환경에 따라 조직의 구조가 달라지며 오늘날과 같은 급변하는 환경에서는 유기적 조직이 적합하다. 조직구성원은 조직 내에 여러 집단에 소속된다. 집단은 조직구성원들 몇 명이 모여서 일정한 상호작용의 체제를 이룰 때에 형성된다. 집단에는 공식적 집단과 비공식적 집단이 있으며, 집단 간의 상호작용을 위해 노력해야 한다.

4. 업무이해능력의 개념 및 적용

> **《업무이해능력 체크리스트》**
> 17. 나의 업무 특성을 설명할 수 있는가?
> 18. 적절한 업무수행 계획을 수립할 수 있는가?
> 19. 업무수행의 방해요인을 확인할 수 있는가?

조직 전체를 운영하는 것이 경영이라면, 조직구성원들은 조직의 목적을 달성하기 위해서 주어진 업무를 수행한다. 업무는 조직이 개인에게 부여한 의무이자 책임이다. 조직은 목표달성을 위해서 통합되어야 하기 때문에, 자신에게 주어진 업무의 성격과 내용을 알고 그에 필요한 지식과 기술, 행동을 확인하는 업무이해능력을 길러야 한다. 자신이 속한 조직의 다양한 업무를 통해 조직의 체제를 이해할 수 있으며, 자신에게 주어진 업무의 특성을 파악하여 전체 조직의 체제 내에서 효과적으로 업무를 수행할 수 있다. 최근에는 국가직무능력표준(NCS)을 통해서 직무 및 능력단위와 직무기술서 등 다양하게 업무를 파악할 수 있다.

업무를 효과적으로 수행하기 위해서는 사전에 계획을 수립할 필요가 있다. 먼저 조직과 나의 업무지침을 확인하고, 업무 수행에 활용할 수 있는 자원과 보완해야 할 자원으로 시간, 예산, 기술 및 인적자원을 확인한다. 그리고 이를 토대로 구체적인 업무 수행 시트를 작성한다. 업무를 수행하다 보면, 아무리 계획을 체계적으로 세웠다고 하더라도 여러 방해요소를 경험하게 된다. 이러한 방해요인은 잘 활용하면 오히려 도움이 되는 경우도 있으므로 자신의 업무에 방해요소로 작용하는 것들이 무엇인지를 확인하고 이를 효과적으로 통제하고 관리할 필요가 있다. 방해요소 중 방문, 인터넷, 전화, 메신저 등과 같은 문제를 해결하기 위해서는 시간을 정해 놓는 등 방해를 받지 않기 위한 자신만의 원칙을 설정할 필요가 있다. 또한 조직 내 갈등이 발생하는 경우 대화와 협상으로 이를 해결하고, 업무 스트레스를 관리하여 적정수준의 스트레스를 유지하도록 한다.

5. 국제감각의 개념 및 적용

《《국제감각 체크리스트》》
20. 국제감각을 길러야 하는 필요성을 설명할 수 있는가?
21. 다른 나라 문화를 이해하는 방법을 설명할 수 있는가?
22. 국제동향을 파악하고 업무에 적용할 수 있는가?
23. 글로벌시대의 국제매너를 갖출 수 있는가?

세계는 이제 3Bs(국경: Border, 경계: Boundary, 장벽: Barrier)가 완화되고 있다. 국가간 자원과 사람의 이동이 자유롭게 이루어지며, 통신 산업의 발달로 네트워크가 형성되었다. 이처럼 세계는 하나의 지구촌이라는 말로 표현될 만큼 밀접하게 서로 영향을 주고받으며 살아가고 있다.

글로벌화란 활동범위가 세계로 확대되는 것을 의미한다. 개인은 글로벌화에 따라 자유롭게 다른 나라로 이동을 하고, 다른 나라에서 생산된 상품이나 서비스를 이용한다. 조직은 세계시장에서 경쟁하고 살아남아야 하는 역량을 가져야 한다. 최근에는 다국적 내지 초국적 기업이 등장하여 범지구적 시스템과 네트워크 안에서 기업 활동이 이루어지는 국제경영이 중요시되고 있다. 또한 글로벌화는 경제나 산업 등의 측면에서 벗어나 문화와 정치 등 다른 영역까지 확대되고 있다.

국제동향을 파악하기 위해 일상생활에서 실천할 수 있는 방법들은 다음과 같다. 국제감각은 하루아침에 길러지는 것이 아니므로, 매일 규칙적으로 실행해서 축적해 나가는 것이 중요하다.

- 관련 분야 해외사이트를 방문하여 최신 이슈를 확인한다.
- 매일 신문의 국제면을 읽는다.
- 업무와 관련된 국제잡지를 정기 구독한다.
- 고용노동부, 한국산업인력공단, 산업통상자원부, 중소벤처기업부, 상공회의소, 산업별인적자원개발협의체 등의 사이트를 방문해 국제동향을 확인한다.
- 국제학술대회에 참석한다.
- 업무와 관련된 주요 용어의 외국어를 알아둔다.
- 해외서점 사이트를 방문해 최신 서적 목록과 주요 내용을 파악한다.
- 외국인 친구를 사귀고 대화를 자주 나눈다

일하는 과정에서 점차 다양한 문화를 접할 기회가 증가하고 있다. 우리나라 문화를 중심으로 다른 나라의 문화를 평가해서는 안 되며, 그 나라의 문화를 고유한 문화로 인정하고, 그들의 문화 안에서 커뮤니케이션하는 능력을 길러야 한다. 사람들은 하나의 문화권에 속한 사람이 다른 문화를 접하게 되었을 때 불일치, 위화감, 심리적 부적응과 같은 문화충격을 경험하게 된다. 문화충격에 대비하기 위해서 자신의 정체성은 유지하되 다른 문화에 대한 개방적인 태도를 견지하고 새롭고 다른 것을 경험하는 데 적극적인 자세를 가져야 한다.

외국인과 함께 일하는 국제비즈니스에서 조직의 목적을 달성하기 위해 문화배경을 달리하는 사람과 커뮤니케이션을 하는 이문화 커뮤니케이션을 해야 한다. 이문화 커뮤니케이션은 언어적, 비언어적 커뮤니케이션으로 이루어진다. 조직을 대표해서 외국에 파견된 사람들의 실수는 조직 전체의 모습으로 비춰지고, 이는 업무성과에 큰 영향을 미치게 된다. 따라서 직업인은 나라별 주요 국제매너를 숙지할 필요가 있다.

6. 조직이해능력의 필기평가 예시

조직이해능력의 필기평가 예시는 능력중심채용모델에서 찾아볼 수 있다. NCS 홈페이지-공정채용-채용모델 필기문항에서 검색할 수 있다.

문제 정보	대영역	조직이해능력	하위영역	체제이해능력	난이도	상	평가시간	1분

1. 회의는 조직의 가장 중요한 활동 중 하나이며, 효율적인 조직 운영을 위해 필요에 따라 주제를 명확히 한 뒤에 회의를 주재하여야 한다. 다음과 같이 목적, 방법, 주기에 따라 회의를 구분한다고 할 때, ⓐ~ⓓ 안에 들어갈 내용으로 가장 적절하지 않은 것은?

[조직에 필요한 회의 유형]

구분	목적	방법	주기
일일회의	정보교환	ⓐ	매일
주간 정기 회의	수시 난제 해결	ⓑ	주 1회
심층 토론 회의	핵심문제나 이슈 해결	ⓒ	월 1회
사외 리뷰 회의	팀의 방향 설정 및 점검	ⓓ	분기 1회

① ⓐ - 매일 한 번씩 모여 10분 이내로 했던 일이나 수행할 일에 대해 가볍게 이야기하며, 필요에 따라 생략할 수 있다.
② ⓑ - 팀원이나 팀 내 파트에서 수행하는 최우선 과제 가운데 주요 안건을 정해 토론하고 실행 아이디어를 찾는다.
③ ⓒ - 팀 구성원 개개인이 수행해야 할 과제를 모두 파악하여, 문제 해결과 앞으로의 과제 방향성에 대한 토론을 한다.
④ ⓓ - 일상적으로 해왔던 일들과 한발짝 떨어져 핵심가치, 경영 목표 등을 살피고 점검한다.

〔그림 27〕 2023년 능력중심채용모델-NCS직업기초능력 필기문항-조직이해능력
출처 : 한국산업인력공단(2024). 능력중심채용모델. https://www.ncs.go.kr.

7. 조직이해능력의 면접평가 질문

개인들의 삶은 조직과 밀접하게 이루어지며, 직업인들은 직장이라는 조직에 소속되게 된다. 직업인은 조직의 한 구성원으로서 조직의 경영, 체제, 업무, 국제감각 등의 구성요소와 조직을 둘러싼 환경을 이해하는 조직이해능력의 함양이 필수적이다.

《〈조직이해능력 면접평가 질문〉》

◆ 우리 회사의 최근 이슈에 대해 본인의 의견을 말해보세요
  ☞ 대내외 관점을 바라보는 시각을 가지고 향후 전망과 역할에 대한 자신만의 의견을 제시하는가?
  ☞ 회사의 비즈니스와 직무의 역할을 이해하고 있는가?
  ☞ 희망하는 직무분야의 비전과 지원동기가 명확한가?
  ☞ 직무에 대한 자신만의 핵심역량이 있는가?

◆ 변화에 적응하고 주도하기 위해 우리 회사가 해야 할 일에 대해서 말해보세요
  ☞ 회사 비즈니스에 대해 이해하고 조직의 특성을 아는가?
  ☞ 대내외 관점을 바라보는 시각을 가지고 향후 전망과 역할에 대한 자신만의 의견을 제시하는가?
  ☞ 회사의 비전을 자신의 비전과 역량에 연계하여 사고하는가?
  ☞ 직무에 대한 자신만의 핵심역량을 가지고 있는가?

경영이라고 함은 조직의 목적을 달성하기 위한 전략, 관리, 운영활동을 의미하는 것으로 경영목적, 인적자원, 자금, 전략의 4요소로 구성되며, 경영계획, 경영실행 및 경영평가의 단계를 거친다. 효과적인 경영을 위해서는 조직이 변화하는 환경에 적응하기 위하여 경영활동을 체계화하는 조직경영전략이 필요하며 이는 조직 목표달성의 수단이 된다. 이러한 경영전략의 추진은 전략목표를 설정하고, 내·외부 환경을 분석하며, 경영전략을 도출하고, 이를 실행하여, 평가하는 과정으로 이루어진다.

《〈경영이해능력 면접평가 질문〉》

◆ 우리 회사에 지원하게 된 동기는 무엇입니까?
  ☞ 회사 비즈니스에 대해 이해하고 조직의 특성을 아는가?
  ☞ 희망직무에 대한 역할과 구체적인 업무(지식/기술/태도)내용을 파악하고 있는가?
  ☞ 희망하는 직무분야의 비전과 지원동기가 명확한가?
  ☞ 희망직무에 필요한 자신의 역량과 특성을 알고 있는가?
  ☞ 회사에 입사하고자 하는 열의와 목표가 명확한가?

◆ 우리 회사의 주요사업에 대해 아는 대로 말해보세요
　☞ 회사 비즈니스에 대해 이해하고 자신이 속한 조직에 대한 이해와 지식이 있는가?
　☞ 회사의 비전을 자신의 비전과 역량에 연계하여 하고 있는가?
　☞ 직무에 대한 이해와 맡은 업무에 대한 수행능력이 있는가?
　☞ 회사에 입사하고자 하는 열의와 명확한 목표의식이 있는가?

◆ 우리 회사의 핵심가치 중 자신의 생각하는 중요한 가치는 무엇인가요?
　☞ 회사 비즈니스에 대해 이해하고 조직의 특성을 아는가?
　☞ 회사 조직의 가치(조직문화, 비전, 인재상)와 부합하는가?
　☞ 자신의 가치를 조직의 목표와 가치에 연계하여 사고하는가?
　☞ 회사에 로열티를 가지고 조직을 위해 근무하고자 하는 명확한 목표의식이 있는가?

◆ 마지막으로 하고 싶은 말이나 궁금한 점이 있으면 말해보세요
　☞ 회사에 입사하고자 하는 열의와 명확한 목표의식이 있는가?
　☞ 조직의 구성원으로 자신의 역할을 적극적으로 수행하고 회사에 기여하고자 하는 의지가 있는가?
　☞ 회사 비즈니스에 대해 이해하고 조직의 특성을 아는가?
　☞ 회사 조직의 가치(조직문화, 비전, 인재상)와 부합하는가?

조직은 공통된 목표를 달성하기 위해 모인 사람들의 집합체로, 조직구성원들은 조직에서 추구하는 조직목표를 제대로 알아야 한다. 이러한 조직목표는 미래지향적이지만 현재의 조직행동의 방향을 결정해주는 역할을 한다. 또한 조직목표는 다수일 수 있으며, 이들 간에는 위계적 상호관계가 있다.

《《체제이해능력 면접평가 질문》》
◆ 조직생활에서 가장 중요하다고 생각하는 것은 무엇인가요?
　☞ 자신이 속한 조직의 특성과 체제를 올바르게 이해하는가?
　☞ 조직의 구성원으로 적극적으로 자신의 역할을 수행하고자 하는 의지가 있는가?
　☞ 회사에 입사하고자 하는 열의와 명확한 목표의식이 있는가?
　☞ 회사 조직의 가치(조직문화, 비전, 인재상)와 부합하는가?

◆ **업무수행과 관련하여 조직의 체제를 올바르게 이해하는 능력**
  ☞ (적응력) 새로운 환경이나 조직의 특성에 맞추어 융화하는 능력 및 의지가 있는가?
  ☞ 조직전체의 목표와 구성을 이해하고 규칙 및 규정을 파악하는 능력이 있는가?
  ☞ 조직의 구성원으로 적극적으로 자신의 역할을 수행하고자 하는 의지가 있는가?
  ☞ 조직의 절차와 체계에 순응할 수 있는 성향을 지녔는가?

◆ **입사하게 된다면 회사에 바라고 싶은 점은 무엇인가요?**
  ☞ 회사 비즈니스에 대해 이해하고 조직의 특성을 아는가?
  ☞ 조직 전체의 목표와 구성을 이해하고 규칙 및 규정을 파악하는 능력이 있는가?
  ☞ 회사의 비전을 자신의 비전 및 보유역량에 연계하여 사고하는가?

◆ **조직의 절차와 체계에 순응할 수 있는 성향을 지녔는가?**
  ☞ 입사하면 어떤 일을 하고 싶나요? 그렇게 생각하는 이유를 말해보세요
  ☞ 회사 비즈니스에 대해 이해하고 조직의 특성을 아는가?
  ☞ 직무에 대한 역할과 구체적인 업무(지식/기술/태도)내용을 파악하고 있는가?
  ☞ 희망직무에 필요한 자신의 역할과 특성을 알고 있는가?
  ☞ 희망하는 직무분야의 비전과 지원동기가 명환간가?
  ☞ 회사에 입사하고자 하는 열의와 목표가 명확한가?

직업인이 효과적으로 업무를 수행하기 위해서는 먼저 조직과 나의 업무지침을 확인하고, 업무를 수행하는데 활용할 수 있는 자원을 확인하는 사전계획을 수립할 필요가 있다. 반면, 직업인은 업무를 수행하는 과정에서 아무리 계획을 체계적으로 세웠다고 하더라도 여러 방해요소를 경험하게 된다. 그러나 이러한 방해요인을 잘 활용하면 오히려 도움이 되는 경우도 있으므로 자신의 업무에 방해요소로 작용하는 것들이 무엇인지를 확인하고 이를 효과적으로 통제하고 관리할 필요가 있다.

《《업무이해능력 면접평가 질문》》

◆ 회사의 발전(비전)을 위해 지원직무의 역할은 무엇이라고 생각하십니까?
 ☞ 회사 비즈니스에 대해 이해하고 조직의 특성을 아는가?
 ☞ 직무에 대한 역할과 구체적인 업무(지식/기술/태도)내용을 파악하고 있는가?
 ☞ 조직의 구성원으로 적극적으로 자신의 역할을 수행하고자 하는 의지가 있는가?
 ☞ 희망하는 직무분야의 비전과 지원동기가 명확한가?

◆ 신규 상품 또는 서비스에 대한 아이디어를 생각해본 것이 있다면 말해주십시오
 ☞ 회사에 지속적인 관심을 가지고 사업전반의 비즈니스를 이해하고 있는가?
 ☞ (통찰력) 분석한 내용을 토대로 문제의 본질을 이해하거나 새로운 시각의 결과를 도출하는 능력이 있는가?
 ☞ 직무와 연계하여 다양한 아이디어를 제안하고 새로운 방법적용을 시도하는가?

◆ 조직에서 판매하는 상품 또는 서비스의 장점과 약점에 대해 말해주세요
 ☞ 회사와 업계 비즈니스에 대해 이해하고 관련지식이 있는가?
 ☞ 회사의 강·약점을 분석하오 향후 개선/발전방향에 대한 자신만의 의견을 제시하는가?
 ☞ 회사의 강·약점에 대한 지원직무의 역할과 자신의 보유역량을 연계하여 사고하는가?

국제감각은 직장생활을 하는 중에 다른 나라의 문화를 이해하고 국제적인 동향을 이해하는 능력이다. 지구촌은 국경을 초월한 개방화, 정보화, 글로벌화가 이루어지고 있으며, 직업인은 직장생활 중에 국제적인 동향을 고려하고 다른 나라 사람들과 함께 일을 하는 경우가 많아졌다. 이러한 변화에 맞추어 직업인은 자신의 정체성은 유지하되 다른 문화에 대한 개방적인 태도를 견지하고 새로운 것을 경험하는 데 적극적인 자세를 취함으로써 글로벌화 시대에 능력 있는 직업인이 되기 위한 국제감각을 길러야 한다.

《국제감각 면접평가 질문》

◆ 글로벌 회사로 발전하기 위해 지원자의 역할은 무엇이라고 생각하십니까?
  ☞ 경영환경에 적응할 수 있는 국제적 감각이 있는가?
  ☞ 국제동향을 이해하고 분석하여 업무상황에 활용하는 능력이 있는가?
  ☞ 글로벌 경쟁력을 갖추기 위한 업무(지식/기술.태도) 내용과 역할을 파악하고 있는가?
  ☞ 영어 또는 다른 외국어로 의사소통이 가능한가?

◆ 글로벌 시대에 우리 회사가 나아가야 할 방향에 대해 설명해보세요
  ☞ 회사의 비즈니스와 직무의 역할을 이해하고 있는가?
  ☞ 대내외 관점을 바라보는 시각과 국제이슈에 관심을 가지고 향후 전망과 역할에 대한 자신만의 의견을 제시하는가?
  ☞ 국제동향을 이해하고 분석하여 업무상황에 활요하는 능력이 있는가?
  ☞ 글로벌 경쟁력을 갖추기 위한 자신만의 역량이 있는가?

8. 조직이해능력의 개념 이해 동영상 강의

조직이해능력의 개념 이해 동영상 강의는 NCS 홈페이지-NCS통합-직업기초능력-조직이해능력에서 검색할 수 있다.

〔그림 28〕 조직이해능력 개념 이해 동영상 강의 홈페이지

출처 : 한국산업인력공단(2024), NCS 홈페이지, https://www.ncs.go.kr.

X

직업윤리로 공동체 일원 자격 갖춰야

1. 직업윤리의 개념 및 중요성

2. 근로윤리

3. 공동체윤리

4. 직업윤리의 필기평가 예시

5. 직업윤리의 면접평가 질문

6. 조직이해능력의 개념 이해 동영상 강의

X. 직업윤리로 공동체 일원 자격 갖춰야

학습개요

이 장에서는 직업윤리의 중요성에 대해서 알아보고, 근로윤리, 공동체윤리에 대해 알아본다. 또한 직업윤리의 필기평가 예시, 면접평가 질문 및 동영상 강의를 제시한다.

학습목표

1. 직업윤리의 개념과 중요성을 설명할 수 있다.
2. 근로윤리의 개념을 설명하고 실제 적용할 수 있다.
3. 공동체윤리의 개념을 설명하고 실제 적용할 수 있다.
4. 직업윤리의 필기평가 예시를 제시할 수 있다.
5. 직업윤리의 면접평가 질문을 제시할 수 있다.
6. 직업윤리의 개념 이해 동영상 강의를 제시할 수 있다.

1. 직업윤리의 개념 및 중요성

《《직업윤리 체크리스트》》

1. 사람과 사람 사이에 지켜야 할 도리를 지키는가?
2. 시대와 사회상황이 요구하는 윤리규범을 알고 적절히 대처하는가?.
3. 직업은 나의 삶에 있어서 큰 의미가 있다고 중요하다고 생각하는가?
4. 업무 수행 시 개인보다는 직업인으로서의 역할을 더 중요시 하는가?

직업윤리란 "직업 활동을 하는 개인이 자신의 직무를 잘 수행하고 자신의 직업과 관련된 직업과 사회에서 요구하는 규범에 부응하여 개인이 갖추고 발달시키는 직업에 대한 신념, 태도, 행위"로 정의할 수 있다. 직업윤리는 개인윤리를 바탕으로 각자가 직업에 종사하는 과정에서 요구되는 특수한 윤리규범이다. 기본적으로는 직업윤리도 개인윤리의 연장선이라 할 수 있다. 개인윤리의 기본 덕목인 사랑, 자비 등과 방법론상의 이념인 공동발전의 추구, 장기적 상호이익 등의 기본은 직업윤리에서도 동일하다. 그러나 인간행복을 위한 기본적 가치를 중심으로 관계를 이루는 사람 사이의 윤리관계에 비하여 좀 더 전문화된 분업체계로서의 직업이라는 특수상황에서 요구되는 별도의 덕목과 규범이 있게 마련이다. 사람은 사인(私人)의 입장과 직업인으로서의 공인(公人) 입장이 합해져 한 사람의 개인적 인격을 구성한다. 우리 모두는 공사의 구분, 동료와의 협조, 전문성, 책임감, 사회적 책임 등 직업윤리의 확립을 통해 존경받는 인간으로서의 인격을 완성하고 사회발전에 기여할 수 있다. 모든 사람은 직업의 성격에 따라 각각 다른 직업윤리를 가질 수밖에 없다. 고도화된 현대사회에서 직업인으로서 지켜야 할 윤리에는 사회시스템 전체의 관계를 규정하고 질서를 유지하는 '공통보편적 일반윤리'와 그러한 사회를 구성하는 개체로서 각자의 목적달성을 위해 노력하는 기업과 단체 등 특정 조직체 내부 구성원 간의 관계를 규정하고 효율을 도모하는 '특수윤리'가 있다. 만일 '모든 직업인은 각자 자기가 맡은 직무에 투철한 사명감과 책임감을 가지고 충실히 수행해야 한다'라고 하면, 그것은 모든 직업인에게 요구되는 '직업 일반의 윤리'일 것이며, 공직자나 의사, 교육자 등 직업에서 강조되어야 할 윤리는 '직업별 윤리'라고 할 수 있다.

직업윤리가 강조되는 것은 직업적 활동이 개인적 차원에만 머무르지 않고 사회 전체의 질서와 안정, 그리고 발전에 매우 중요한 역할을 수행하기 때문이다. 어느 나라의 직업윤리 수준이 낮을 경우 경제 행위에 근간이 되는 신뢰성이 결여되어 국가경쟁력을 가질 수 없으며 경제발전 또한 이룰 수 없게 될 것이다. 직업윤리는 개인 차원에서도 매우 중요하다. 분명한 비전과 바람직한 태도를 통하여 부와 명예를 획득했다 해도 그것이 곧 직업적 성공을 의미하지는 않기 때문에 진정한 직업적 성공은 부와 명예를 포함한 그 이상의 것이다. 도덕성이 결여된 부와 명예는 그 생명이 길지 않다. 무슨 일을 하든지 자신이 하는 일에 자부심과 긍지를 가지고 생활할 수 있다면 그것이 직업적 성공의 출발점이 된다. 일반적인 직업윤리는 다음 6가지를 말한다.

> ① 소명의식 : 자신이 맡은 일은 하늘에 의해 맡겨진 일이라고 생각하는 태도
> ② 천직의식 : 자신의 일이 자신의 능력과 적성에 꼭 맞는다 여기고 그 일에 열성을 가지고 성실히 임하는 태도
> ③ 직분의식 : 자신이 하고 있는 일이 사회나 기업을 위해 중요한 역할을 하고 있다고 믿고 자신의 활동을 수행하는 태도
> ④ 책임의식 : 직업에 대한 사회적 역할과 책무를 충실히 수행하고 책임을 다하는 태도
> ⑤ 전문가의식 : 자신의 일이 누구나 할 수 있는 것이 아니라 해당 분야의 지식과 교육을 밑바탕으로 성실히 수행해야만 가능한 것이라 믿고 수행하는 태도
> ⑥ 봉사의식 : 직업 활동을 통해 다른 사람과 공동체에 대하여 봉사하는 정신을 갖추고 실천하는 태도

직업윤리는 개인윤리에 비해 특수성을 가진다. 예를 들어 개인윤리의 덕목에는 타인에 대한 물리적 행사(폭력)가 절대 금지되어 있지만, 경찰관이나 군인 등의 경우 필요한 상황에서 그것이 허용된다는 점을 생각하면 쉽게 이해될 것이다. 직업윤리와 개인윤리는 아래와 같이 조화를 이루게 된다.

① 업무상 개인의 판단과 행동이 사회적 영향력이 큰 기업시스템을 통하여 다수의 이해관계자와 관련을 맺게 된다.

② 수많은 사람이 관련되어 고도화된 공동의 협력을 요구하므로 맡은 역할에 대한 책임완수가 필요하며, 정확하고 투명하게 일을 처리해야 한다.

③ 규모가 큰 공동의 재산과 정보 등을 개인의 권한하에 위임 또는 관리하므로 높은 윤리의식이 요구된다.

④ 직장이라는 특수상황에서 갖는 집단적 인간관계는 가족관계나 개인적 선호에 의한 친분관계와는 다른 측면의 배려가 요구된다.

⑤ 기업이 경쟁을 통해 사회적 책임을 다하고 보다 강한 경쟁력을 키우기 위하여 조직원 개개인의 역할과 능력이 경쟁상황에서 꾸준히 향상되도록 해야 한다.

⑥ 특수한 직무 상황에서는 개인적 덕목차원의 일반적인 상식과 기준으로는 규제할 수 없는 경우가 많다.

직업윤리는 개인윤리를 바탕으로 성립되는 규범이지만, 위에서 본 것처럼 상황에 따라 두 윤리가 충돌하거나 배치하기도 한다. 개인윤리가 보통 상황에서의 일반적 원리규범이라고 한다면 직업윤리는 좀 더 구체적 상황에서의 실천규범이라고 이해해야 한다. 업무 수행상 직업윤리와 개인윤리가 충돌할 경우 둘의 균형이 중요하다. 행동기준으로는 직업윤리가 우선되지만 다른 한편으로는 기본적 윤리기준에 입각한 개인윤리를 준수하고 공인으로서의 직분을 수행하려는 지혜와 노력이 필요하다.

2. 근로윤리

《근로윤리 체크리스트》
5. 목표를 달성하기 위해 규칙적이고 부지런한 생활을 유지하는가?
6. 직장생활에서 정해진 시간을 준수하며 생활하는가?.
7. 이익이 되는 일보다는 옳고 유익한 일을 하려고 하는가?
8. 이익이 되더라도 윤리규범에 어긋나는 일은 지적하는 편인가?
9. 조직 내에서 속이거나 숨김없이 참되고 바르게 행동하려 노력하는가?
10. 지킬 수 있는 약속만을 말하고 메모하여 지키려고 노력하는가?
11. 내가 맡은 일을 존중하고 자부심이 있으며, 정성을 다해 처리하는가?
12. 건전한 직장생활을 위해 검소한 생활 자세를 유지하고 심신을 단련하는 편인가?

사전에서 근면(勤勉)은 '부지런히 일하며 힘씀'(표준국어대사전)으로 풀이하고 있으며 사회과학적 연구에서는 근면의 개념적 특성을 크게 세 가지로 나타낸다.

첫째, 근면은 고난의 극복이라는 의미를 갖는다. 근면은 행위자가 환경과의 대립을 극복해 나가는 과정에서 발현된다. 근면은 과거의 고난을 극복한 경험을 통해 형성되고, 현재의 고난을 극복할 수 있는 자원이 된다.

둘째, 근면은 비선호의 수용 차원에서 개인의 절제나 금욕을 반영한다. 과거에는 사치와 향락, 소비를 거부하고 이윤 축적의 직업윤리를 수행해 왔다. 즉 근면은 고난을 극복하기 위해서 금전과 시간, 에너지를 사용할 수 있도록 준비하는 것이다.

셋째, 근면은 장기적이고 지속적인 행위 과정으로 인내를 요구한다. 근면이란 끊임없이 달성이 유예되는 가치지향적인 목표 속에서 재생산된다고 볼 수 있다. 예컨대 경제개발에서 공업국가의 꿈은 그 꿈이 근접할 때 선진국으로 다시 초일류국가로 전환되면서 달성 시점을 유예한다. 근면의 특성에서도 볼 수 있듯이 근면과 인생의 성공은 표리 관계에 있다. 근면하기 때문에 성공한 사람은 있어도, 게을러서 성공했다는 사람의 이야기는 동서고금을 막론하고 쉽게 찾아볼 수 없다. 물론 근면한 것만으로 성공할 수 있다는 얘기는 아니지만, 근면한 것은 성공을 이루게 하는 기본 조건이다.

한국인의 이미지에 대한 조사에 의하면, '근면'과 '일중독'이 한국인의 대표적인 생활양식과 노동양식의 이미지로 나타난다. 이처럼 근면은 한국사회 내부의 긍정적 측면과 부정적 측면을 함께 반영하고 있다. 먼저 근면은 해방 후 한국사회의 근대화와 경제개발을 이끈 주요한 동력으로 인식된다. 가난과 전근대의 이중적 굴레 속에서 한국사회는 근면이 가난을 이기는 유일한 수단이라고 이해하였다. 반면 국가와 공동체의 번영이 개인보다 중시되면서 노동이 극대화된 점과 과도한 자기계발과 노동 중독 등의 현상은 개인의 삶의 질을 저해하는 원인으로 지목되기도 한다.

사전에서 정직은 '마음에 거짓이나 꾸밈이 없이 바르고 곧음'(표준국어대사전)으로 풀이하고 있다. 인산 사회에서 정직은 어떤 의미가 있을까? 사람은 혼자서는 살아갈 수 없으므로 다른 사람과 협력을 해야 하며, 그것이 확대된 사회시스템 전체가 유기적으로 움직여야 한다. 사람은 모든 정보를 다 파악할 수 없으므로 협력에 필요한 판단이나 행동을 다른 사람이 전달하는 것에 의존할 수밖에 없다. 또한 다른 사람이 전하는 말이나 행동이 사실과 부합된다는 신뢰가 없다면 일일이 직접 확인해야 하고 그렇게 되면 사람들의 행동은 상당히 제약을 받을 수밖에 없으며, 보다 큰 조직과 사회체제의 유지 자체가 불가능해진다. 사회시스템은 구성원 서로의 신뢰가 있어야 운영이 가능한 것이며, 그 신뢰를 형성하고 유지하는 데.필요한 가장 기본적이고 필수적인 규범이 바로 정직인 것이다. 물론, 정직이 신뢰를 형성하는 충분한 조건은 아니다. 신뢰를 얻기 위해서는 정직 이외에도 약속을 잘 지키거나 필요 능력을 갖추어야 하는 등의 다른 필요사항도 있어야 하겠지만 정직이 신뢰를 위해서는 빠질 수 없는 요소인 것만은 틀림없다.

　사전에서 성실(誠實)은 "정성스럽고 참됨"으로 풀이하고 있다. 성(誠)은 정성스럽고 순수하고 참됨을 의미하며, 실(實)은 알차고 진실된 것을 의미한다. 따라서 성실은 그 단어의 본질을 살펴보았을 때, 그 의미가 근면함보다는 충(忠) 혹은 신(信)의 의미와 더 가깝다. 또한 심리학자들은 성실성(conscientiousness)을 '책임감이 강하고 목표한 바를 이루기 위해 목표 지향적 행동을 촉진하며 행동의 지속성을 갖게 하는 성취 지향적인 성질'로 설명하기도 한다. 이러한 개인의 성향은 사회규범이나 법을 존중하고 충동을 통제하며 목표 지향적 행동을 조직하고 유지하며 목표를 추구하도록 동기를 부여하는 특징을 갖는다. 어린 시절부터 어른들에게서 들은 "최고보다는 최선을 꿈꾸어라."라는 말은 성실의 중요성을 강조한 것이다. 그것은 삶의 경험에서 나오는 자연스러운 진리이다. 성실은 기본이기도 하지만 세상을 살아가는 데 있어 가장 큰 무기이기도 하다. 아무리 뛰어나더라도 성실이 뒷받침되지 못하면 그 관계는 오래갈 수 없고 신뢰는 깨어진다. 천재는 1퍼센트의 영감과 99퍼센트의 노력으로 만들어진다고 하지 않는가? 성실이 뒷받침된다면 1퍼센트 모자란 부분은 그리 중요하지 않다는 것이다.

3. 공동체윤리

《《공동체윤리 체크리스트》》

13. 내 업무보다 다른 사람의 업무가 중요할 때, 다른 사람의 업무도 적극적으로 도와주는 편인가?
14. 평소에 나 자신의 이익도 중요하지만, 국가, 사회, 기업의 이익도 중요하다고 생각하는 편인가?
15. 내가 속한 조직에 힘들고 어려운 일이 있으면 지시받기 전에 자율적으로 해결하려고 노력하는 편인가?
16. 내가 속한 조직에 주어진 업무는 제한된 시간까지 처리하려고 하는가?
17. 내가 속한 조직에서 책임을 다하며, 자신의 권리 보호를 위해 노력하는가?
18. 조직의 규칙과 규범에 따라 업무를 수행하는 편인가?
19. 조직생활에 있어서 공과 사를 구별하고 단정한 몸가짐을 하는가?
20. 질책보다는 칭찬이나 격려 등의 긍정적인 언행을 더욱 하는가?.

사전에서 봉사는 '국가나 사회 또는 남을 위하여 자신을 돌보지 아니하고 힘을 바쳐 애씀' 이라고 풀이하고 있다. 봉사는 원래 상대방을 위해 도움이나 물건을 제공해 주는 일을 통틀어 부르는 말이었다. 그런데 시대가 점점 지나면서 뜻이 자원봉사에 가깝게 한정되어 사용되고 있다. 현대 사회의 직업인에게 봉사란, 일 경험을 통해 다른 사람과 공동체에 대하여 봉사하는 정신을 갖추고 실천하는 태도를 의미하며, 나아가 고객의 가치를 최우선으로 하는 고객 서비스 개념으로도 설명할 수 있다. 또한 책임의식은 직업에 대한 사회적 역할과 책무를 충실히 수행하고 책임지려는 태도이며, 맡은 업무를 어떠한 일이 있어도 수행해 내는 태도이다. 직업을 가진 모든 개인은 그 사회의 기능을 일부 나누어 맡아 수행함으로써 사회에 참여한다. 사회 변화가 가속화됨에 따라 모든 직업은 점점 분화되고 전문화됨으로써 이전처럼 자급자족할 수는 없게 되었고, 그렇기 때문에 직업인들은 자신이 속한 조직과 전체 사회 속에서 주어진 직분을 충실히 수행해야 한다. 사회를 구성하는 각각의 개인들이 자신의 직업적 역할을 어떻게 수행하느냐에 따라 그 사회는 발전할 수도 있고 오히려 퇴보할 수도 있다. 따라서 모든 직업인은 생계를 위해서뿐만 아니라 자신이 속한 조직의 번영을 위해서, 나아가 자신이 살고 있는 사회 전체의 발전을 위해서 '봉사정신'과 강한 '책임의식'을 갖고 직업 활동에 임해야 한다. 특히 직업세계에서 다른 직종에 비해 더 많은 이익을 얻는 집단은 그렇지 않은 집단들에게 그들의 이익을 분배할 수 있는 사회 환원 의식도 가져야 할 것이다.

최근 기업도 단순히 이윤 추구를 하는 집단의 형태를 벗어나 자신들이 벌어들인 이익의 일부분을 사회로 환원하는 개념인 '기업의 사회적 책임(Corporate Social Responsibility; CSR)'을 강조하는 형태로 변화하고 있다. 우리나라 기업들은 광범위한 사회문제 영역에서 비판적 여론과 사회적 저항에 직면하고 있다. 이는 많은 기업인들이 그동안 이윤 추구를 명분으로 정상적인 경영활동의 범위를 벗어나 부도덕한 행위를 되풀이했기 때문이다. 이러한 기업의 행위들은 사회에 많은 영향을 끼쳐 사회 전체의 윤리적 문제로 이어질 수 있다.

준법이라 하는 것은 민주 시민으로서 지켜야 하는 기본 의무이며 생활 자세다. 민주 사회의 법과 규칙을 준수하는 것은 시민으로서의 권리를 보장받고, 다른 사람의 권리를 보호해 주며 사회 질서를 유지하는 역할을 한다. 미국의 정치학자 라스웰은 민주 시민으로서 가장 중요한 자세는 서로 토론하고 논쟁하여 얻어진 합의를 지키고 따르는 '준법정신'이라고 강조하였다.

예절이란 일정한 생활문화권에서 오랜 생활습관을 통해 하나의 공통된 생활방법으로 정립되어 관습적으로 행해지는 사회계약적인 생활규범이다. 이는 다소 추상적이고 주관적인 도덕적 이념을 상황에 따른 구체적 형식에 담아 일상적 삶을 가능하게 하는 관습적 규범이다. 특히 사람이 무리를 지어 하나의 문화를 형성하며 사는 일정한 지역을 생활문화권이라고 하고, 그 문화권에 사는 사람들이 가장 편리하고 바람직한 방법이라 여겨 모두 그렇게 행하는 생활방법이 예절이다. 따라서 예절은 언어문화권과 밀접한 관계를 갖는다. 민족과 나라에 따라 언어가 다르듯이 예절도 국가와 겨레에 따라 달라진다. 같은 언어문화권이라도 산과 강을 경계로 해 사투리가 있듯이 예절도 지방에 따라 약간씩 다를 수 있다. 이렇듯 예절이 형식적으로 다양하게 나타나는 것을 '예절의 다양성'이라 하는데, 여기에서도 절대 변하지 않는 것이 있다. 그것은 "인간에 대한 존중"이라는 근본정신이다. 모든 예의범절의 근본정신은 인간에 대한 깊은 믿음과 사랑이 바탕이 되어 나온다.

서양에서는 예절을 에티켓과 매너로 표현한다. 에티켓은 사람과 사람 사이에 마땅히 지켜야 할 규범으로서 형식적 측면이 강하고, 매너는 그 형식을 나타내는 방식으로 방법적 성격이 강하다. 그래서 에티켓은 "있다, 없다"로 표현하고, 매너는 "좋다, 나쁘다"로 표현한다. 예를 들어 다른 사람의 방에 들어갈 때 노크를 해야 하는 것은 에티켓이고 문을 한 번 두드릴 것인가, 세 번 두드릴 것인가 등은 매너에 해당한다. 직장예절은 이러한 에티켓과 매너의 차이점을 일반화한 비즈니스의 에티켓과 매너를 총칭하는 것이다. 인사는 사람이 사람다움을 나타내는 가장 아름다운 행위로 타인을 사귈 때 가장 기본이 되는 예절이다. 인사예절은 정성과 감사하는 마음을 지니고, 예의 바르고 정중한 태도를 갖추어야 하며, 진실을 담은 자세를 보여야 한다. 비즈니스에서 가장 일반적인 인사법은 악수이다. 악수는 오른손으로 하며, 우리나라에서는 악수할 때 가볍게 절을 하지만 서양에서는 허리를 세운 채 악수를 하므로 서양인 바이어를 만날 때는 이를 기억해야 한다. 또 악수는 윗사람이 아랫사람에게, 여성이 남성에게, 선배가 후배에게, 상급자가 하급자에게 청하는 계예다. 인사를 할 때나 전화를 걸거나 받을 때, 고객을 만나 명함을 주고받거나, 동료들과 함께 엘리베이터를 타고 이동할 때 등 출근 후 퇴근할 때까지 모든 일터의 상황에서 요구되는 기본 직장예절이 있으며, 이런 예절은 단순히 개인에 대한 호감을 넘어 성과에까지 지대한 영향을 미친다. 인터넷과 스마트폰 통신 기술의 발달로 정보사회가 급격하게 진행되면서 새롭게 나타난 예절도 있다. 대표적인 예가 네티켓이다. 네티켓은 네트워크(network)와 에티켓(etiquette)의 합성어로 통신상의 예절을 뜻한다. 통신 기술은 비즈니스의 업무 형태를 바꾸었으며, 빠르고 효율적인 업무가 가능한 인터넷과 이메일, SNS 등은 가장 많이 사용되는 매체가 되었다. 그러나 워낙 쉽고 널리 보급되어 있다 보니 남용 또는 오용되는 경우도 많다. 네티켓이 필요한 이유다. 이메일이나 SNS 등을 올바르게 사용하면 강력한 비즈니스 도구가 될 수 있다. 하지만 글에는 사람의 표정이나 음성이 빠져 있기 때문에 읽는 사람에 따라 해석이 달라질 수 있어 오해를 불러일으키기도 한다. 또한 개인의 프라이버시 침해와 정보 유출, 범죄, 허위정보의 유통, 해킹 등의 정보화의 역기능에 대해서도 각별히 유의하여야 한다.

개인은 성별부터 나이, 가치관에 이르기까지 다양할 수밖에 없다. 개인의 다양성을 인정하지 못하는 조직은 업무 효율이 떨어지는 것을 넘어 더 큰 문제를 마주할 수 있다. 따라서 일 경험을 통한 관계 속에서 우리는 모욕적이고 타인을 비하하는 언어 등 부적절한 언어와 행동을 삼가고, 사회적 또는 윤리적으로 비난 받는 행위를 하지 않아야 하며 동료, 상하, 거래처 간에 존중과 신뢰를 쌓도록 노력해야 한다.

4. 직업윤리의 필기평가 예시

직업윤리의 필기평가 예시는 능력중심채용모델에서 찾아볼 수 있다. NCS 홈페이지-공정채용-채용모델 필기문항에서 검색할 수 있다.

문제 정보	대영역	직업윤리	하위영역	근로윤리	난이도	중	평가시간	0.5분

1. 기업은 올바른 행동과 가치 판단의 기준인 기업윤리를 실천하여야 한다. 다음 중 기업윤리에 대한 내용으로 적절하지 **않은** 것은?

① 사업활동을 영위하는 국내외 모든 지역의 제반 법규와 사회규범 및 회계기준 등을 준수하여야 한다.
② 임직원에 대한 상호 신뢰를 바탕으로 모든 경영활동에 있어 개개인의 인격을 존중하여야 한다.
③ 임직원들의 능력과 성과에 따라 보상하며, 능력과 성과에 따라 성장할 수 있는 기회를 제공하여야 한다.
④ 항상 고객의 의견을 존중하고 고객에게 귀 기울이며 고객의 입장에서 생각하고 행동하여야 한다.

〔그림 29〕 2023년 능력중심채용모델-NCS직업기초능력 필기문항-직업윤리
출처 : 한국산업인력공단(2024). 능력중심채용모델. https://www.ncs.go.kr.

5. 직업윤리의 면접평가 질문

직업윤리란 원만한 직업생활을 위해 필요한 태도, 매너, 올바른 직업관을 의미하며, 근로윤리와 공동체윤리로 구분될 수 있다. 직업 활동은 수많은 사람들과 관계를 맺고 상호작용을 하는 것이기 때문에, 직업인들은 직업 활동을 수행할 때 사람과 사람 사이에 지켜야 할 윤리적 규범을 따라야 한다. 왜냐하면 '윤리'는 사람과 사람의 관계에서 우리가 마땅히 지켜야 할 사회적 규범이기 때문이다.

《《직업윤리 면접평가 질문》》

◈ 약속을 지키기 어려운 상황을 이겨내고, 지키기 위해 노력했던 경험이 있다면 말해보세요
  ☞ 상대방과의 신의를 중요하게 생각하며 신뢰를 받을 수 있는 도덕적 품성을 가졌는가?
  ☞ 타인을 배려하고, 규범을 지키려는 자세가 있는가?
  ☞ 조직체제를 이해하고, 유연한 자세를 가지고 있는가?
  ☞ 공의 목표와 이익이 개인보다 우선함을 인지하는가?
  ☞ 조직의 가치(조직문화, 인재상)와 부합하는 인재인가?

◈ 직장인으로서의 직업윤리가 왜 중요한지 자신의 가치관을 바탕으로 말해주세요
  ☞ 직업윤리에 대한 개인의 가치 기준이 올바르고 긍정적인가?
  ☞ 직장생활에서 지켜야 할 기본적인 도덕과 업무태도를 보유하고 있는가?
  ☞ 조직체제를 이해하고 순응하는 성향을 지녔는가?
  ☞ 조직의 가치(조직문화, 비전, 인재상)와 부합하는가?

근로윤리를 실천하기 위해서는 '근면', '정직', '성실'한 자세가 중요한 역할을 한다.

《〈근로윤리 면접평가 질문〉》

◆ 상사로부터 부당한 업무지시를 받는다면 어떻게 하시겠습니까?
- ☞ 조직 규범에 대한 개인의 가치 기준이 올바르고 긍정적인가?
- ☞ 문제를 올바르게 인식하고 해결책을 제시하는가?
- ☞ 조직의 체계와 절차에 순응하며, 유연한 자세를 가지는가?
- ☞ 조직의 가치(조직문화, 인재상)와 부합하는 인재인가?

◆ 상사의 비리를 알게 되었다면 어떻게 행동할 것인가요?
- ☞ 비리(위법한 행위)라는 의미를 알고 답변하고 있는가?
- ☞ 직장/조직에 대한 개인의 가치 기준이 올바르고 긍정적인가?
- ☞ 규칙이나 법규준수에 올바른 사고를 가지고 있는가?
- ☞ 문제를 올바르게 인식하고 해결책을 제시, 행동하는가?
- ☞ 조직문화와 절차에 순응하며, 유연한 자세를 가지고 있는가?

◆ 개인적인 어려움이 따르더라도 신의·성실을 다하여 윤리적으로 행동했던 경험을 말해보세요
- ☞ 직장생활에서 지켜야 할 기본적인 도덕과 업무태도를 보유하고 있는가?
- ☞ 상대방과의 신의를 중요하게 생각하며 신뢰를 받을 수 있는 도덕적 품성을 가졌는가?
- ☞ 공동의 목표와 이익이 개인보다 우선함을 인지하는가?
- ☞ 조직의 가치(조직문화, 인재상)와 부합하는가?

◆ 조직의 규칙이나 원칙을 신경쓰면서 성실하게 일한 경험을 말해주세요
- ☞ 직장 또는 조직에 대한 가치와 기준이 올바르고 긍정적인가?
- ☞ 정직하고 책임감 있는 자세로 업무에 임하는 태도가 있는가?
- ☞ 타인을 배려하고, 규범을 지키려는 자세가 있는가?
- ☞ 조직의 체계 및 문화에 순응하는 성향을 지녔는가?
- ☞ 조직의 가치(인재상)와 부합하는가?

◈ 다른 사람의 실수를 바로잡고 원칙과 절차대로 진행하여 성공적으로 업무를 마무리한 경험을 말해주세요
 ☞ 중요하다고 생각하는 가치와 기준이 올바르며, 직업 또는 조직에 대한 관념이 올바르고 긍정적인가?
 ☞ 타인을 배려하고, 규범을 지키려는 자세가 있는가?
 ☞ 실수의 원인을 올바르게 인식하고 해결책을 제시하는가?
 ☞ 잘못이나 부정을 감추지 않고 개선/발전의 기회로 삼는가?
 ☞ 조직의 가치(인재상)와 부합하는 인재인가?

원만한 직업생활을 위해 직업인이 갖추어야 할 직업윤리 중에서, 인간존중을 바탕으로 봉사하며, 책임 있고 규칙을 준수하고, 예의바른 태도로 업무에 임하는 자세인 공동체윤리가 매우 중요하다. 공동체윤리를 실천하기 위해서는 '봉사(서비스)', '책임', '준법', '예절', '성 예절' 자세가 중요한 역할을 한다.

《《공동체윤리 면접평가 질문》》

◈ 봉사활동을 한 경험이 있습니까? 봉사활동을 통해 어떤 점을 배우거나 느꼈는지 말해주세요
 ☞ 개인의 가치판단 기준에 따른 직장/조직에 대한 관념이 올바르고 긍정적인가?
 ☞ 공동의 목표와 이익이 개인보다 우선함을 인지하는가?
 ☞ 공동체의 가치와 봉사, 근로의 보람을 가지고 있는가?
 ☞ 봉사활동의 동기, 가치, 보람 등의 내용에 진실성이 있는가?
 ☞ 조직의 가치(조직문화, 비전, 인재상)와 부합하는 인재인가?

◈ 개인적으로 중요한 일과 회사 업무가 동시에 겹쳤다면 어떻게 하겠는가?
 ☞ 직장/조직에 대한 개인의 가치 기준이 올바르고 긍정적인가?
 ☞ 조직 체제를 이해하고, 유연한 자세를 가지고 있는가?
 ☞ 성실하고 책임감 있는 자세로 임하려는 태도가 있는가?
 ☞ 공동의 목표와 이익이 개인보다 우선함을 인지하는가?
 ☞ 조직의 가치(조직문화, 비전, 인재상)와 부합하는 인재인가?

◆ 팀 회식과 개인약속이 겹친다면 어떻게 하겠습니까?
  ☞ 직장/조직에 대한 개인의 가치 기준이 올바르고 긍정적인가?
  ☞ 조직체제를 이해하고, 유연한 자세를 가지고 있는가?
  ☞ 성실하고 책임감 있는 자세로 임하려는 태도가 있는가?
  ☞ 공동의 목표와 이익이 개인보다 우선함을 인지하는가?
  ☞ 조직의 가치(조직문화, 비전, 인재상)와 부합하는 인재인가?

◆ 규칙이나 제도를 불하비하다고 느껴본 경험이 있나요? 어떻게 바꾸고 싶은가요?
  ☞ 직장/조직에 대한 개인의 가치 기준이 올바르고 긍정적인가?
  ☞ 조직의 체제를 이해하고 순응하려는 태도가 있는가?
  ☞ 불합리하다고 생각하는 이유가 합리적이고 논리적인가?
  ☞ 타인을 배려하고, 규범을 지키려는 자세가 있는가?
  ☞ 공동의 목표와 이익이 개인보다 우선함을 인지하는가?

◆ 단체의 규칙/원칙을 지키기 위해 희생하거나 손해를 본 경험을 말해보세요
  ☞ 상대방과의 신의를 중요하게 생각하며 신뢰를 받을 수 있는 도덕적 품성을 가졌는가?
  ☞ 타인을 배려하고, 규범을 지키려는 자세가 있는가?
  ☞ 직장/조직에 대한 개인의 가치 기준이 올바르고 긍정적인가?
  ☞ 조직의 가치(제도, 문화, 인재상)와 부합하는 인재인가?

6. 직업윤리의 개념 이해 동영상 강의

직업윤리의 개념 이해 동영상 강의는 NCS 홈페이지-NCS통합-직업기초능력-직업윤리에서 검색할 수 있다.

〔그림 30〕 직업윤리 개념 이해 동영상 강의 홈페이지

출처 : 한국산업인력공단(2024). NCS 홈페이지. https://www.ncs.go.kr.

한 권으로 끝내는 한국의 Soft skill (직업기초능력)

지은이	김진실
발행인	김미혜
발행처	도서출판 애플북
발행일	2024. 07. 24
출판사	도서출판 애플북
ISBN	979-11-93285-22-0 (13370)
디자인	도서출판 애플북

이 책은 저작권법에 따라 보호받는 저작물이므로
무단 전재와 무단 복제를 금지합니다.